L'ORDRE PHILOSOPHIQUE

COLLECTION DIRIGÉE PAR ALAIN BADIOU
ET BARBARA CASSIN

LE COMMERCE DES REGARDS

Du même auteur

Du visage
en collaboration avec C. Schlatter
Lille, PUL, 1982

Nicéphore le Patriarche
Discours contre les iconoclastes
traduction, préface et notes
Paris, Klincksieck, 1990

Michel-Ange. La chapelle Sixtine
préface de F. Hartt
Paris, Citadelles-Mazenod, 1991-1992, 2 vol.

Présence de l'icône
Paris, RMN, 1992

L'Image naturelle
Paris, Nouveau Commerce, 1995

Van Gogh ou la Peinture comme tauromachie
Paris, Éd. de l'Épure, 1996

Image, Icône, Économie
Les sources byzantines de l'imaginaire contemporain
Paris, Éd. du Seuil, 1996

Henri Cueco, vol.2.
Paris, Cercle d'art, 1997

Transparence, opacité ?
Paris, Cercle d'art, 1999

L'image peut-elle tuer ?
Paris, Bayard, 2002

MARIE-JOSÉ MONDZAIN

LE COMMERCE DES REGARDS

ÉDITIONS DU SEUIL
*27, rue Jacob, Paris VIe*

ISBN 2-02-054170-X

www.seuil.com

Remerciements

Je dédie cette étude à Jean-Toussaint Desanti qui fut durant toutes ces dernières années un interlocuteur exceptionnel tant par la rigueur de sa pensée que par sa confiante affection.

Je remercie les membres de l'Observatoire des Images qui m'ont accompagnée de leur écoute chaleureuse et de leurs critiques éclairantes durant la rédaction de cet ouvrage. Ma gratitude va tout spécialement à Françoise Armengaud, Jean Michel Frodon, Abdelwahab Meddeb et Anca Vasiliu.

Je remercie également Maya Colombon et Catherine Le Roch qui m'ont aidée dans la traduction des fables médiévales.

Ce livre est composé de quatre études portant sur la nature passionnelle des visibilités et sur leur destin politique dans une communauté. Ces quatre études s'enchaînent dans l'unité du souci qui les anime : qu'est-ce que voir ? Qu'est-ce que dire ce que l'on voit ? Qu'est-ce que faire voir *? Qui dit ce qu'il* faut *voir ? J'ai choisi une ligne d'exposition en boucle, partant de la nudité de Noé pour finir avec la nudité des rois dans le dessein de privilégier une thématique : celle de la construction du regard sur le visible dans le respect politique d'un hors-champ, c'est-à-dire d'une liberté. Cette liberté n'est que l'horizon visé par la construction de la place du spectateur comme sujet de la parole. Cette étude consacrée au commerce des hommes dans l'échange qu'ils font de signes visibles tente de dégager l'économie propre à l'image du marché des visibilités auquel tout concourt aujourd'hui à la réduire. L'économie du visible est ce tissage fait du croisement des regards dans chaque rendez-vous donné par les images. Est-ce le tissage d'une toile invisible où se déploient les visibilités ou celui d'un écran visible qui recouvre l'absence de tout objet ? Cette alternative définit l'ambivalence native de toute image qui exige pour se maintenir que nous renoncions à trouver la réponse en elle. Décider d'une image est l'affaire du commerce, celui des êtres parlants qui croisent les fils de leurs regards et de leurs mots pour construire le site qu'ils veulent partager. L'économie du visible est un choix politique, celui d'un lieu commun.*

Le commerce des regards se déploie dans la continuité du terrain que l'étude de l'économie iconique avait inauguré. Il s'agit d'analyser les constituants imaginaires de la lecture des visibilités en Occident et les conditions d'une construction du jugement critique. Tout le sous-bassement byzantin ayant fait l'objet du travail précédent, à présent la question posée est la suivante : comment se construisent la légitimité et le sens du jugement sur des objets « iconiques » ? Ces objets sont spontanément reconnus dans leur pouvoir émotionnel et donc jugés à l'aune de la présence ou de l'absence d'émotion. Mon projet est d'articuler cette puissance émotionnelle à l'origine « passionnelle » de l'image et à son destin symbolique dans la construction d'une communauté. Pour cela j'ai revisité un certain nombre de textes dont le sens a trop souvent été considéré comme acquis. Tout d'abord le fameux interdit de l'image que l'on attribue au monothéisme juif m'a semblé occulter un aspect fondateur de la légitimité du visible dans la pensée hébraïque. L'ivresse de Noé et la malédiction de Cham pose d'emblée dans la Genèse la question du visible en termes de regard avant de le poser en termes de fabrication. L'analyse de la notion d'interdit permet d'en comprendre la levée par la doctrine chrétienne qui aborde tout spectacle sous le régime grec de la passion. Pour saisir la transformation opérée par le christianisme dans le traitement de la notion de pathos, *il m'a paru nécessaire de reprendre les textes aristotéliciens et l'usage fait du mot Passion dans la théologie chrétienne. Le destin iconique de la passion ne l'a pas seulement articulé à la doctrine de l'incarnation, mais a fait aussi l'objet d'un traitement institutionnel dans lequel le vocabulaire de la chair propre à l'incarnation s'est trouvé lié au lexique du corps institutionnel. L'Église ne s'est pas contentée de gérer le salut des âmes, mais a fondé un empire temporel dans lequel le commerce des visibilités a une fonction décisive. Le seul monothéisme qui soit dévoué à l'image est celui dont le sort est lié à la fondation de toute la culture occidentale.*

La fondation d'une doctrine qui fait de l'image et du visible un objet de crise, c'est-à-dire un lieu convulsif exigeant les opérations critiques du jugement, ne peut se comprendre qu'en examinant la nature ambivalente et non substantielle de toute image. En effet, comment comprendre cette instance de la liberté critique face aux images ? La réponse réside dans la conception d'une image « indécidable », qui, n'ayant aucune valeur de vérité ni de fausseté, attend du tiers qui la considère la construction d'un sens, c'est-à-dire le traitement critique d'un objet passionnel. D'où il suit qu'il en va des choix symboliques d'une communauté dans le traitement politique de l'amour et de la haine dans ce qu'on nomme un jugement de goût. Quelle liberté se constitue et se distribue dans la production des visibilités ?

La piste ouverte par la réflexion inaugurale sur la nudité de Noé nous conduit à en retrouver les figures permanentes et irrégulières dans des textes médiévaux, renaissants ou plus récents. L'expression populaire qui découvre à proprement parler les stratégies du regard est sans doute celle qu'Andersen a empruntée au Moyen Âge : « Le roi est nu. » C'est donc un détour par des récits concernant le destin du regard et de la parole face à la nudité réelle ou fantasmée d'un corps qui permet d'approcher la question de la dictature du visible et de l'invisible dans l'acte du « faire voir ». L'expression « faire voir » est déjà par elle-même le syntagme qui situe la crise de l'image dans l'architecture d'un imaginaire collectif.

Une communauté se donne un vocabulaire iconique qui permet de repérer les figures de son désir donc de sa liberté. En ce sens la mort de l'image dans une gestion dictatoriale des visibilités condamne à mort toute liberté critique même dans les régimes qui s'autoproclament « démocratiques ». Tel est le sens qu'implique l'expression « vie de l'image ». Quand le commerce des regards se transforme en gestion commerciale du visible, il n'y a plus d'image et le marché des spectacles construit l'empire des nouvelles barbaries.

à la mémoire de Touky

Voici une image qui montre et qui parle tout à la fois.
Elle montre un juif de Chelm en train de danser.
Ce dessin fut réalisé après que l'artiste eut quitté le ghetto et la Pologne, en 1910. Il voulait, écrit-il en polonais, figurer un chrétien, mais sa main l'a conduit ailleurs, là où son désir désignait sa noble origine… origine qu'il avait fallu cependant quitter pour avoir le droit de faire des images. C'est pourtant toujours en yiddish qu'il salue la Vie…
Il se tisse ainsi entre la figure et la double légende un enchevêtrement de renvois, de glissements sans fin entre la visée des gestes, celle du regard et celle des mots.
Impossible de vendre son âme. Cette image établit avec nous un commerce singulier, libre danse qui ne se laissera séduire par aucun marché.

Croquis de Szamaj Mondszajn dit Mondzain, peintre, né à Lublin vers 1888 (?), mort à Paris en 1979 : « Juif dansant » (tiré d'un carnet daté 1910-1913). Le texte en polonais dit ceci : « Je voulais montrer un catholique agenouillé, résultat : c'est mon origine noble. » La légende en yiddish : « *Git morgen Panié lejben !* » (« Bonjour Madame la Vie ! »).

Introduction

On entend dire qu'une nouvelle situation est faite à l'image depuis l'invention de la photographie puis du cinéma, et surtout du fait du développement des médias et de toutes les techniques de production et de diffusion iconique que nous connaissons. Il y aurait eu en un siècle et demi une inflation de l'image. J'affirmerai au contraire deux choses : en premier lieu, que la présence de l'image et la reconnaissance de ses pouvoirs s'étendent sur des millénaires et que, depuis deux mille ans, son installation a été largement légitimée et permet de parler d'« iconocratie », si je désigne par ce néologisme l'empire de l'image sur les esprits et sur les corps ; j'ajouterai en second lieu que pour la première fois peut-être l'image court un grave danger et menace de disparaître sous l'empire des visibilités. Il y a de moins en moins d'images.

Les formes les plus récentes des visibilités donnent l'impression d'une inflation sans précédent du flux iconique. De là à croire que l'image est une réalité moderne qui nous met en présence d'un phénomène sans précédent, le pas est vite franchi en toute naïveté. D'une façon qui paraîtra peut-être paradoxale, je répète que ces flux n'ont jamais été aussi menaçants pour l'image, qu'il n'y a jamais eu aussi peu d'images. Peut-être est-ce là et seulement là que gît la nouveauté. Je veux dire que le débordement des visibilités fait peser sur le destin de l'image et, par voie de conséquence, sur la responsabilité du regard une vraie menace. L'image en tant que telle n'est pas une catastrophe récente, mais au contraire un bien précieux inséparable de ce qui construit l'humanité, car elle est solidaire de la parole et de la pensée. C'est en cela qu'elle court les mêmes dangers qu'elles. Il nous incombe plus que jamais de repérer les stratégies de l'exténuation imaginale qui, par l'abus du visible, condamne la vitalité du regard et sa liberté. Mais, me dira-t-on, qu'est-ce que « l'image en tant que telle » ? En effet, l'opinion la plus répandue, chère aux pluralismes caricaturaux, consiste à répéter qu'il n'y a pas *une* image mais des images que rien ne permet de rassembler sous un même concept et que chacun entend par là ce qu'il veut ou ce qui lui convient. On se réunit partout pour parler d'image, et chacun d'y aller de sa définition en vertu des services qu'il en attend. Mettre l'image au pluriel ne résout en rien la question de ce qui est désigné par la singularité de ce pluriel. Si les choses à voir sont innombrables par leurs formes, leurs procédures techniques de production et les fins qu'on leur prête, elles ont en commun de s'adresser aux yeux et de solliciter le jugement. Or c'est bien là le travail du philosophe que de chercher ce qui fonde l'unité d'un regard pensant au cœur des faisceaux les plus divers qui produisent les réseaux inextricables de son histoire. Non seulement l'image est innombrable, mais si l'on va par là on peut même ajouter que personne ne voit ce que l'autre voit. L'expérience du voir est irréductiblement liée à l'éprouvé de chacun. Disséminée dans le polymorphisme du visible et dans la multiplicité non dénombrable des expériences subjectives, l'image ne peut se constituer que dans la construction d'un « voir ensemble ». Ce partage des regards concerne toutes les figures de l'altérité, depuis l'intimité d'une relation duelle jusqu'à la communauté la plus vaste. Quelque chose de la notion même d'humanité est en jeu dans le partage du visible. Il n'est pour s'en convaincre que de constater que tout impérialisme planétaire se caractérise désormais par la maîtrise d'un monopole iconique.

L'image a fait une entrée royale dans nos cultures du jour où l'incarnation chrétienne a donné à la transcendance invisible et intemporelle sa dimension temporelle, historique et visible, où cette transcendance négocie avec l'événement. Dieu entre dans l'histoire par la naissance de son image filiale. Désormais en Occident la manifestation du visible se décrit en termes de naissance, de mort et de résurrection, elle s'adresse à des corps vivants doués de parole et de jugement. Avec elle nous questionnons les figures politiques des regards partagés ainsi que le caractère privé, public ou universel de nos convictions. Elle n'est ni un divertissement marginal ni une affaire de spécialistes, mais un enjeu fondateur dans l'usage de la semblance et du probable dans la constitution de la vie en commun.

Si l'institution ecclésiastique fut toujours si prompte à comprendre l'enjeu politique des innovations, si elle fut si vite familière de toutes les techniques de communication, d'enseignement, de diffusion et de propagation, c'est justement parce qu'elle est à l'origine vive de toutes les inventions de l'esprit et des techniques dans ce domaine et cela à partir de l'économie incarnationnelle. L'image est découverte, définie et constituée comme la fondation de toutes les formes du commerce entre les hommes, sur la base de l'interprétation économique de la mission christique. En 843, le *Synodikon* de l'Orthodoxie définissait ainsi le triomphe de l'icône :

> Oui, les ennemis du Seigneur, ces insolents qui l'outrageaient, qui flétrissaient la sainte adoration que nous lui rendons par les icônes [...] le Dieu des merveilles les a fracassés [...]. Nous voyons dans cette **monnaie** du Christ ceux qui ont été rédimés par sa mort et qui ont cru en lui, grâce à la prédication de la parole et aux figurations des icônes.

Conquérir, convaincre, et cela par tous les moyens, suppose une connaissance approfondie des ressorts de la mobilité de l'intellect et des corps, des jugements émis par les corps et de la gestion politique des passions face au visible. Cela nécessite aussi la création de cette « monnaie » iconique qui transforme le visible en espèces symbolisant la valeur des échanges. Tel est l'étrange commerce qui s'ouvre sous le signe de la libération du regard et sous celui de l'appétit de richesses et de pouvoir. Montrer, émouvoir, enseigner, convaincre, pénétrer la chair et l'âme par tous les moyens disponibles à chaque moment de l'histoire, le faire ici par la douceur et là, si nécessaire, par la violence, voilà ce que l'interprétation de l'incarnation de l'invisible dans les visibilités temporelles a voulu maîtriser dès les premiers siècles qui suivirent la vie et la mort de Jésus. Telle est la prodigieuse innovation du christianisme : avoir su déployer dans les productions visibles toutes les potentialités mobilisatrices de l'émotion et du jugement que la parole n'épuisait pas, et en promouvoir la libre circulation et la régulation tout à la fois. La résurrection de l'image se paya de la mort de la lettre et de la condamnation de tous les fidèles au Livre. Le visible est révélation. Tout l'effort portera donc sur la rhétorique comme art de parler de l'image comme au-delà de la parole mais aussi comme art de l'image elle-même s'emparant des pouvoirs de la parole. Faire croire, c'est faire voir.

Si l'on revient à la biographie du Christ, on voit bien que le bouleversement de la tradition mosaïque qu'il voulut opérer eut pour dessein de libérer le peuple juif de la littéralité et des rites qui risquaient de l'enfermer dans les strictes limites de sa propre élection. Il fallait que l'amour et la liberté, dans la bouche d'un mystique, devinssent le lot de l'humanité tout entière et que la pureté du cœur importât plus que celle du ventre et des mains. Il n'y eut pas l'ombre d'une intention fondatrice de type institutionnel, pas de nouvelle religion contrôlée par un clergé, mais au contraire la conviction que l'ordre spirituel et éthique relevait d'une liberté indépendante de tout pouvoir constitué et d'un universalisme qui mettrait fin aux privilèges exclusifs d'un seul peuple. Jésus ne cherchait point à détrôner César, c'est bien le sens du récit de Matthieu. Ce message révolutionnaire coûta très cher à son messager, qui serait demeuré impuissant et vaincu, s'il ne s'était trouvé après lui une phalange ardente de prosélytes pour transformer cette singulière « biographie » en une gigantesque entreprise de fondation institutionnelle et politique. C'est Paul le père fondateur. L'histoire commence à la fin du Ier siècle. Les épîtres de Paul, suivies des récits évangéliques retenus par la nouvelle Église, en fournirent les concepts majeurs. Ces concepts sont ceux d'image, d'économie, de corps, de miroir énigmatique ainsi que l'ensemble des termes dans lesquels se formulèrent les nouvelles figures qui allaient devenir celles de notre monde. Ces nouvelles figures sont celles que subsument l'incarnation et l'incorporation qui feront l'objet de mon propos.

* *
*

Un message universel n'aurait pu se satisfaire d'une domination locale, fût-elle la plus puissante et la plus étendue du monde méditerranéen. Un empire, si grand soit-il, a des frontières, des limites qu'il faut défendre et dont la stabilité est toujours incertaine. Un empire a des bords. Il fallait donc concevoir une occupation internationale ayant forme universelle et débordante, indépendante de l'histoire fluctuante des royaumes et des empires. En un mot, il fallait une forme planétaire et supranationale d'appropriation des esprits et des corps qui fût à la hauteur de l'éternité qui la fondait. Ce que nous appelons la mondialisation a été pensé, il y a plus d'un millénaire, sous le concept d'*oikouméné*, c'est-à-dire l'ensemble des terres habitées. C'est en ces termes qu'il faut entendre l'espace qui s'offre désormais aux images et aux opérations de communication. La réticulation planétaire d'un pouvoir unique, fondé sur la centralisation des messages et des spectacles, est loin d'être un bouleversement sans précédent, c'est un projet bimillénaire qui a enfin trouvé ses bons outils.

La capacité de l'institution ecclésiastique à s'adapter à toutes les nouveautés et à toutes les opportunités est restée intacte. Ceux qui croient pouvoir constater un déclin de la religion chrétienne et qui même le déplorent, tout comme ceux qui s'alarment du caractère parfois conservateur voire rétrograde de sa hiérarchie se trompent totalement, me semble-t-il, dans l'analyse. L'Église, elle, a toujours été d'avant-garde. Elle est toujours actuelle, et douée d'un pouvoir ininterrompu d'actualisation. C'est là un des principes de sa pensée économique. Elle anticipe, par tradition. Quand l'histoire lui donne tort ou quand elle lui fait honte, l'Église en prend acte et repart dans une direction nouvelle plus adaptée et plus conforme aux nécessités du temps, dans un effort ininterrompu afin de concilier les textes de l'Évangile avec les réalités du monde à conquérir. Cette prodigieuse puissance d'adaptation aux circonstances, qu'elle désigne du terme d'*économie*, a fait de cette institution un véritable modèle de gestion pour la terre entière. Or ce mot d'économie est bien celui qui commença par désigner le plan providentiel de l'incarnation dans la personne du Christ, avant d'être, par voie de conséquence, l'opérateur de toutes les adaptations de l'invisible aux visibilités. Si le Dieu unique sort de son invisibilité pour sauver sa création, c'est qu'il donne par là même l'exemple du caractère rédempteur de l'iconicité dans sa propre filiation iconique. Ce que l'on ne dit pas assez ou que l'on ne dit jamais clairement, c'est la relation intrinsèque de la doctrine de l'incarnation avec ce réalisme adaptatif dont le modèle reste transcendant. Sans une complète retraversée de cette doctrine à la lumière des ses concepts propres, on ne peut comprendre la réussite mondiale du dispositif et sa résistance à la chute comme à la disparition, face à tous les régimes, à toutes les catastrophes, à tous les démentis. La puissance résurrectionnelle de l'image est mise au service de la pérennité du pouvoir temporel. C'est la spécificité fondatrice de ce montage que de reposer sur la pensée incarnationnelle, et le corollaire de cette spécificité, c'est la doctrine mondialiste de l'image devenue la figure dominante de toute communication et surtout aujourd'hui de toute effectuation communautaire. Les paroisses peuvent se vider, l'Église se remplit chaque jour davantage des serviteurs inconditionnels du visible et tous les amants de la puissance mondaine sont inévitablement tentés par les dispositifs ecclésiaux. Si bien que les dictatures les plus hostiles au christianisme sont les vrais serviteurs des modèles cléricaux.

Le christianisme est un objet de crise qui a fait de la crise la source de sa vitalité. Ce qui me semble capital, c'est de saisir en quoi l'image est devenue la pièce maîtresse de cet édifice à forme critique. L'image est un lieu de crise, tout comme le fut la personne du Christ dans le discours qui le fait parler et qui parle de lui. Il est tour à tour **chair** du visible et **corps** de l'institution, image de l'invisible qui s'incarne jusque dans sa disparition, figure de la liberté et modèle de la soumission. Quoi de plus riche, en effet, qu'une pensée de l'incarnation qui conduit à donner sa pleine souveraineté à la vie et à la liberté des vivants, à leur réalité visible dans un monde tangible et caduc, à faire de nos productions visibles le lieu d'un espoir inépuisable ? Mais, dans le même temps, quoi de plus troublant que de constater que l'histoire a pu conduire les défenseurs de cette même doctrine à agir dans la trahison la plus absolue de leurs propres principes, de ce qui les fonde, c'est-à-dire un message d'amour et de liberté ? Les champions de la fraternité universelle ont pu embrasser tranquillement les causes les plus meurtrières sans qu'il leur en coûte beaucoup plus qu'un acte de contrition. Il est remarquable que ces gestes de repentance ne soient jamais nommément personnalisés, mais continuent jusqu'à nos jours à être des gestes d'un corps abstrait qui ne condamne jamais à l'intérieur de lui-même la responsabilité individuelle de ses membres. L'Église demande pardon des fautes de l'Église et ne saurait damner un coupable.

La mondialisation est aujourd'hui un poncif de la réflexion politique et sociale. L'effroi que peut inspirer l'uniformisation consensuelle de la consommation des biens et des idées peut parfaitement convenir à un modèle d'incorporation eucharistique où toute l'humanité devrait un jour communier, fusionner dans la participation à un même corps en s'asseyant autour d'une même table pour se laisser absorber dans la manducation d'un corps unique. Le risque, là encore, est considérable de voir s'imposer un modèle sacramentel d'absorption des sujets dans un organisme gigantesque se donnant pour la réalisation du concept d'humanité par l'effet d'une digestion impalpable et colossale.

La doctrine de l'incarnation visible et ses conséquences « iconiques » sont une considérable fiction qui ne succombe pas sous les exigences de vérité ni ne s'affaiblit sous l'accusation de fausseté ou d'irrationalité. Doctrine iconique de la semblance, elle ne se mesure qu'à l'aune de ses opérations symboliques et de ses effets réels. Elle a de la puissance, mais lui laisser l'omnipotence et prendre une généralité occidentale pour un universel transcendant peut se transformer en crime contre le reste de l'humanité. Ne la considérer que comme une fable vouée à la disparition, c'est lui abandonner le terrain qu'elle s'est approprié. C'est pourquoi il est impératif d'être aussi vigilant qu'impitoyable envers toutes les solidarités naissantes entre les orthodoxies monothéistes quelles qu'elles soient. Un Dieu unique qui ferait aimer la pensée unique, soutient d'est en ouest aussi bien le retour à des idéologies nationalistes et dévastatrices qu'à des modèles globalisants, qui finissent les uns et les autres par ne plus tolérer la pensée tout court. L'œcuménisme ambiant ne doit point voiler qu'en ramenant tout à son plus petit commun dénominateur on impose le plus meurtrier des partages : la négation des différences et des contradictions irréductibles sans lesquelles il n'y a plus de vie ni de communauté dans la parole. Jamais on n'a autant parlé de crise dans un monde qui ne supporte aucun mouvement critique, qui ne tolère plus la voix de chacun. Dans une société amoureuse des images, on oublie tout simplement que c'est l'image elle-même qui est objet de crise et qu'il n'y a de solution que dans le libre débat des sujets sur leurs choix imaginaires. La pensée ne s'impose et ne s'établit que dans la reconnaissance des écarts infranchissables qui séparent les sujets de la destination de leur parole et de toutes leurs productions symboliques.

L'idée théiste d'un être sans écart ne peut se tenir à son tour qu'à une distance irréductible et celui qui la conçoit doit reconnaître la liberté fictionnelle de sa conception, donc sa précarité. Faire mourir Dieu n'est pas une invention récente, le christianisme en a fait son fondement. La vie et la mort de l'image ? Là n'est pas la question. Tout ce que font les mortels est mortel. C'est la résurrection qui pose un vrai problème politique, car l'image dans nos cultures ne meurt jamais, elle ressuscite. C'est à nous qu'il incombe de donner son sens à son « immortalité ».

Il ne s'agit pas de la question rebattue de savoir si l'image est un langage mais de la question du statut de la parole dans les opérations iconiques, du destin de la voix. Il est toujours vrai que l'on voit sans pour autant pouvoir dire que ce que l'on voit est vrai. La vérité de ce que l'on voit dépend de la relation qui s'établit entre les gestes de celui qui montre et de celui qui voit. Qui donne à voir ? Qui dit ce qu'il y a à voir ? Qui voit et croit ce qu'il voit ? Qu'est-ce que voir ensemble ?

C'est en ces points de l'interrogation que je ne puis que penser à ce jeu dont parle Jean-Toussaint Desanti dans *Philosophie : un rêve de flambeur*. Il y raconte une terrible et « courte fable », qui lui permet de décrire ce qui relie les solitudes subjectives les unes aux autres par l'effet des flèches de renvois entre les signes qu'ils perçoivent et qu'ils émettent[1] :

> Imaginons qu'un jour, non loin du crépuscule, tu te trouves contraint de parcourir une vaste plaine. La lumière y est blafarde et diffuse. La ligne d'horizon est cependant visible. Et là-bas, tout contre l'horizon, tu crois percevoir des silhouettes indécises : des « gens » sans doute, penses-tu, car tu distingues leurs gestes, et ils semblent s'adresser les uns aux autres. Tu prends peur dans cette solitude plate et tu voudrais te hâter d'aller à leur rencontre. Or voici qu'aux premiers pas un abîme s'ouvre devant tes pieds : une crevasse large et sans fond apparaît. La platitude de ce lieu te l'avait dissimulée. L'angoisse te saisit alors de la nuit qui va venir. [...] Seuls semblent vivants, sur l'autre bord, ces « gens » qui se font signe [...].
>
> Que faire d'autre alors sinon tenter d'entrer dans les jeux de signes de ces « gens de là-bas » ? Donc de devenir à ton tour et depuis ton site signifiant pour eux ?

L'image n'est pas le propos du dialogue, mais il est clair que la question posée concerne le statut de toutes les productions sorties des mains pensantes de sujets parlants. L'art aussi bien que les livres demandent au philosophe de répondre de ce qui fait la présente vita-

1. *Philosophie : un rêve de flambeur*, Paris, Grasset, coll. « Figures », 1999, « Les cartes du jeu », p. 69 *sq*.

lité des œuvres de la mémoire. Comme les textes, les images n'existent substantiellement nulle part et ce que nous nommons patrimoine ne vit que dans le jeu incessant des mobilisations éprouvées à chaque instant par les sujets qui pensent et se parlent. Le mouvement surrectionnel des signes que nous échangeons crée des champs qui ne vivent que de la circulation sans repos des signes eux-mêmes. Cette mobilité ne se soutient que de l'écart qu'elle ne pourra jamais combler mais dont elle ne cesse de recouvrir le vide. Jean-Toussaint Desanti développe ainsi la fondation du sens dans l'« être-en-écart ». Ce que je voudrais ajouter à ce que dit la fable démonstrative, c'est que l'image joue un rôle singulier dans ce commerce abyssal de la circulation signitive. On peut y repérer les stratégies de l'illusion du bord à bord qui tendent à faire disparaître le creusement du vide qui disjoint à jamais les acteurs de la scène. Toute dictature s'emploie à la dissimulation d'un vide, c'est-à-dire à l'anéantissement de tout mouvement, de toute liberté productrice de sens. La fiction écrasante des pseudo-consistances nous prive du souffle nécessaire à tout déplacement. Dès que le visible se substantialise, aussitôt l'image se meurt.

L'image s'offre à la vue et en ce sens ne peut jamais tromper personne. L'image n'est trompeuse que lorsqu'on ne sait plus qu'il ne s'agit que d'une image et rien d'autre. Si le producteur iconique crée les conditions de séduction ou de terreur qui induisent la cécité, c'est-à-dire la croyance substantielle, alors se pose la question de la liberté du jugement face aux visibilités. Voilà pourquoi, sur ce versant de l'analyse, je prendrai une fois de plus le chemin ouvert et déployé par J.-T. Desanti lorsque, dans le même ouvrage, il analyse l'écart à jamais infranchissable ni suturable qui structure notre relation au visible :

> […] toute transformation dans le paraître de la chose, induite par une modification de posture du corps – et donc un bouleversement de son « être-en-écart » –, induit une transformation dans le mode de spatialisation de ce corps lui-même. […]
>
> Nous dirons donc que la forme de dévoilement d'un monde de choses correspond alors au déploiement – selon ce que nous avons appris à nommer espace et temps – de cette structure en boucle. […] Or nul n'a jamais perçu et ne percevra jamais ni espace pur ni temps. Car percevoir en écart, et donc en un jeu de renvois signitifs, n'est pas percevoir l'écart. Les deux choses s'excluent : l'être-en-écart – au moins celui du corps propre – est d'avance impliqué dans toute iden-

tification de chose. On ne peut échapper à la boucle. Nous ne percevons que dans l'espacement.

Point de vérité dans la coïncidence ou l'identification fusionnelle. Ce que nous voyons a une histoire et cette histoire est celle de l'aventure de nos corps et de notre parole circulant entre les choses et passant d'un site à un autre. Plus loin Desanti prend un exemple aussi troublant qu'éclairant lorsqu'il évoque la perception du trompe-l'œil :

> Imagine par exemple que, dans une ville que tu visiterais pour la première fois, tu parviennes au bas d'une rue en pente raide. De là, tu perçois un escalier qui continue la rue. Des maisons la bordent. Aux fenêtres de ces maisons, il y a des têtes. Sur les marches des gens sont assis. Tout en haut, on aperçoit des arbres qui annoncent un jardin ou un parc. Tu te mets en route pour y parvenir, ayant peut-être l'idée de te reposer sous ces ombrages. Car c'est l'été, et la rue est dure. Or, à peine as-tu avancé, que ton attente est déçue. Tu ne graviras jamais ces marches. Tu ne parleras jamais à ces gens assis. Tu ne parviendras jamais à ces arbres. La rue tourne à angle droit, toujours aussi raide, quand soudain, devant toi – tu peux le toucher –, se dresse un grand panneau peint. Tu te diras alors : « Quel beau trompe-l'œil ! J'ai failli m'y laisser prendre. » […]
>
> Diras-tu que ton œil t'a trompé ? Non. Tu as bien vu l'escalier et tu as pensé le gravir. As-tu alors mal interprété ce que tu as vu ? Non plus. Tu n'as rien interprété. Tu as juste continué ta marche vers ce que tu voyais, comme si cela t'attendait.
>
> C'est donc que cela te faisait signe, tel qu'il était vu. Or cela était seulement vu […].

La conclusion que donne ce texte sur l'illusion première et la déception seconde s'appuie sur la disjonction des espaces vécus séparés dans le temps par la marche du promeneur dont les yeux se dessillent au contact tactile de la réalité. L'exemple raconte une expérience corporelle qui doit au corps sa vue, sa bévue et son rétablissement final dans une nouvelle réalité.

Supposons à notre tour que ce promeneur soit tout simplement un spectateur assis au bas de la rue, supposons qu'une voix menaçante lui dise que tout mouvement de sa part entraînera sa propre disparition et celle du lieu de son repos là-bas, en haut du chemin. Il jouira donc du leurre d'une vision sans écart puisqu'il croira à la continuité homogène de l'espace de son corps avec celui de sa vision. Cette immobilité du corps induit celle de son jugement, l'un et l'autre étant soumis à la violence d'une menace. De deux choses l'une, ou bien il se tiendra figé dans l'effroi de cette menace et la jouissance d'une illusion, ou bien, sûr de lui-même ou indifférent à sa perte, il quittera sa place à ses risques et périls et gravira la pente jusqu'à constater le subterfuge. Il se tournera alors vers ceux qu'il a laissés derrière lui et leur dira : « Ce n'est qu'un panneau peint ! Et je suis toujours vivant ! » Ce que je veux dire ici, c'est qu'à l'analyse phénoménologique de l'écart structurant vient s'ajouter un dispositif où le producteur du trompe-l'œil use précisément du fait que nos yeux ne nous trompent pas, mais qui sait que le mouvement des corps produit la mobilité des sujets de la parole et l'identification des fantômes. Une telle analyse permet de saisir que la différence entre l'art et la duperie visuelle est politique puisqu'elle implique la construction ou la destruction de tout mouvement.

L'image a pour spécificité d'émouvoir donc de mouvoir. Le pouvoir des images est donc à comprendre de deux façons totalement opposées. Ou bien il s'agit de la liberté qu'elles donnent et leur pouvoir n'est autre que celui qu'elles nous offrent d'exercer notre parole et notre jugement en ne nous imposant rien, ou bien il s'agit du pouvoir que nous laissons à ceux qui font voir et qui n'en laissent aucun à l'image et dès lors l'image disparaît, et notre liberté de jugement avec elle. Les images ne disent rien, elles font dire. Pour qu'il y ait de la liberté dans notre relation aux visibilités, encore faut-il qu'elles n'imposent aucune évidence indiscutable, aucune doctrine ou opinion qui établirait un « croire vrai ». Les images de propagande, de publicité et de catéchèse de tous ordres ne peuvent que développer ce genre de programme qui n'a d'autre dessein que la soumission crédule ou le rejet.

Lorsque Hannah Arendt analyse les conditions philosophiques et les causes sensibles de nos goûts et de nos choix artistiques et culturels, elle revient à la troisième Critique de Kant. Sa lecture singulière du « sens commun » ouvre de façon magnifique la perspective d'une liberté politique dans le débat collectif sur ce que nous choisissons d'aimer ou de haïr ensemble. Le goût et le dégoût relèvent de la responsabilité politique et le destin de nos passions est au cœur de la responsabilité civique.

Voilà pourquoi toute méditation sur la passion et le destin des émotions est nécessairement liée à une réflexion sur l'exercice commun du jugement. La nécessité de l'art repose sur les formes et les figures que tous les acteurs sociaux donnent aux passions qui les habitent. La mise en perspective du passionnel et du judicatif induit inévitablement la question de la construction du regard, de son « éducation » ou de son aliénation par les dictateurs du visible. Si toute image fait appel à la puissance critique et au partage d'un sens, on comprend que les instances qui cherchent la docilité des yeux et le sommeil de l'esprit s'emploient de plus en plus frénétiquement à anéantir ce pouvoir. C'est pourquoi le cours de cette réflexion s'achève sur la question politique suivante : qui fait voir, qui dit ce qu'il faut voir et ce qu'il faut croire, qui a peur de ne rien voir, qui ne craint pas de dire ce qu'il voit ? Pour résumer ce versant de l'analyse je citerai Jean-Luc Godard : « On ne veut pas voir quand on a peur de perdre sa place. »

C'est bien ainsi qu'il semble possible de donner sa dimension politique à la voix qui dit dans un certain nombre de contes : « Le roi est nu ! », ou encore : « Quel beau trompe-l'œil ! », voix de celui qui bouge et qui gravit courageusement la pente pour s'approprier la liberté bien vivante de son regard. Par quoi je veux dire que nous ne sommes pas toujours des promeneurs libres, mais que nous sommes confrontés à des stratégies du leurre qui présentent tout effet structurant de « l'être-en-écart » comme une menace pour la cohésion et le consensus massif des consommateurs du visible. Pour avoir de bons yeux, il faut avoir du courage.

Chapitre 1

Quel interdit ?
Qu'un sang impur abreuve nos images !

Alles ist innig
Das scheidet
So birgt der Richter

Verwegner ! möchtest von Angesicht zu Angesicht
Die Seele sehn
Du gehest in Flammen unter.

Friedrich Hölderlin, *Gestalt und Geist*

De Tout, l'intimité qui sépare,
Ainsi donc le poète donne-t-il au retrait
Égaré ! voudrais-tu face à face envisager l'âme,
Tu t'effondrerais en flammes.

Traduction Roger Dextre

Une donnée généralement admise consiste à affirmer que la culture monothéiste de la Bible s'est accompagnée de l'interdiction pour les juifs de fabriquer des images. Toute première chose à examiner : s'agit-il d'interdire toute image ou seulement l'image des faux dieux ? Le texte du Deutéronome (5,7-8) semble interdire dans un même mouvement l'image fabriquée et son culte. Parler d'image interdite est en fait un abus de langage, si l'on ne précise pas que cette interdiction ne vise pas l'image mais sa fabrication. Qui pourrait se vanter de pouvoir interdire l'image ? Comme si pour vaincre le mensonge on interdisait la parole ! On ne peut que contrôler sa production et son culte. Il s'agit d'une interdiction de la **fabrication figurative** par des mains humaines. Ce que demande la loi, c'est de garder les mains pures et le regard non idolâtre. Si l'image ne doit pas sortir des mains humaines, c'est parce qu'elle ne peut provenir que des « mains » de Dieu. Toute image qui induit ou propose une ressemblance se doit de préserver la pureté de son modèle dans la similitude.

Il faut distinguer différents régimes de l'interdit, selon qu'il s'agit de la condamnation des mains qui fabriquent, de leur inaptitude à produire de la vérité ou de l'impossibilité radicale de porter au visible ce qui ne peut être vu. Interdire de faire et interdire de voir sont bien sûr articulés l'un à l'autre et c'est au cœur de cette articulation que la pensée chrétienne franchira toutes les formes de la prohibition et de l'impossibilité, d'un seul et même pas. Cependant la transgression massive de ces deux régimes ne doit pas conduire à oblitérer leur distinction dans les textes fondateurs. La doctrine chrétienne opérera la purification du regard et la rédemption des mains. Dans la Bible, ne pas montrer Dieu et ne pas figurer le visible ont été associés comme condamnation globale de l'idolâtrie. Je pense nécessaire de revenir sur les récits bibliques pour mieux comprendre les enjeux symboliques de l'iconicité chez ceux qui s'en méfient et ce qu'ils devinrent chez ceux qui en font la pierre angulaire de leur construction. Ainsi pourra apparaître ce qui se maintient ou non de l'interdit dans toute iconicité jusqu'à nos jours.

1) Le regard maudit de Cham

L'œil ne peut pas dire à la main :
je n'ai pas besoin de toi.

1 Co 12,21

La pensée hébraïque s'est intéressée au regard avant toute formulation législative d'une interdiction par la Tora. C'est pourquoi l'on trouve dans la Genèse le premier texte fondateur d'une exigence liée à l'exercice de nos yeux.

Il y a en effet dans la Bible, deux récits distincts : l'un concerne, dans la Genèse, la nudité de Noé non respectée par les yeux de Cham. Ce récit ne concerne pas la pureté des mains, mais la nature du regard. Cham est maudit pour n'avoir point baissé les yeux, ni voilé le sexe de son père ; ce récit est antérieur à la Tora transmise par Moïse. L'autre formulation de l'interdit émane de la Tora et légifère sur la pureté des mains, qui ne doivent rien produire qui s'offre à l'idolâtrie et qui tente l'œil polythéiste du païen. Il y a donc deux textes distincts, l'un, antérieur à la loi, énonçant pourtant quelque chose qui est de l'ordre de l'infraction, donc d'une loi qui n'a été ni formulée ni écrite, l'autre ayant directement à voir avec la fondation législative du monothéisme. Le second est généralement reconnu et cité comme ayant trait à l'image, alors que le premier n'est jamais évoqué au sujet de l'image alors qu'il aborde une question qui en est indissociable puisqu'il s'agit de la légitimité de l'usage que l'on fait de ses yeux, du risque de condamnation que court la vision. Il faut examiner en quoi le simple fait de regarder le monde a à voir avec le fondement de toute idolâtrie avant même d'avoir produit quelque chose. Il me semble important d'analyser les récits, pour découvrir les liens qui les unissent.

> Noé fut le premier agriculteur. Il planta une vigne et il en but le vin, s'enivra et se trouva nu à l'intérieur de sa tente. Cham, père de Canaan, vit la nudité de son père et alla dehors en informer ses deux frères. Sem et Japhet prirent le manteau de Noé qu'ils placèrent sur leurs épaules à tous deux et, marchant à reculons, ils recouvrirent la nudité de leur père. Tournés de l'autre côté, ils ne virent pas la nudité de leur père. Lorsque Noé, ayant cuvé son vin, sut ce qu'avait fait son plus jeune fils, il s'écria : « Maudit soit Canaan, qu'il soit l'esclave des esclaves de ses frères. » Puis il dit : « Béni soit le Seigneur, le Dieu de Sem, que Canaan en soit le serviteur ! Que Dieu fasse sa place à Japhet mais qu'il demeure dans les tentes de Sem et que Canaan soit leur esclave » (Gn 9,20-27)[1].

La tradition patristique, selon laquelle toute figure biblique préfigure une réalité néotestamentaire, a souvent interprété ce texte sur le versant eucharistique. Noé, devenant une figure christique, offre sa faiblesse en partage à l'humanité. Cham le « crucifie » du regard, et le vin sera l'espèce eucharistique du sang. On peut en voir les effets sur la voûte de la chapelle Sixtine où Michel-Ange encadre le Déluge d'un côté par la scénographie de l'ivresse et de l'autre par le sacrifice du bélier[2]. Noé devient alors le premier prêtre de la consécration.

1. Les citations de la Bible sont le plus souvent tirées de la traduction œcuménique parue aux Éditions du Cerf en 1975.

2. J'ai eu l'occasion d'analyser le programme iconographique de la voûte de la Sixtine dans l'ouvrage publié chez Mazenod-Citadelles, *La Chapelle Sixtine*, Paris, 1990.

Cette lecture liturgique a son intérêt, mais ne sera pas la mienne ici, car ce qui me retient n'est pas Noé, mais la faute de Cham que son père interpelle sous le nom de Canaan. Il existe d'autres lectures de l'ivresse de Noé, qui font par exemple le lien entre la vigne et l'arbre de Jessé afin d'y préfigurer la plantation de racines de la généalogie qui va de David à Jésus. Le concordisme interprétatif est sans limites dans le jeu métaphorique où les mots deviennent images et les images principes de l'escamotage textuel. Le texte dit simplement que les effets du vin ont à voir avec les effets du désir. Désir de boire qui conduit à l'impudeur dans un excès de vin, désir de voir qui déplace cette impudeur dans le champ de la communauté dans un excès de la parole et une débauche du regard[1]. Cette parole appelle le châtiment en vertu d'une loi non écrite si l'on préserve l'ordre des livres du Pentateuque.

Canaan, nom donné dans la malédiction à celui qui recevra la terre promise en héritage. Cham, le fils maudit, porte le nom de la terre promise à tous les enfants d'Israël, terre où Moïse n'entrera jamais. C'est Josué qui y pénétrera avec mission de combattre les idoles cananéennes. La voix de la transgression maudite par Noé est celle de l'héritier de Canaan et c'est dans le vocabulaire de la promesse qu'est lancée la malédiction. Là où le prophète nomothète ne pourra entrer, son héritier, Josué, homonyme de Jésus, installera Israël. Le pays des fils de Cham reste interdit à Moïse. Quelque chose est dit ici sur la nature du regard porté sur le monde qui ne concerne pas encore nommément le piège des idoles et qui a à voir avec le contrat et la libération. Si Cham est maudit pour avoir dit ce qu'il a vu, c'est qu'il a porté sur son père un regard coupable. Il n'a rien dit de faux. Mais s'il n'a pas menti, serait-il maudit pour avoir dit le vrai ? Il y aurait une disjonction entre la vérité et les données de la vision sur une réalité. Cham n'a pas construit l'image du Père, pis encore, ses yeux l'ont détruite. La vérité doit être imaginaire, cette fonction imaginaire préserve un écart, celui d'une opération symbolique dont l'accès se paye d'un aveuglement. Est-ce un aveuglement ou un scénario productif de recouvrement dans lequel la parole est constituante ? On peut déjà en

1. Abdelwahab Meddeb me signale que chez Ibn Arabi se retrouve le thème de l'impudicité du regard porté sur les images ainsi que celui de la mise en garde contre l'énonciation de ce qu'on voit, d'en faire une information colportée. Le visible exige la pudeur et l'icône doit rester dans le silence mental d'un non-événement.

induire que l'image ne peut se confondre avec la visibilité, elle peut même entrer en conflit avec elle. L'interdit ultérieur de la fabrication présuppose donc d'abord la coupure entre vérité et réalité de la vision et, plus encore, avec le fait de dire ce que l'on voit à un autre. La question du regard n'est pas une scène solitaire mais celle d'un commerce entre des sujets qui partagent la vie ou la mort d'un sens. Le scénario est complexe puisqu'il faut à chaque étape trois instances. Il y a trois frères et un père qui se répartissent chaque fois la triade nécessaire pour plusieurs opérations distinctes : une triade est en jeu, celle de Cham, Noé et l'image du père, une autre avec Cham, Noé et les deux frères, une troisième avec Sem, Japhet et Noé. Quelque chose de la place d'un tiers est à l'œuvre qui trouve sa réponse dans l'ultime montage : Noé, les bons fils et le voile. La médiation du manteau annonce la condition qui sera faite à l'image aussi bien dans la pensée hébraïque que dans le nouveau traitement du visible opéré par la doctrine chrétienne. La construction et la préservation de l'image du père impliquent l'exigence du voile et le suspens de la parole. Il faut être trois pour voir. Cette injonction à la pudeur des yeux et de la voix ne concerne pas ici la divinité mais uniquement les hommes, tous les hommes qui entreront dans Canaan. Si on ne peut voir Dieu du fait d'un excès d'éclat, comme semble le suggérer le dialogue de Moïse avec Dieu dans l'Exode (33,18-23), il faut admettre que c'est par l'effet d'un tout autre excès qu'on ne peut voir la nudité de son père. L'infigurabilité de Dieu, la loi qui brise les idoles et le suspens du regard sur la nudité du père semblent poser des problèmes tout à fait différents. Du moins en est-il ainsi en apparence car une analyse plus poussée peut conduire justement à comprendre le lien qui les rend indissociables.

Ainsi se constitue la première version du récit qui met en scène un regard sur la nudité et qui voue à la malédiction la première voix peut-être qui ait dit : « Le roi est nu. » Cette voix est-elle originairement mensongère ? En effet, bien plus tard, le scénario qui dit la nudité du roi rend plutôt hommage à la véracité courageuse de la voix qui ose énoncer cette nudité. Ce sera l'objet du dernier chapitre de cet essai. S'il s'agissait seulement de dire l'impuissance et l'indignité d'un corps souverain lorsqu'il est vu dans sa caduque humanité, on pourrait entendre dans la voix de Cham celle qui, dans les narrations ou fables ultérieures, a dit la mortelle nudité des rois lorsqu'ils sont vus sans les insignes de leur autorité. Dès lors, Noé, dans cette perspective, imposerait sa puissance symbolique grâce à un leurre, par la dissimulation et le silence au sujet de son impuissance et de sa mortalité. Ici il faut plutôt comprendre que Cham est coupable d'avoir cru ce qu'il voyait comme étant la vérité de son père, d'avoir assouvi son désir de triompher du pouvoir paternel. Son désir de voir se laisse combler par ce qu'il voit, un père terrassé par le vin qui gît comme mort dans l'impuissance de l'ivresse. On se rapproche déjà un peu de la question de l'idolâtrie qui se saisissant de l'objet de son désir, se laisse assouvir par lui. Quel est donc le désir de Cham ? Gilles Bernheim, commentant le *Kouzari* de Juda Halévy (XIIe siècle), écrit ainsi :

> Les idoles sont les lieux de la circularité et de la mort ; autrement dit, c'est la confusion du désir qui s'attache à accomplir quelque chose et de la satisfaction qui l'achève. Peut-être est-ce la question de l'inceste[1] ?

C'est peut-être là que se constitue le lien entre le péché de Cham et celui des idolâtres. On se rapproche encore de quelque chose de plus complexe puisque l'objet du désir de voir est articulé à son tour à la relation du fils avec son père. Le Lévitique associe clairement le regard sur la nudité à l'inceste :

> Nul d'entre vous ne s'approchera de quelqu'un de sa parenté pour en découvrir la nudité (Lev 18,6).

Suivent toutes les injonctions concernant l'impureté liée à tous les cas de l'impudeur où se joue le désir sexuel envers les proches. La vision de la nudité et l'inceste sont indissociables :

> Quand un homme couche avec une femme de son père, il découvre la nudité de son père (Lev 20,11).

Il y a dans une certaine façon de regarder le monde et de le montrer aux autres la réalisation d'un désir incestueux. Cham s'est conduit comme un homme qui couche avec la femme de son père. Avant la

1. *Idoles. Données et débats*, Actes du XXIVe colloque des intellectuels juifs de langue française, Paris, Denoël, 1985, p. 35.

formulation de la loi, c'est une autre proposition qui agit en inversant la consécution. Tout se passe comme si, avant le Lévitique, quelque chose déjà était inscrit tel que : « Quand un homme découvre la nudité de son père, il couche avec une femme de son père. » On comprend ainsi ce qui se prépare dans la malédiction de Cham concernant l'idolâtrie. La fabrication des images produit, elle aussi, une figure du désir. Les gestes qui ne recouvrent pas produisent de la nudité offerte au regard incestueux. La fabrication allant au-delà du simple regard laisse supposer que le fabricateur passe à l'acte et fornique avec sa parentèle. Les frères reculent devant cette transgression et jettent un voile séparateur, non pas le voile du leurre qui cache la vérité, mais le voile qui consomme la séparation du désir de voir avec son objet maternel interdit. La production du voile est inséparable du destin des membranes dans le sacrifice d'un lien fusionnel. Cham devient serviteur de ses frères restés libres. Un pas de plus est franchi puisque c'est la liberté que perd celui qui, pour avoir voulu voir et voulu dire, a manqué le regard et la parole de l'homme libre. L'esclavage est le prix de la transgression.

Sem et Japhet se sont approchés de Noé en reculant et ont jeté son manteau sur son corps. Les fils respectueux se mettent à deux pour couvrir la nudité du père, alors que Cham est seul. Quelque chose est dit sur ce qui fonde la communauté dans la construction du visible. Le voile posé par les frères est l'objet du partage. Il y a encore autre chose dans la mésaventure de Cham, c'est qu'il a parlé, voulant faire partager à ses frères sa découverte, la découverte ayant ici son sens propre, distincte de l'invention symbolique du recouvrement [1]. Cham constate un état des choses, ses frères produisent une représentation. Il s'agit par conséquent également du partage de la visibilité avec les autres. Ne peut-il y avoir de vision commune que sur le renoncement à la satisfaction solitaire du désir ? Ce texte dit bien pour la première fois qu'il y a deux usages différents des yeux en présence du corps de l'autorité : l'un suspend la vision des yeux désirants et préserve dans l'image la vérité symbolique qu'il construit pour la communauté, l'autre, ouvrant des yeux idolâtres, se prive de tout accès à l'imaginaire nécessaire à la construction symbolique.

1. Cette découverte dans le *Talmud* s'accompagne même de dérision puisqu'on y évoque le rire de Cham qui renvoie peut-être encore à l'érotisation de son regard incestueux.

Reste à construire l'image de la nudité elle-même, qui attend aussi sa symbolisation puisqu'il n'est pas question de réduire le geste des bons fils à un déni de réalité. Ce geste n'est pas l'équivalent silencieux d'une affirmation du type : « le père n'est pas nu », ou : « il n'y a pas de nudité du père ». C'est là qu'intervient l'ambivalence du récit qui donne Canaan à l'insoumis. C'est à sa postérité que va s'ouvrir la terre promise, terre de liberté où les hommes devront répondre du regard qu'ils portent sur le monde, sur la réalité de sa nudité et de sa caducité ainsi que sur la construction des voiles, sur les tissages du respect. Il n'est de liberté qu'en terre de désobéissance.

La lecture du texte ne peut donc conduire à y voir le seul éloge de la soumission aveugle à la loi, plus encore à identifier le respect de la loi à la cécité et au désaveu fétichiste du réel. Il n'en est rien. Les frères respectueux, Sem et Japhet, n'en savent pas moins que Cham sur la nudité de leur père, sans quoi leur geste n'aurait aucun sens, mais ils la traitent autrement. Ils transforment la nudité réelle en image invisible de la nudité et produisent le voile, c'est-à-dire le plan de recouvrement sur lequel les yeux peuvent s'ouvrir. Ils ne reculent pas pour fuir la nudité du père. Ils s'en approchent au contraire mais en reculant. Approcher en reculant est le mouvement générique qui désormais accompagnera toute production imaginale. Ce mouvement est paradigmatique de tout dispositif producteur du visible dans la constitution d'une liberté. L'avance est un retrait. Le pas qui nous mène aux choses n'est pas celui de la marche naturelle, mais opère dans l'espace la surrection d'un temps singulier. N'est-ce pas un geste similaire qui, dans l'Exode, conduit l'Éternel à ne se montrer que de dos au prophète ? La vérité du visible est incompatible avec l'avancée frontale des yeux qui veulent voir pour combler le désir. La vérité n'est ni un corps, ni un objet, ni un état des choses que l'on approche, mais elle est à l'horizon des gestes qui construisent le regard pour définir une relation de départ, de distance filiale entre l'image, le réel et la manifestation du vrai. La filiation dans la relation au visible est déjà là, et c'est elle que la pensée chrétienne traitera à sa façon dans la visibilité de Dieu dans l'incarnation. Cette scène a donc un rapport étroit avec la filiation chrétienne de l'image et le renversement radical de la situation biblique puisque, dans l'incarnation, le Père offre au monde la nudité du Fils quand s'inaugure l'intronisation des images par le retournement de la loi. Car il s'agit alors d'un retournement, d'une inversion des signes, et non d'une transgression abolissant la loi. Le christianisme ne légitime pas le regard incestueux de l'idolâtre, il fait du dévoilement une révélation du voile lui-même sous le nom de voile de la chair[1] dans l'histoire d'un corps qui ne doit pas son image au sang des mères, mais à la parole du Père. Ce retournement est justifié comme dévoilement du sens caché dans le texte de la Genèse. La nudité de Noé deviendra l'écriture d'ombre (*skiagraphê*) de la nudité du Fils de Dieu. On comprend mieux le traitement rhétorique de l'ivresse de Noé par les Pères et les fidèles, qui veulent à tout prix y reconnaître une figure christique puisqu'ils interprètent la scène comme préfiguration de l'incarnation. On trouve ici le double mouvement qui anime le traitement homonymique de l'image. Noé devient le Christ dans un scénario d'annonce inversée. La nudité du père annonce la nudité du fils, l'ivresse du père annonce le don du sang du fils, le regard maudit est appelé à devenir le regard rédimé, l'esclavage annonce la liberté de l'affranchi. Cham est donc le sujet de la rédemption du regard et sa servitude est à l'image de la tentation de tout sujet libre. À lui va la promesse, à lui, l'héritage[2].

Ce récit placé avant la loi mosaïque n'est pas sans relation avec la liberté qui préside à la chute lors de la première tentation, avec le désir de savoir et de rivaliser de pouvoir avec Dieu, tentation qui ouvre les yeux sur la nudité. Le plaisir de savoir et celui de voir ont donc une commune racine puisqu'ils menacent la souveraineté divine et supposent la liberté d'une créature aux yeux ouverts. L'Éternel dit à Adam qui se cache : « Et qui t'a appris que tu étais nu ? » (Gn 3,11). La nudité n'est pas un état en soi mais une nouvelle que l'on tient d'un autre. Ève la tient du démon et Adam la connaît par Ève. Après Ève, dont les yeux s'ouvrent sur la nudité, c'est Cham qui est maudit à son tour, mais, comme elle, il ouvre la voie vers le pays des regards et celui des constituants imaginaires d'une double invisibilité, celle de la transcendance et celle de la mort. Dans les deux cas, la transgression produit un double effet : une malédiction et l'entrée dans notre

1. Cf. Paul, épître aux Hébreux 9,11 ; 10,20.

2. L'interprétation christique de toutes les condamnations bibliques fait de la totalité de la Bible l'objet de la rédemption. L'icône s'offre ainsi au salut des idolâtres en leur offrant de quitter l'ombre pour la lumière. Les juifs doivent abandonner la trop grande invisibilité de leur Dieu, et les idolâtres, la trop grande visibilité de leurs divinités. Le christianisme propose un dispositif résolutoire de cette double impasse en élaborant une médiation iconique qui négocie économiquement l'invisibilité des uns et la visibilité des autres.

histoire terrestre en tant que sujets libres. La liberté se paye de la perte de l'Éden et de la cécité. Cependant, la nudité du premier couple est celle de la différence des sexes qui nous dit que le désir de savoir est inséparable du désir sexuel qui suscite le voile. Ève et Adam ont eu connaissance de l'interdiction, car elle leur a été formulée. Or rien n'avait été dit à Cham. Cela ne signifie-t-il pas qu'il s'agit d'une certaine façon du même interdit ? Si c'est le cas, il faut considérer la chose de plus près. Ève n'est pas tentée par le fruit, mais par la parole qui présente le fruit et lui offre un pouvoir. Or cette tentation est elle-même aussitôt associée au dessillement des yeux sur la nudité et à ce qu'il induit : un geste de pudeur, de recouvrement. Dès qu'ils virent leur nudité, Ève et Adam la voilèrent. La tentation est une scénographie qui simultanément modifie le regard et initie au voile qui permet l'image. Donc, dès les débuts du monde, la question de la vision et de l'image est posée mythiquement en termes disjonctifs et en termes de liberté. Ou bien l'image naît d'une relation de voilement de l'infigurable et exige une élision de la vision au cœur du désir de voir, ou bien il n'y a pas d'image et la consommation de l'objet offre le registre de l'idolâtrie : celui de la possession qui induit la perte de la liberté. L'aveuglement est de deux sortes puisqu'il régit la relation à l'invisible et qu'il désigne la cécité de ceux qui croient au visible. Les idolâtres sont les esclaves du désir de voir. Ni Ève ni Cham ne sont tentés par un autre dieu que celui qui est la satisfaction du désir. La passion qui les habite est le désir de voir confronté à la loi qui fonde les partages symboliques dans la communauté. Le partage du visible exige un renoncement à la possession et la construction d'un voile, donc d'une invisibilité.

Pourquoi le créateur a-t-il donné à sa créature des yeux à ce point condamnés à ne rien voir si ce n'est parce que ces yeux sont le lieu d'une liberté ? Car être à l'image du créateur, c'est nécessairement être à l'image de sa liberté. En perdant cette similitude la créature a mis ses yeux en crise : nos yeux voient, mais que voient-ils ensemble ?

Ce qui signifie que la vérité exige le voile et que celui qui ne s'en remet qu'au visible saisi par ses yeux pour déterminer la vérité, porte atteinte à la nature imaginaire du vrai. Il n'existe pas de vérité toute nue. La parole de Cham ne vient pas défaire par une vérité la croyance ou l'illusion de ses frères, mais annonce le débat propre aux habitants de Canaan, débat qui est le nôtre : comment ouvrir les yeux sur ce qui est voilé ? De quelle nature sont les voiles que nous jetons sur la nudité ? Quelles sont les nudités proposées pour combler nos désirs ? Quelles sont les variétés de la nudité et leur destin tant historique que spéculatif dans leur rapport à la vérité ? Voir la vérité n'est autre que le leurre de voir tout. À ce leurre l'aniconisme disjonctif propose de ne rien voir. Il reviendra au christianisme de nous faire voir quelque chose, qui n'est pas tout, qui n'est pas rien, « juste une image », comme dit Godard.

Il est remarquable que ces textes de la Genèse ne parlent jamais d'image mais des gestes, des actes accomplis par des corps qui construisent l'imaginaire d'un regard partagé. Parler, voiler, marcher à reculons, recouvrir, maudire… Cham aurait-il dit, comme un enfant qui surprend une nudité, quelque chose comme : « j'ai Tout vu ! » ou encore : « je sais Tout » ? C'est cette totalisation du voir qui fait du regard de Cham une figure totalitaire qui équivaut à un regard idolâtre. Vouloir tout voir, croire qu'on peut tout voir et se réclamer à ce titre d'un savoir, c'est manquer l'objet du désir de la vision. Voir le père ou voir Dieu nécessite la construction d'une cécité, d'un renoncement à saisir par les yeux, sans voile. Ainsi, l'accueil du regard à une cécité, donc à un « ne pas voir », peut devenir paradoxalement la seule forme possible de la vision dans la destination symbolique du partage.

La pensée hébraïque s'est maintenue sur le plan d'une séparation vierge de toute visibilité pour éloigner la tentation totalitaire du regard. La pensée chrétienne, elle, va jouer sur un autre registre : celui de l'homonymie du rien avec quelque chose qui n'est pas tout. L'image chrétienne ne montre rien, mais donne à saisir le vestige homonyme d'une absence. Ainsi la mort du messie offre-t-elle le spectacle d'un récit qui ne peut être identifié à la visibilité d'une mort de la transcendance elle-même. Accepter l'économie, c'est faire le deuil de l'absolu. Stéphane Mosès énonce ainsi cette illusion du regard totalitaire repu de visibilité : « L'idolâtrie consiste à croire qu'il n'y a pas d'au-delà du signe, que le sens s'épuise dans le signe qui le manifeste, bref, qu'il n'y a pas de caché. Dissimuler, c'est cacher qu'il y a du caché[1]. » La nudité dissimule, le voile révèle. Qu'est-ce à dire ? Dans la Genèse, le propos est clair à travers l'aventure de Cham, mais il va faire l'objet d'une série d'inversions complexes dans la rhétorique ultérieure, qu'il s'agisse du voile de la chair, des voiles de la pudeur ou des ruses cosmétiques. La question

1. *Idoles*, *op. cit.*, p. 139.

que ne peut résoudre la législation de la Tora, c'est celle de la légitimation de la fabrication de l'image. Elle s'en tient à la littéralité du voile, celui-ci restant le paradigme d'un pur écran du lisible qui ne peut en aucun cas devenir le plan d'inscription du visible. Le corps de la lettre s'inscrit sur la virginité d'un voile pur de toute maculation iconique. Il reviendra à la pensée chrétienne de construire le nouveau modèle du voile comme plan de la visibilité en relation directe avec la figuration de l'infigurable au prix d'un déplacement du sang. Le sang des femmes est conjuré, purifié par le sang d'un mâle, un fils. L'incarnation, donc la visibilité de la chair, détermine l'art du voile qui n'est autre que l'art de l'image devenue chair du visible. C'est pourquoi celui qui s'est fait chair n'est autre que l'image filiale du père. L'image incarnée est miroir voilé, telle est son énigme parfaitement formulée par Paul[1].

L'histoire de Cham est capitale pour ne pas réduire l'interdit iconique de la Tora à la seule intolérance vis-à-vis des idoles des faux dieux, mais pour l'articuler à l'interdiction de l'inceste et à l'exigence de pureté et de séparation qui lui est associée. L'image n'est pas affaire de transcendance théologique, mais affaire d'homme construisant le partage des regards dans leur relation avec une double infigurabilité, celle de Dieu et celle de la mort. Elle s'instaure par le voile sans pour autant résoudre aussitôt la question de la vérité de la nudité. Il faudra que les chrétiens opèrent un traitement inversé de la dignité du voile pour qu'ose se dire quelque chose de nouveau sur la maculation non incestueuse et sur la nudité tout court. Ainsi se construira la virginité indéchirable de la mère d'un fils nu.

Lorsqu'on se réfère à la Bible au sujet de l'image, ce n'est jamais à l'ivresse de Noé que l'on revient mais au Deutéronome, alors que ce texte de la Genèse est fondateur d'une méditation sur le visible et permet de faire le lien avec la Tora puis avec les innovations pauliniennes. Cette étape est capitale pour comprendre les différents niveaux auxquels la pensée christologique aura affaire. L'ivresse de Noé pose d'emblée la question de la nature différentielle des interdits,

1. 1 Co 13,12 ; 2 Co 3,18. Sur la question du miroir voilé, A. Meddeb (*Beaux-Arts*, 6 mars 2000) fait état des traditions narratives de l'islam selon lesquelles, lors d'un concours de peinture affrontant les Chinois et les Byzantins, l'artiste qui gagna fut celui qui, laissant son concurrent travailler sur son œuvre, se contenta au dernier moment de dévoiler le miroir qui y faisait face. Le dévoilement du miroir est l'art suprême de celui qui ne fait rien.

et de la responsabilité qui incombe à chacun dans la gestion de son désir de voir, de savoir, mais aussi de respecter et de savourer le spectacle du monde. La légitimation de la fabrication des images dans la pensée chrétienne n'a pu s'étayer que sur les risques de la liberté face au visible pour tenter de résoudre l'ambivalence de la situation de Cham. Il nous est dit deux choses, d'une part que les fils de la malédiction entreront dans la terre promise, d'autre part qu'ils seront les serviteurs de leurs frères. Que signifie cette soumission, sinon le renoncement au dévoilement du tout et l'acceptation du voile ? Être maudit, chassé de l'Éden, et entrer dans la terre promise par les chemins du visible, qui sont ceux de la liberté, c'est une seule et même chose, un destin unique. La loi ne peut s'adresser qu'à des hommes susceptibles de lui désobéir. Si la loi était gravée en l'homme comme dans la pierre, les hommes seraient aussi pétrifiés que les idoles, mieux vaut briser la pierre de la loi elle-même. « Ne pas idolâtrer la loi », ainsi que l'enseignait Levinas. Plus forte et plus durable que la pierre s'annonce la puissance pérenne de tout voile, toujours sensible au vent de la liberté.

L'histoire de Cham habite toute l'aventure des artistes en quête de vérité dans le visible. Ce récit rend limpides les propos de Cézanne qui disait vouloir « la vérité en peinture », lorsqu'il écrit à Ambroise Vollard, le 9 janvier 1903 : « Je travaille opiniâtrement, j'entrevois la terre promise. Serai-je comme le grand chef des Hébreux ou bien pourrai-je y pénétrer ? » On ne peut être plus clair sur l'alternative qui se présente. Il y a un choix à faire pour tout créateur : être fils de Moïse ou être fils de Cham. Entre l'interdit et la malédiction, les peintres choisissent la malédiction, mais travaillent contre l'idolâtrie, au cœur de la pratique du voile ; ils mettent au monde le plan d'inscription « énigmatique » de ce qu'il faut apprendre à voir et à déchiffrer. Vérité de la terre promise. Mais une fois dans Canaan, comment s'assurer qu'on triomphe des idoles cananéennes ? Un autre choix s'impose, il faut construire le regard pour qu'apparaisse le dos de la vérité sur le voile du visible. Cézanne se bat contre tout effet totalitaire des idoles tant aimées du « bourgeois qui n'a pas le sens d'art ». Canaan est bien la terre où se jouent les différents destins du visible pour des regards libres ou des yeux asservis.

La pensée de l'image dans le monde chrétien ne se contente pas de franchir l'interdit mosaïque en légitimant les « icônes artificielles », elle prend en charge la rédemption de Cham en instituant l'écart infranchissable qui sépare les images de la substance du modèle et de toute essence intelligible sans pour autant les faire basculer dans le néant. Figure de la détresse de nos yeux qui veulent voir ce qui ne sera jamais montré. Telle est la condition pour que le désir de voir, que rien ne doit combler, reste vivant et pour que la parole construise une visibilité libérée des idoles du désir incestueux. Si l'écran est le lieu d'inscription du visible, tout autre accès à la visibilité n'est qu'obscénité et idolâtrie. Ce voile se maintient-il dans sa candeur virginale d'écran vide ou devra-t-il se couvrir à son tour pour devenir le lieu d'un déchiffrement ? Quand le plan d'inscription devient surface, il introduit la question de la face qu'il recouvre et qu'il donne à découvrir dans le plan du visible. Quant au lever de rideau que les fables organisent sur la nudité des rois dévoilés, il faudra y revenir, car ce fut là un nouveau destin du regard et de la voix de Cham dans le combat contre la terreur et le leurre répandus par les idoles.

2) Image odieuse à Dieu

Comment comprendre l'interdit de la Tora que l'on désigne à tort du nom d'interdit de l'image ? La voix paternelle et divine dit deux choses : qu'il ne peut y avoir d'autres dieux que lui, qu'en conséquence il faut détruire les idoles et ne faire d'image de rien de ce qu'il a créé au risque d'adorer la création en oubliant le créateur. Il dit d'autre part à Moïse que nul ne peut voir sa face et vivre. Pourtant la raison ne peut en être qu'il n'y a pas d'image, mais que cette image est invisible, de la même façon qu'il ne peut y avoir d'autre nom divin que le sien et que ce nom est imprononçable. Car, de l'image, il y en a nécessairement du côté de celui qui crée l'homme à son image et qui parle de sa propre face. En créant le monde il a donné aux choses visibilité et nom. C'est même en les nommant qu'il les porte au visible. L'image invisible et le nom imprononçable sont à l'origine du visible et de toutes les désignations. Seule la voix maintient un lien entre l'invisible et le visible. Ce lien est un contrat qui impose la non-réciprocité des regards. Quant à la voix, elle exige des médiateurs, choisis pour l'entendre et la transmettre. En matière d'image, il n'y aura pas de médiateurs avant Jésus qui, lui, offre directement sa parole et son image. Le pro-phète n'est pas « pro-scope ». Il annonce ce qu'il ne verra pas, ce qu'il ne montrera pas. L'absence de médiateur visuel dans la Bible n'empêche pas qu'il y ait des visions pour de nombreux prophètes. Ces visions sont souvent des rêves où la parole se fait entendre. À l'état de veille, voir n'est que contemplation et éblouissement devant les nuées ou les incandescences qui introduisent à l'écoute de la voix. Celui qui parle reste invisible. La face de Dieu est d'un éclat insoutenable, brûlure aveuglante et mortelle. S'il se cache, c'est pour protéger les yeux d'un excès d'éclat ; s'il interdit les idoles, c'est pour protéger d'un excès de ténèbres. La vie humaine est donc circonscrite par les visibilités d'une offre divine à mi-chemin entre les débordements de la lumière et de la nuit. Quelle est la lumière qui éclaire l'offre divine ? La parole. C'est la parole qui conduit à l'image invisible sans tuer. Cette parole est le mode d'accès de l'image à son créateur, c'est elle l'offre de similitude, et il n'y en a point d'autre. L'audible donne la vie au visible et la condamnation pèse sur les sourds car c'est la surdité qui est à l'origine de tous les aveuglements. Seuls voient ceux qui entendent. Les sourds ne voient pas et sont idolâtres, les sourds sont dans les ténèbres de leur cécité. Autrement dit la fabrication des idoles rend sourd. Seule la parole nous préserve des excès du feu et des terreurs de la nuit.

La violence de la théologie juive contre la fabrication de l'image, qui intime l'ordre de la briser, ne peut se comprendre qu'à la mesure de la violence prêtée ou reconnue à l'image fabriquée elle-même. La violence de l'injonction est une réponse à la violence de l'image qui est déjà là. On n'interdit pas l'image, on la punit pour préserver la pureté du regard et des mains.

Si l'image visible qui est déjà là est violente, de quelle violence s'agit-il ? Il faut entendre qu'elle est douée d'une force menaçante pour le monothéisme, pour la loi du Père. En quoi celui qui règne invisiblement sur l'univers serait-il menacé par des objets sans âme ? Pourquoi l'omnipotence divine met-elle tant de passion dans ses décrets ? C'est donc bien qu'il y a dans l'image une force qui déchaîne sa colère et qui a quelque chose à voir avec le rapport de la passion à la loi. Il est courroucé pour une raison déjà évoquée : la passion déclenchée par l'image est bien plus redoutable que l'image des divinités. L'image des divinités n'est en vérité que l'image de nos passions ou, plus fondamentalement, donne forme et figure à l'affect. L'image peut dès lors offrir sans limites l'objet de tous les assouvissements. La non-limitation du désir et celle de l'image sont une seule et même chose et faire des images n'est rien d'autre que le geste du désir sans loi. Elle naît des entrailles fantasmatiques et ne conduit qu'à la folie et la mort. Si l'on ne reconnaît pas la dimension désirante et passionnelle de l'image, la révolution chrétienne de la Passion dans l'image visible du Père perd tout son sens, car c'est bien de ce gouffre qu'elle décide de sortir les mains qui désirent faire et les yeux qui désirent voir. Ce qu'il faut saisir, c'est le déplacement du passionnel dans le renversement du sens de la maculation par le sang. Il faut essayer de comprendre pourquoi Dieu n'a pas dit : « Tu ne feras pas d'image de moi. » S'il n'a pas formulé ainsi son interdiction, c'est qu'il faut plutôt entendre que toute image fabriquée ne peut être qu'image de ce qu'il n'est pas, donc de ce qui n'est pas et, par suite, de ce qui est contre lui. Cette négativité de l'image désigne son inconsistance ontologique d'où la future doctrine fera jaillir le torrent impétueux du possible. Mais pour Dieu l'image est l'ennemie quoi que soit ce dont elle est l'image, y compris la sienne, comme l'objet d'un désir ennemi de la loi. Ce n'est donc point parce qu'elle est image du faux, mais par le fait qu'elle rend adorablement faux tout ce dont elle est l'image, fût-ce le vrai. Aristote ne reconnaissait-il pas que l'image d'un cadavre nous réjouissait alors que le cadavre réel nous répugnait ? C'est pourquoi dans la Tora c'est l'image de toute la création qui est proscrite. Ce n'est donc pas dans une rivalité avec les faux dieux que le Dieu unique s'exprime, mais dans une lutte à mort entre l'image et lui puisque tout ce dont il y a image est adoré par les hommes. Il s'ensuit que ce qui est visé n'est pas le faux dieu dans l'idole, mais l'idolâtrie du visible. La question est bien celle de la religion des images, et non celle des images des autres religions. Nous sommes pris d'amour pour ce que nos yeux dévorent et le visible nous engloutit à son tour. C'est ainsi que les iconoclastes plus tard argumenteront contre l'icône du Christ en disant que l'image, fût-elle celle d'un vrai dieu, est automatiquement une idole du seul fait de l'inévitable adoration provoquée par sa visibilité. Contre les menaces idolâtriques d'une religion des images, les Pères construiront une théologie de l'image.

L'image est fille du désir. L'image d'un fils saura-t-elle transformer cette filiation fatale en filiation rédemptrice ? Violence, colère. La passion qu'inspirent les images explique la passion de Dieu contre elle. La Passion du fils viendra apaiser la passion du Père en purifiant les passions des hommes. L'image est tentation ; elle séduit et entraîne la chute. Désirs que veut juguler le Dieu qui veut qu'on l'entende.

Les images produisent des dieux, ces dieux sont les images elles-mêmes. Les icônes seront à leur tour adorables pour les yeux idolâtres. Elles demandent l'amour et offrent leur corps à l'illimitation du désir. C'est pourquoi quand on construira l'icône, l'injonction insistante de ne pas l'adorer (lâtrie) mais de lui rendre honneur (timie) est fondamentale pour que les bénéfices de la rédemption de l'image la rendent légitime par une réinterprétation du passionnel. La rédemption des opérations imaginaires du désir éclaire aussi le lexique chrétien de la chair dont la nature iconique ne saurait se confondre avec la matérialité d'un corps ou d'un décor. Se comprend mieux aussi la scénographie hagiographique des tentations au désert : les pires tentations ne viennent pas du monde réel dont l'anachorète s'éloigne, mais des images qui l'assiègent quand le monde est absent. Tels sont les combats au cœur des déserts où il n'est pire démon que celui qui s'adresse à la vision, qui produit des visions[1]. Les anachorètes ne fuient pas les tentations du monde, mais se soumettent au pire des rendez-vous que le démon puisse donner : la rencontre avec les images qui comblent tous les désirs. C'est à l'extrémité de cette épreuve volontaire, imposée au regard, épreuve que l'ermite va expressément chercher, que se joue, sous forme de crise, la véritable soumission à Dieu.

3) L'impureté des mains sanglantes

Examinons de plus près l'opposition de la fabrication manuelle de l'image au respect de la loi. Pour la comprendre, il faut relier l'injonction anti-iconique à toutes les autres injonctions proférées contre ce qui porte atteinte à la loi. La loi est un contrat d'élection qui non seulement soumet tout un peuple à un seul Dieu, mais qui, pour préserver cette élection, se déploie dans la liste des interdits innombrables destinés à préserver la pureté de l'esprit et du corps. La séparation du pur et de l'impur exige une disjonction générale appliquée à tout ce que l'on approche, que l'on touche, que l'on mange, que l'on fabrique. Il est impératif que les corps élus soient à l'écart de toute souillure et de tout mélange facteur de confusion. Dans les gestes et

1. Cf. M.-J. Mondzain, « *Vox clamantis in deserto* », in *Dédale*, n° 5, 1998, « Déserts ».

les contacts relatifs à l'image, il y a donc de l'impureté et de la souillure. Si l'image est pure et reste telle, alors elle est invisible et intouchée ; si l'image sort des mains, elle est impure, intouchable, et doit disparaître. C'est donc que les mains imageantes sont souillées.

Les mains industrieuses sont sales quand elles agissent dans la fabrique de figures sans limites qui viennent combler la divinisation du désir de voir. Il faut comprendre ce que sont ces idoles rivales auxquelles ce père divin se veut incomparable. Elles sont peut-être essentiellement de deux sortes : celles qui relèvent de la gestion des relations entre les vivants et les morts, et celles qui concernent davantage les relations qu'entretiennent les vivants avec les forces de la nature. Dans le premier cas, la séparation de la vie et de la mort fait l'objet d'une négociation où ceux qui vivent se protègent du monde infernal en produisant des doubles, figuratifs ou non, de ceux dont ils gardent la mémoire et fabriquent l'innocuité. Ce registre de l'*eidôlon* est celui que Jean-Pierre Vernant a analysé dans le monde grec[1]. L'idole du mort, rappelle-t-il, n'est pas nécessairement faite pour être vue car son appartenance à deux mondes, le visible et l'invisible, la situe aux croisements des opérations matérielles et de l'occultation, de la relation immanente et de la séparation infranchissable. Ce qui nous intéresse ici plus particulièrement, c'est la question de la pierre, taillée ou non, qui est le double du mort. Il semble bien que l'horreur de l'image taillée ait à voir avec le choix de la pierre comme plan d'inscription de la loi, donc de la vie. Si la pierre devient idole, elle est en place de la mort et le lieu d'inscription d'une invisibilité qui n'est autre que celle des ombres et de la mort. J.-P. Vernant dans son analyse de l'imaginaire grec insiste sur le mutisme, la rigidité et la froideur de la pierre qui met en relation avec le monde des morts. Tout autre est la pierre hébraïque où vient s'inscrire la loi, pierre qui semble sortir de son mutisme pour indiquer la source de la vie commune sous la loi. Pierre qui vit de la vie du Dieu unique. Or cette pierre vivante s'oppose à la pierre des idoles et sera brisée dans la rencontre du regard de Moïse avec l'idole du Veau d'or. La pierre taillée n'est ni la pierre intaillée de l'autel ni celle qui s'offre à l'inscription et à la lecture.

Dans la guerre livrée par le ciel contre la terre, il faut imposer un autre ciel, plus haut, plus pur et invisible, qui se dissimule derrière les

1. *Mythe et Pensée chez les Grecs*, Paris, Maspero, 1965, chap. 5.

nuées et les astres. Les idoles sont enfants de la nature, sorties d'une terre soumise à la sécheresse, aux vents et à la pluie, maîtresses de la génération et de la corruption, de la vie et de la mort. La loi s'inscrit dans la minéralité de la pierre, figure de l'indestructible fermeté de ses décrets et de la rupture accomplie entre la nature et la loi. Canaan ne doit plus recevoir la pluie de Baal, mais, ainsi que le Deutéronome en fait la promesse, c'est celui qui se soumet à la loi qui recevra la pluie :

> Et si vous écoutez vraiment mes commandements, ceux que je vous donne aujourd'hui, en aimant le Seigneur votre Dieu et en le servant de tout votre cœur, de tout votre être, je donnerai en son temps la pluie qu'il faut à votre terre (Deut 11,13-14).

Après quoi il poursuit :

> Gardez-vous bien de vous laisser séduire dans votre cœur, de vous dévier, de servir d'autres dieux, car alors la colère du Seigneur s'enflammerait contre vous, il fermerait le ciel et il n'y aurait plus de pluie (Deut 11,16-17).

S'il faut s'éloigner de la pétrification de la mort, il n'en résulte pas que la loi s'accorde massivement avec la vie. Il ne faut pas tailler la pierre, il ne faut pas toucher le sang. La vie sous la catégorie du sang est aussi redoutable que la mort et provoque la souillure. Les idoles du sang sont celles à qui l'on fait des sacrifices pour demander la richesse, la fécondité, en un mot tous les bienfaits de l'abondance. Ce sont celles des cultes environnants, les cultes qui occupent toute cette terre de l'Asie Mineure et des déserts. Depuis l'Égypte jusqu'aux frontières de l'Asie, les idoles de la terre et du ciel réclament le sang pour dispenser la vie. Énumérées par les Écritures, elles sont la passion de Canaan et celle de Babylone. Elles sont l'effroi du monothéiste. Mais la loi dit à la fois qu'il faut respecter le sang car il est la vie, et qu'il faut se séparer du sang car il est le signe de la souillure née de la fusion et de la confusion. L'ambivalence paradoxale qui tient à l'impureté du sang et à sa dignité sacrée parce que vitale nécessite que tout sacrifice rende le sang à la fois à la terre et à la pierre non taillée de l'autel. Le Dieu qui donne la vie est le maître du sang. La soumission à la loi exige que l'on se sépare du sang de la fusion. L'impureté du sang des mères impose de rigoureuses lustrations et le suspens des contacts. Cette ambivalence se retournera selon une autre distribution quand le sang de la bénédiction couvrira d'un flux salvateur toute l'humanité et retombera en torrent de malédiction sur l'ancien peuple élu.

Le maître du ciel et des eaux est le maître du sang. C'est lui le géniteur, lui le nourricier. Le sacré est né de la parole et ne doit se maintenir que par elle. Le silence comme le vacarme confusionnel des éléments de la nature sont à l'image de la confusion des désirs de non-séparation. L'homme sort de la terre pour la quitter. L'image de la vie est inséparable du sang dont l'irrigation colore tous les vivants. Le sang de la carnation parcourt la chair nourrie par le sang et le lait des mères. Les mains qui font l'image sont des mains sanglantes. La loi exige la séparation d'avec toute maculation fusionnelle, aussi redoutable que l'inceste. L'image qui est chair et sang non encore séparés naît des désirs fusionnels qui ne font que ramener les sujets à l'indistinction primitive d'un chaos redoutable. Quitter la terre, quitter la mère, sont un même ordre. Ainsi la terre est-elle par nature un lieu d'exil et de séparation où l'errance est une figure de l'obéissance à la loi. Chaque installation, telle une nidation, refait surgir la menace idolâtre et s'annonce toujours d'avance comme un combat avec les divinités du lieu. La relation du judaïsme à l'appropriation des lieux reste jusqu'à nos jours une question critique au cœur de la communauté qui s'interroge sur la figure majeure de sa fidélité à la loi. La relation à la terre est ainsi directement articulée à la propriété des lieux, à l'investissement de l'espace auxquels sont liés toutes les possibilités et toutes les menaces d'inscrire sur un plan les visibilités elles-mêmes.

La totalité de la loi juive est structurée quotidiennement par le souci de la séparation d'avec le sang, condition fondatrice de la pureté et du respect de la loi. Le rituel de la cacherout est un ensemble de procédures d'élimination de toute tache. L'interdiction de la consommation du sang et même de son contact fait intrinsèquement partie de l'interdit du mélange et de la confusion, dont la séparation d'avec la mère est la figure constituante. L'obligation rituelle de la pureté va avec l'interdiction du mélange et instaure tous les régimes du séparé. L'interdiction de l'inceste, la condamnation de toute fusion, de toute régression, nécessitent donc que le sang devienne le signe de la coupure fondatrice de la loi. La loi coupe et relie par contrat, l'image unit et anéantit la communauté. La séparation de la chair et du sang régule l'ordre de la séparation du consommable et de l'inconsommable.

L'interdiction de rendre un culte aux idoles est donc inséparable de l'interdiction du contact et de la consommation du sang. Ainsi est-il écrit dans le *Talmud* (*Sanhédrin*, 63 b) :

> Les enfants d'Israël savaient bien qu'il n'y avait rien de réel dans les idoles et s'ils se sont néanmoins adonnés à leur culte, c'était pour s'autoriser publiquement l'inceste et la débauche.

Ainsi, l'image porte en elle la violence du sang, c'est-à-dire de l'inceste et du désir. Telle est la lourde hérédité de l'image, souillure vivante, hybride féconde. Autant de figures qui dessinent et désignent le visage de la menace originaire. C'est pourquoi le règne du maternel va faire l'objet d'une exsanguination, d'une purification, d'une nécessité de lustration qui toutes ont à voir avec la construction de régimes symboliques sur les lieux mêmes de ce qui nous affecte : la sexualité et la mort. Les cultes maternels, cultes de fécondité chthonienne, disséminés dans des entités aussi bigarrées que multiples, doivent être détruits, leurs effigies brisées. Faire des images, c'est pratiquer de ses mains un négoce coupable avec le monde des taches, des empreintes, thématique que le christianisme reprendra terme à terme pour en inverser l'ordre et le sens. Le commerce avec l'image est une intimité coupable. Il reviendra au christianisme de penser l'image en termes de rapport. Mais il lui reviendra aussi d'avoir maintenu à la fois la séparation constituante d'un rapport et la fusion destituante d'un commerce peccamineux. Produire des gestes de maculation du plan, c'est reproduire les traces que le sang laisse sur les linges, taches qui promettent et donnent la vie. Si l'image dans la Bible ne peut faire l'objet d'un rite de purification car elle est par nature sanglante, incestueuse et passionnément adorée, elle a été possible selon les indications divines lors de la construction de l'Arche et du propitiatoire. Les chérubins sculptés et brodés, les toiles et les voiles pourpres et cramoisis de l'Exode sont autant de signes offerts à la vue pour indiquer la solennité et la beauté nécessaires au lieu de la loi et de la rencontre. Tout cet apparat est défini et inscrit dans la parole adressée à Moïse. Il ne s'agit pas d'images liées au désir des hommes mais au seul désir de Dieu. Il ne s'agit donc pas d'une purification de l'image, mais d'une scénographie contractuelle destinée au plaisir de Dieu et au respect des hommes.

On ne doit pas mettre les mains dans le sang de sa mère comme on ne doit pas cuire le chevreau dans son lait. La cacherout de l'image, sa purification, voilà ce qui sera, dans le renversement chrétien de la loi, l'œuvre du Fils. Grâce à un homme, une image va naître, coupée du sang des mères, une image innocentée, propre et purifiée par le sang du fils. Cette image n'a rien de céleste ni de solennel dans sa manifestation visible. Au contraire elle sera figure de la faiblesse, de la défaite et de la mort. Plus rien de la gloire étincelante des chérubins, le visible entre dans le monde par la porte de l'humiliation et de la profanation. Miracle messianique accompli par le sang masculin d'un fils né d'une mère virginale. C'est lui le producteur incontesté des tâches achiropoïètes (sainte Face, saint suaire, Véronique) et le modèle souverain des icônes chiropoïètes puisqu'il a purifié les mains en purifiant le sang. Par lui l'image sera sauvée de la malédiction et de la souillure. Vierge pure, immaculée, sans tache, y compris par la suite celle du péché originel, la mère, définitivement soustraite à la dénomination de déesse, ne fait plus d'ombre à la puissance imaginale d'un fils dont elle est à la fois la génitrice et l'épouse exsangue. Ainsi s'accomplissent les miracles qui attestent la rédemption masculine du sang. Quand Jésus est mort, du sang et de l'eau jaillissent encore de ses plaies, manifestant ainsi l'horizon de la résurrection de l'image, de sa résistance à la mort. Quand l'hémorroïsse parvient à toucher la tunique du messie, aussitôt son sang s'arrête de couler. Si une main impie porte atteinte à une icône, il peut arriver qu'elle saigne ou qu'elle exsude de la lymphe ou des larmes. Toute maculation opérée par le fils est le signe de sa chair irriguée par la vie et sauvée par le sacrifice.

4) Le désir d'un père

Avant d'en dire plus sur le bouleversement spécifique opéré par la pensée chrétienne sur ce monde mosaïque, exsangue et sans images, je voudrais faire un détour dans l'Antiquité païenne, plus particulièrement par une fiction célèbre qui traite de la naissance de la figuration. Ce détour, apparemment anecdotique, permet de constater la communauté de préoccupation des hommes à l'égard de ce que leurs mains fabriquent et à propos de la place du féminin dans la construction des visibilités. Il s'agit d'un étrange récit, celui du fameux texte de Pline au livre XXXV de son *Histoire naturelle* qui rapporte une légende concernant, nous dit-on souvent, à tort, l'origine de la peinture et du portrait. En fait, l'usage a souvent fait superposer deux passages distincts. Au chapitre V, Pline évoque l'origine de la peinture et dit ceci :

> Les Égyptiens déclarent qu'elle a été inventée par eux six mille ans avant de passer en Grèce : vaine prétention, c'est bien évident. Quant aux Grecs, les uns disent que le principe en a été découvert à Sicyone, les autres à Corinthe, et tous reconnaissent qu'il a consisté à tracer, grâce à des lignes, le contour d'une ombre humaine : ce fut donc là, selon eux, la première étape ; dans la seconde, on employa les couleurs une par une [...]. L'invention du dessin au trait remonte à Philoclès l'Égyptien ou à Cléanthe de Corinthe ; mais les premiers à le pratiquer furent Aridicès de Corinthe et Téléphanès de Sicyone, sans se servir encore d'aucune couleur [...][1].

Pline énumère les différentes hypothèses concernant l'origine de la peinture et du dessin. La trace de l'ombre est citée et est attribuée à des hommes qui vont par la suite la colorier. Tout autre est la conjecture qui concerne l'origine de la sculpture par modelage. C'est dans ce récit qu'intervient une figure féminine, celle de la fille du potier Butadès. On reste géographiquement dans les mêmes lieux, Corinthe ou Sicyone. La genèse du visible fait de main de femme dresse une singulière figure de la filiation iconique.

> En voilà assez et plus qu'il n'en faut sur la peinture. Il serait convenable d'y rattacher ce qui concerne le modelage. En utilisant lui aussi la terre, le potier Butadès de Sicyone découvrit le premier l'art de modeler des portraits en argile ; cela se passait à Corinthe et il dut son invention à sa fille, qui était amoureuse d'un jeune homme ; celui-ci partant pour l'étranger, elle entoura d'une ligne l'ombre de son visage projetée sur le mur par la lumière d'une lanterne ; son père appliqua de l'argile sur l'esquisse, en fit un relief qu'il mit à durcir au feu avec le reste des ses poteries, après l'avoir fait sécher. Cette œuvre, dit-on, fut conservée au Nymphaeum jusqu'à l'époque du sac de Corinthe par Mummius[2].

Ainsi ce récit célèbre-t-il l'invention du portrait par moulage par un potier. Récit qui concerne donc l'origine de la sculpture, et non celle

1. *Histoire naturelle*, livre XXXV, chap. v, trad. J.-M. Croisille, Paris, Les Belles Lettres, 1985, p. 42.
2. *Ibid.*, chap. XLIII, p. 101.

de la peinture. On y trouve une abondance de détails scénographiques qui tranche avec le texte précédent, où Pline cite rapidement ce qui se dit sans s'attarder à un quelconque scénario. Ici on assiste à un événement qui a lieu dans une maison entre des personnes ayant des liens spécifiques : la filiation et l'amour. Une fille amoureuse inspire son père qui, de simple potier qu'il était, devient artiste. Cette fille est elle-même inspirée par l'amour et pratique la projection du corps aimé dans une chambre obscure qu'éclaire une lanterne. Le corps aimé est encore là quand elle trace son ombre, qui est donc celle d'un vivant, le jeune homme qu'elle désire dans la chambre qu'il va quitter.

Butadès le potier a observé les gestes d'une fille amoureuse et s'est livré à une action productive et pour le moins peu innocente. Car regardons de plus près, une jeune amoureuse trace dans la *camera oscura* la silhouette d'un être aimé et qui s'en va, produisant la trace d'une absence qu'elle ne peut retenir, offrant à sa mémoire et à son désir la vacuité d'une inscription pariétale, un profil nécessairement pour qu'il y ait de la ressemblance, donc un contour sans regard qui fera vivre le sien. Trait de la séparation et ligature du désir qui n'enferme ni l'amant ni l'amante, car une fois l'amant dessiné, l'amante ne le retiendra plus, il pourra partir. Elle a, en sa présence, pérennisé ce qui va la lier dans une image qui incarne son désir, désir que la présence maintenue d'un corps aurait pu combler et risquait d'anéantir. Il est libre de partir, elle est libre de manipuler cette absence à son gré. Il pourrait même rester à présent, car elle a inventé un geste libérateur de ce qu'un trop de corps dans la présence aurait pu gâter. Écriture d'ombre, *skiagraphia*, à laquelle le geste rend la vie ou qu'il va douer d'une vie propre. Toute image fait un deuil : la vie de la chair iconique renonce à la fusion corporelle. Point d'image sans dépossession, toute image fait le deuil d'un corps pour faire vivre un désir.

Or que fait ce bon père ? Il vient remplir de glaise la figure du désir de sa fille, la fait cuire, durcir à son feu. Il pourra multiplier désormais ces fac-similés de la vie qui ressemblent à s'y méprendre à la tradition de l'art funéraire. Il enterre l'absent. Ce geste qui le conduit à remplir de matière ce qu'un autre avait laissé vide sur le mur d'une chambre est le geste de son propre désir. Il donne corps, il matérialise en incorporant de la matière à la libre inscription d'une trace de la dépossession. Modelé et cuit, le jeune homme ne peut plus les séparer. Le désir d'une fille rend le potier artiste ; le père peut produire et négocier dans la lumière les effets pétrifiés de l'ombre du désir des femmes. Une alternative est posée au cœur de la filiation : faut-il faire le deuil de la présence en donnant de la vie à la chair des ombres sous le signe de la séparation, ou bien simuler la présence quitte à faire le deuil de la vie en produisant un objet inanimé et reproductible sous le signe de l'inceste ? Il y a donc deux modalités irréductibles de la séparation, celle qui donne vie à la chair des images et celle qui opère l'art réifiant des idoles.

Tel est le récit qui, dans un tout autre monde que le monde chrétien, met en place l'apparition du plan d'inscription du dessin, d'une écriture d'ombre qui ne peut encore se dire sur le mode de l'incarnation. Le graphe iconique du paganisme laisse la femme dans la production ténébreuse. La lumière qui éclaire le scénario projectif est distincte du feu qui embrase le four du potier. C'est du père que viendra la couleur :

> Une invention de Butadès fut d'ajouter de la rubrique à son matériau ou de le modeler avec de la craie rouge [...][1].

Le fer qui rougit la rubrique indique cependant qu'on ne peut introduire la couleur sans commencer par rougir le plan. Rouge qui ne doit plus rien au sang des mères dont Pline affirme ailleurs qu'il fait rouiller le bronze et le fer[2].

Avant de poursuivre le chemin qui conduit du dessin à l'incarnation chromatique, il faut aussi rappeler ce que la catégorie du sang porte de responsabilité dans l'iconophobie du monde grec non chrétien. La tradition des récits concernant la Gorgone ou Méduse a été si savamment étudiée par les hellénistes et les historiens d'art que je ne saurai prétendre apporter ici quelque nouveauté. Je me contenterai de souligner l'articulation ininterrompue qui, dans l'Antiquité, lia la souillure mortifère du reflet féminin à la catégorie du sang et de la mort[3]. On pense à l'étonnant texte d'Aristote, chez qui l'on trouve une description fort peu rationnelle d'un phénomène iconique et sanglant :

1. *Histoire naturelle*, livre XXXV, chap. XLIII, *op. cit.*, p. 102.
2. *Ibid.*, livre VII, chap. XV.
3. Je renvoie particulièrement aux travaux d'Ewa Kuriluk, *Veronica and her Cloth*, Cambridge (Mass.), Basil Blackwell, 1991, chap. 8, et de Françoise Frontisi-Ducroux et Jean-Pierre Vernant, *Dans l'œil du miroir*, Paris, Odile Jacob, 1997.

> Sur les miroirs tout à fait nets, lorsque les femmes au moment de leurs règles regardent vers leur miroir, il se produit sur la surface comme un nuage sanglant[1].

Il s'agit donc de ce qui advient à l'image spéculaire durant la menstruation féminine. Si le miroir saigne à l'image de celle qui s'y regarde, c'est que femme et miroir sont de même nature. L'organe reproductif et l'instrument de la duplication sont éprouvés par la même incontinence des flux qui brouillent la pureté du regard. Il se manifeste une tension irréductible entre la reproduction biologique et la *mimêsis*. La *mimêsis* est traversée par la différence des sexes, spéculaire et identificatrice du côté des femmes, spéculative et symbolisante du côté des hommes. Le miroir impur renvoie à la fécondité féminine alors que le miroir pur offre son modèle noétique. Impossible de se passer de la *mimêsis* à condition de contrôler toutes les menaces de l'une par les exigences de l'autre. Ce qui conduit à inverser le dispositif naturel qui fait des femmes la cause impure des hommes en faisant des hommes la cause de l'image pure. Qu'il s'agisse de construire la virginité d'Athéna ou de condamner à mort la mort, elle-même distribuée par l'image sanglante, les opérations narratives cherchent comme dans le christianisme à retourner la catégorie du sang impur en son contraire : la face meurtrière devient miroir-bouclier puisque le regard de la mort sur la mort tue la mort. Le miroir sans tache offre son plan immaculé à l'image pure masculine. Le christianisme apportera une modification considérable à ce scénario puisque l'image pure est à son tour sanglante et libère une image non noétique, une incarnation sensible. La sainte Face est donc bien la réponse inversée à Méduse au même titre qu'elle vient résoudre l'énoncé divin : « Nul ne peut voir ma face sans mourir. » Toujours étouffée dans le double étau de la transcendance et de la souillure, l'image christique invente une « sortie » triomphante au cœur d'un monde des vivants où les femmes ne tirent leur dignité qu'à titre de miroir vide et de mains qui tiennent les linges qu'elles tendent à la vision des hommes. La « kénôse » féminine est bien loin

1. Cf. F. Frontisi-Ducroux, *ibid.*, chap. VI, où sont particulièrement analysés les textes d'Aristote (*Des rêves*, 459 b) et de Pline (*Histoire naturelle*, livres VII et XXVIII) au sujet des effets du sang féminin sur la vue et sur les phénomènes de la nature.

de celle du Fils transfiguré qui pourtant lui doit son entrée dans le monde. Elle n'aura guère de chance dans le plan de la résurrection, sauf si elle accepte sa vacuité comme prix de sa rédemption. Si le monde juif et le monde grec sont en situation contradictoire sur la figuration, du moins partagent-ils le même silence doctrinal ou théorique sur la condition féminine de l'incarnation. L'invention chrétienne bouleverse les deux ordres de l'infigurable, celui de la pureté absolue et celui de la mort en déplaçant tout le vocabulaire de la vie. La catégorie du sang concerne les deux niveaux puisqu'il est la vie et qu'il est la mort. L'eau sortira en même temps que le sang du flanc christique, donnant son modèle lustrateur au baptême et rejoignant dans la liturgie de la consécration les espèces du pain et du vin. C'est pourquoi la catégorie du sang reste plus opératoire que la seule inscription de l'ombre dans l'installation d'une iconicité à l'abri de l'inceste, donc réconciliée avec la loi. La *skiagraphia* renvoie aux ténèbres du signe, l'icône négocie trois matières, celle du corps, celle de la chair et celle de l'eau qui seule, en la transparence de son plan, se laisse traverser par le flux immaculé de la lumière. C'est dans ces termes que j'aborderai plus loin la question de la *katharsis*.

5) Du blanc au rouge et du rouge au blanc

Cette introduction violente du sang christique qui contient toutes les couleurs de la vie, qui ouvre à tout le chromatisme de la grâce iconique, ne va pas sans un renversement symétrique de la situation du blanc. Le blanc sur la peau dans la Bible est du côté de la lèpre et de la mort. Signe de l'impureté, le blanc n'a rien de la candeur que lui conférera l'art de l'icône. Sur la peau le blanc est une tache qui nécessite la purification. Dans le monde chrétien, le lexique de la blancheur se déploiera sur le double registre de la pureté du miroir et de la candeur de la résurrection. Dans la technique de l'icône, la distinction des blancs est éclairante. La planche qui sert de support est recouverte de toile fine, voile qui adhère à la planche comme une pellicule épidermique. Le plan iconique n'est pas constitué par ce seul voile ; il faut que la surface à peindre soit blanche et parfaitement lisse. La technique qui produit ce plan d'inscription s'appelle le *leukas*, c'est-à-dire la blancheur obtenue soit avec de la poudre de marbre, soit avec du blanc d'Espagne. La composition du lieu qui va recueillir l'image proprement dite a bien la pureté virginale du voile matriciel inviolable. Cette page blanche où vient s'inscrire l'histoire va pouvoir recevoir le trait qui figure (*graphê*) à l'image de l'Écriture (*graphê*). En gravant dans la planche les traits d'une figure, l'iconographe exerce l'écriture d'ombre (en noir) qui attend la carnation chromatique qui célèbre l'incarnation et la rédemption de la chair. La grâce de la couleur (*charis tôn chrômatôn*) recouvre la totalité du plan dont la primitive blancheur ainsi que le dessin s'effacent et disparaissent pour accueillir l'image rédimée. C'est alors qu'intervient à nouveau le blanc, mais ce n'est plus celui de la candeur du plan matriciel, c'est celui de l'éclat de la lumière sur le visage. Ce blanc vient comme l'or produire la lumière de la transfiguration dont la technique trouve son achèvement dans le vernissage à l'*olifa* qui conduit l'objet vers sa transparence et son miroitement. Entre la blancheur du support et l'éclat de la résurrection, toutes les sanglantes bigarrures de la chair ont fait l'objet d'une passion iconographique qui prend pour seul modèle la passion du Christ. Tel est le programme de la fabrication du visible qui se donne pour tâche de venir à bout de l'impureté de la lèpre et du sang. L'image iconique est bien le lieu de l'incarnation et du mélange où toutes les menaces fusionnelles sont écartées. La fabrique de l'image est la mise en pratique de la rédemption du visible et des promesses de résurrection. Dans l'Église d'Orient, la pratique iconique est restée complètement fidèle à la dimension pascale de l'image. Ce qui est loin d'être le cas en Occident, où le message paulinien a pris toute sa dimension institutionnelle et politique, si bien que l'image est devenue un enjeu dramatique entre le pouvoir et la liberté. Le corps monocéphale du Christ catholique a d'emblée réintroduit les enjeux politiques de l'idolâtrie. Pour un regard orthodoxe, l'art religieux occidental n'a plus rien de sacré puisque, dans l'Église romaine, la passion du pouvoir l'a emporté sur le pouvoir de la Passion.

6) Carnation iconique

Il n'y avait d'autre issue pour la réhabilitation des yeux qu'une offre de visibilité venant de Dieu lui-même, proposant aux yeux son image sur un mode que le prophétisme n'avait pu déployer. Ouvrir les yeux sur le mode du déchiffrement de la parole dans la chair du visible fut l'invention de l'incarnation et la doctrine des images qui en découla.

Cette invention juive venait résoudre un problème juif, à savoir qu'il fallait que le voile pût devenir un plan d'inscription. Le message juif qui libérait les yeux et les mains de Canaan, qui le sortait de son isolement électif pour l'ouvrir à l'universalité, est devenu le dispositif le plus violent de séparation d'Israël d'avec le reste de l'humanité. Coupée de sa langue et de sa lettre, la parole libératrice fut répandue en grec. Par une violence faite à la parole par la voie d'une autre langue, la doctrine de l'économie incarnationnelle est devenue une formidable machine construite contre le judaïsme par un juif qui tournait le dos aux siens, Saül de Tarse. C'est ainsi que se construisit la religion la moins fidèle à la sacralité, puisqu'elle gérait simultanément l'héritage spirituel monothéiste et qu'elle administrait le visible dans une destitution progressive et ininterrompue du sacré. Son paradoxe est non seulement encore vivant, mais il la fait vivre puisqu'il lui permet d'osciller méthodiquement entre la fidélité spirituelle à l'invisible et le réalisme politique usant des visibilités.

La langue grecque puis latine traita le problème de l'écriture vraie du Livre comme graphe d'un recouvrement fondé sur l'homonymie du visible et de l'invisible, de l'ancien et du nouveau. L'image ne put donc jamais trouver sa clarification doctrinale dans la pensée juive puisque c'est la lettre qui reste le seul et unique plan du déchiffrement et que la seule chance de libération qui lui était offerte par l'un des siens lui fut enlevée par ceux à qui elle fournissait les clés de la liberté. Cependant, l'existence d'un art visuel largement pratiqué par des juifs qui ne rompaient pas pour autant avec leurs racines montre la possibilité d'une négociation de la fabrication des images avec la fidélité à la pensée biblique. Cette négociation était inévitable au contact du christianisme et a pris des formes critiques infiniment précieuses dans le développement de l'art occidental. La critique de l'idolâtrie et l'art des écrans sont l'enjeu central de toute l'histoire de l'art et ne peut se comprendre que par la vitalité maintenue de la pensée juive dans le monde chrétien. Elle seule n'a cessé d'interroger les regards dans la perspective de la loi. Si le terme de judéo-christianisme pouvait avoir un sens, ce serait seulement dans le monde de l'art où l'image se maintient dans le voile où se tisse la liberté du regard.

Sans le double choc de l'interdit biblique et de l'incarnation, l'art des images n'aurait jamais été ce qu'il est : une mise en crise du regard par des objets faits de main d'homme produits par des sujets tantôt fidèles à la parole tantôt acceptant la servitude silencieuse des yeux. Par quoi j'indique que l'image d'art n'a jamais abandonné l'invisible et reste symboliquement liée à l'interdit. Cet interdit s'est déplacé, il n'est plus l'interdit de faire, il pose la question de la nature du regard et des pratiques du voile.

7) La beauté du diable

a) La cosmétique du voile

L'art du voile, dans le monde chrétien, aura à résoudre un problème nouveau : celui de la tentation cosmétique, c'est-à-dire des plaisirs esthétiques produits par les gestes de recouvrement. Si la chair du Fils est le vêtement qu'il assume en se montrant, on peut parler pour le Christ de la nudité du voile lui-même. Dans la mesure où le Christ eut un corps mortel qui offrit sa caduque humanité en spectacle, sa nudité fut à la fois la visibilité de son anéantissement (kénôse) et l'énigme derrière laquelle son invisibilité imaginale se maintint jusqu'à la résurrection. À partir de la résurrection, les termes se renversent et la disparition de son corps fait place à sa visibilité transfigurée, c'est-à-dire à son image. Dès lors, le voile comme plan d'occultation qui recouvre devient plan d'inscription qui révèle. Cependant, ce n'est pas le voile qui disparaît quand l'invisible se donne à voir, c'est au contraire le voile lui-même qui vient offrir l'énigme de sa surface au déchiffrement des yeux dessillés. Un voile se donne comme plan, comme condition de possibilité du visible, mais ne saurait se donner comme modalité nouvelle de la nudité. Ainsi se pose la question inévitable de la forme sensible qui s'offre aux yeux sur le plan d'inscription. Le voile n'est pas nu, il est recouvert de signes, de matières, de couleurs. Le désir qu'il suscite résulte du plaisir qu'il donne. Que sera cette beauté du visible qui prétend ne rien donner à voir qui puisse être regardé comme un objet ? La question cosmétique se présente sous deux régimes, celui de la parole sur le visible et celui de la technique iconique en tant qu'elle vient résoudre les apories du discours. La rhétorique et l'image pourraient en ce sens sembler se relayer. Ce n'est que partiellement le cas puisqu'il a fallu argumenter longuement par la voie du discours pour donner à l'image son privilège résolutoire sur la parole. Autrement dit, il est partout question du visible et l'image faite de main d'homme doit sortir victorieuse du discours qui consacre sa supériorité philosophique et doctrinale. Pour mieux en saisir les tensions et pulsations paradoxales, je considérerai quelques textes de Tertullien plaidant pour les apparences chrétiennes bien longtemps avant que l'icône ne devienne la pomme de discorde promise au consensus universel et catholique. Après quoi le retour aux arguments iconophiles du patriarche Nicéphore permettra de définir ce qui se joua dans l'économie du plan d'inscription.

Toute la distinction entre le corps et la chair, entre *corpus* et *caro* vient ici poser une question cruciale : qu'ont vu ceux qui ont vu ? Tertullien, dans le *De carne Christi*, s'exclame contre les docètes : « D'où vient le corps si la chair n'est pas corps ? » (*Unde corpus si non caro corpus ?*)[1]. Toute la question est là : sans corps il n'y a plus de visibilité pour la chair, donc d'incarnation. Le *unde* semble indiquer une relation de provenance. Le corps provient de la chair, qui tient à son tour de lui sa visibilité iconique. Dire cette provenance, c'est reconnaître l'origine charnelle du corps, autrement dit sa fondation dans l'image. Sans la chair, le corps n'est à son tour qu'une dépouille sans rédemption et c'est à elle qu'il doit sa résurrection. La bataille contre le docétisme est donc centrée sur l'articulation économique de la chair au corps puisque les docètes réduisent le corps à un simulacre et spiritualisent l'image jusqu'à lui offrir l'intelligibilité. Mais le corps qui ressuscite n'est pas qu'avènement d'une chair transfigurée car le corps du Christ est aussitôt désigné par Paul comme corps de l'Église. C'est donc dans le corps institutionnel que se laisse voir la chair imaginale du salut. Il a fallu négocier l'ordre de la provenance avec celui de la gestion mondaine de l'histoire et avec l'ordre de la destination ! Ainsi s'ouvrit le questionnement sur les relations entre esthétique et politique puisque l'Église voulait sacraliser les plaisirs sensibles au nom de l'incarnation et contrôler toutes les fruitions par des programmes de visibilités contraignantes. Comme l'écrivait Paul aux Corinthiens, tout est permis, mais tout n'est pas bon ! Il ne faudra pas que l'art du voile devienne un art du décor, de l'embellissement et du fard. La beauté sensible des images ne cessa d'osciller entre les pouvoirs de la séduction, la gloire du triomphe mondain et les hauteurs d'un art psychopompe. Couvrir la nudité ne saurait se

1. *De carne Christi*, VI, 3, Paris, Éd. du Cerf, 1975 (« Sources chrétiennes », 176), p. 235.

faire coquetterie, c'est-à-dire passion séductrice du paraître. C'est sur ce point crucial que se jouera plus tard la distinction de l'idole et de l'icône sur le modèle même du débat qui oppose dans les lettres chrétiennes la séduction trompeuse de la rhétorique païenne à l'usage du discours fidèle à la vérité évangélique. L'économie rhétorique aura une fonction fondatrice dans ses impasses mêmes pour légitimer l'iconicité. Le spectacle de la vérité l'emporte sur tous les obstacles inévitables de la lettre. Si l'incarnation échappe à la raison sans pour autant devenir une fiction, il faut qu'un autre régime du passionnel prenne la relève et installe le visible contre la lettre. Cette relève est assurée par un mot qui est l'opérateur de l'inversion du sens et de la résolution des contradictoires : Économie. Ce mot conduit à une technique de l'incarnation, l'image artificielle (*eikôn technitès*). La condamnation de la lettre est formulée par Paul qui seul eut accès à la vérité sans la voir ni la lire. Renversé, terrassé par la révélation, il prend en charge dans l'illumination de sa chute le « redressement » du visible et l'éloquence du salut.

Examinons à présent le discours de Tertullien sur les spectacles et sur la toilette des femmes. Il prend soin de décrire tout ce qui fait des spectacles païens et de l'art cosmétique de pures pratiques idolâtriques produites par le désir de séduire et l'ignorance de Dieu. Gestes coupables qui ne flattent que les passions les plus viles et procurent les plaisirs les plus dénaturés. Fera-t-il pour autant l'éloge de l'invisibilité, du retrait dans l'obscur et de la nudité ? Non, bien sûr. Encore moins plaidera-t-il pour une beauté incorporelle du beau. Le Beau perd sa majuscule, mais la beauté a droit à la rédemption. Il lui faut reprendre un à un les termes du péché pour leur offrir la rédemption du spectacle chrétien. La virtuosité paradoxale de sa plaidoirie le conduit donc à ce propos : prêtant la parole à une femme chrétienne, il lui fait dire ceci :

> Je n'ai pas besoin de l'approbation des hommes car ce n'est pas un témoignage humain que je recherche : Dieu voit mon cœur.

C'est alors qu'il répond :

> Nous le savons tous, mais n'oublions pas pour autant ce qu'il fait dire à l'apôtre : « que votre vertu paraisse aux yeux des hommes » [...].

> Ou alors que signifie : « que vos œuvres brillent » ? Ou pourquoi le Seigneur nous a-t-il appelés la lumière de la terre ? [...] Or le bien, pourvu qu'il soit véritablement et pleinement, n'aime pas les ténèbres, mais se plaît à être vu et même, quand on le montre du doigt, il s'en réjouit.
>
> La chasteté chrétienne ne se contente pas d'être, elle veut encore paraître. [...] Il est temps de vous montrer rehaussées des onguents et ornements des prophètes et des apôtres. [...] Ayez pour vêtements la soie de l'honnêteté, le lin de la pureté, la pourpre de la pudeur. Ainsi fardées, c'est Dieu que vous aurez pour amant[1].

Dans un tel texte, si les matières et les couleurs deviennent des vertus, c'est par l'effet d'un tour métaphorique. Le vocabulaire païen est maintenu tout en étant retourné en son contraire. Tertullien joue sur les mots et ce jeu n'est pas exempt de ce qu'on pourrait appeler un docétisme verbal héritier des tropes connus des rhéteurs.

Au sujet des spectacles le traitement économique de l'argumentation est remarquable. Dans un premier temps se pose la question de l'interdiction scripturaire des spectacles. Tertullien ne peut que convenir que la loi mosaïque qui interdit le culte des idoles ne dit rien de spécifique sur les spectacles. Il trouve donc un argument dans les Psaumes de David :

> Heureux celui qui n'est pas allé à l'assemblée des impies, qui ne s'est pas tenu dans la voie des pécheurs, qui ne s'est pas assis dans la chaire de corruption.

Il commente aussitôt :

> La divine Écriture étend largement ses acceptions multiples à tous les cas où l'interprétation que demande la circonstance présente en fait aussi un rempart pour la conduite. [...] Comprenons donc en inversant les termes qu'il a été dit avec une valeur générale : malheur à celui qui sera allé en quelque assemblée que ce soit [...]. Donc il est établi que tout l'appareil des spectacles relève de l'idolâtrie[2].

1. *De cultu feminarum*, II, 13, 7, trad. Marie Turcan, Paris, Éd. du Cerf, 1971 (« Sources chrétiennes », 173), p. 169-171.
2. *De spectaculis*, III, 2 - IV, 3, trad. Marie Turcan, Paris, Éd. du Cerf, 1986 (« Sources chrétiennes », 332), p. 103-119.

Suit, après ce premier tour verbal, un long développement sur toutes les espèces païennes du spectacle. On s'attend à une condamnation globale de toutes les visibilités mondaines et de tous les plaisirs de la vision. Il n'en est rien. Bien au contraire, le retournement du spectacle païen en spectacle chrétien va emprunter tous les termes du théâtre et du cirque :

> Tu veux aussi des pugilats, de la lutte ? Les voici ; non pas à petite échelle mais en nombre : regarde l'impureté mise à terre par la chasteté, la perfidie frappée par la foi, la cruauté étourdie par la miséricorde […]. Et bientôt, quel spectacle que l'arrivée du Seigneur, désormais incontestable, majestueux, triomphant […]. Mais voici encore d'autres spectacles : le jour ultime et sans fin du Jugement dernier, ô l'ampleur du spectacle à ce moment-là ! […] Devant quoi manifester ma joie, mon allégresse en voyant tant de rois si puissants gémir pêle-mêle au fond des ténèbres avec Jupiter lui-même et leurs propres témoins ; en voyant les gouverneurs qui persécutaient le nom du Seigneur fondre dans des flammes plus cruelles que celles qu'ils faisaient danser dans leur propre cruauté, à l'assaut des chrétiens […]. C'est alors qu'il faudra entendre les tragédiens plus en voix pour chanter leur propre désastre […].

Emporté par l'évocation éloquente de tant de plaisirs, celui du spectacle de la vengeance vient achever cette fête des yeux en vérité peu conforme à ce qu'on nous dit des sentiments chrétiens :

> Mais non ce n'est pas eux que je souhaiterais voir ; c'est plutôt sur les bourreaux du Seigneur que j'aimerais concentrer mes regards sans m'en rassasier[1].

Cette exaltation peu charitable devant le supplice d'autrui est le modèle de ce que cette pensée a pu engendrer de contradictoire en combinant sans fléchir toutes les jouissances avec la promesse du salut. La cruauté change aussi de camp. Il en est une bonne qui sert le salut et glorifie le Dieu d'amour et nous savons à quelle violence se livrèrent dans l'histoire les soldats de la rédemption. La beauté comme les spectacles exigent leur version nouvelle. Les techniques du retournement homonymique héritent des modèles oratoires dont

1. *Ibid.*, XXX, 1-6, p. 317-327.

Paul fut le champion le plus accompli. Pour lui, la torsion du sens et l'inversion de l'histoire étaient la seule façon de vivre le basculement de son corps et l'aveuglement de ses yeux sur le chemin de Damas. Il n'a cessé dans ses épîtres de faire basculer les mots pour annoncer l'accomplissement d'une chose dans son renversement. Pour cela il faut changer de nom ; en bouleversant l'ordre de la nomination, on substitue au récit de la Genèse la naissance du nouveau-né qui exige un nouveau nom. Tel le jeu sur la circoncision dans l'épître aux Romains qui, par l'effet de la circoncision spirituelle, transforme les circoncis réels en incirconcis :

> Si tu transgresses la loi avec ta circoncision, tu n'es plus qu'un incirconcis. Si donc l'incirconcis observe les prescriptions de la loi, son incirconcision ne lui sera-t-elle pas comptée comme circoncision ? Et lui qui, physiquement incirconcis, accomplit la loi te jugera, toi qui, avec la lettre de la loi et la circoncision, transgresses la loi. En effet, ce n'est pas ce qui se voit qui fait le juif ni la marque visible dans la chair qui fait la circoncision, mais ce qui est caché qui fait le juif, et la circoncision est celle du cœur, celle qui relève de l'esprit et non de la lettre (Ro 2,27-29).

L'opposition de la lettre à l'esprit ne cesse d'opérer tous les retournements. La rhétorique de Paul est le modèle de tous les renversements homonymiques qui permettent d'inverser non seulement les thèmes de la littérature païenne, mais aussi le sens de la lettre biblique. Cette rhétorique annonce également l'interprétation des textes anciens sur le mode de la préfiguration, mais il s'agira alors de franchir une nouvelle étape puisque, coupé de la lisibilité de la lettre, l'Esprit va recourir à la visibilité de l'image. Car le traitement de la lettre qui oppose l'écriture d'ombre vétéro-testamentaire à l'écriture de lumière de la nouvelle alliance prépare le terrain à la technique iconique qui coagulera toutes les opérations en une seule. Il s'agit de produire une matière homogène au sens étymologique puisque c'est le principe génétique de la filiation qui légitime les homonymies. Le graphe iconique traité comme homonyme du graphe scripturaire en revendiquera l'autorité en la sommant finalement de s'effacer.

b) Cosmétique iconique

La tâche qui incombe au défenseur de l'iconicité est donc à présent la suivante : comment construire le regard porté sur l'icône pour s'assurer que son plan ne soit pas réduit à l'état de surface et de support pour une pratique de recouvrement esthétique ? Comment la peinture qui vient couvrir le plan peut-elle être fidèle au dessein rédempteur et éviter d'avoir pour seul programme le plaisir des yeux ? La réponse, on l'a compris, ne peut être technique car l'art décoratif use des mêmes médiums que l'objet iconique : couleurs, vernis, broderies, fresques, mosaïques… Il est impératif de faire des distinctions qui abritent des confusions idolâtres. La chose n'est pas simple puisque n'importe quel objet peut devenir lieu d'adoration. L'argumentation doit par conséquent simultanément isoler l'icône des autres images en général et instruire le jugement distinctif du fidèle car l'image est indécise, disponible à la piété chrétienne comme aux passions coupables. L'isolement de l'icône a pu inspirer des pratiques on ne peut plus ambivalentes de protection. Ainsi peut-on voir des icônes recouvertes d'argent, disparaissant presque totalement sous une armure précieuse offerte à la dévotion des fidèles. Il serait bien difficile de ne pas voir dans de tels objets couverts d'argent une manifestation bien matérielle du déplacement de la valeur iconique ! Le plan de l'icône disparaît et fait changer de plan la visibilité elle-même. L'idole est là pour protéger l'icône. Opération perverse qui enflamme les passions adoratrices sur le lieu même qui en principe conjure toute adoration. La kénôse emprunte les voies d'une présence de matières dont la valeur marchande donne à l'objet son prix. Le fidèle est invité à se prosterner, à embrasser jusqu'à l'usure l'écrin précieux et spirituellement douteux qui recouvre l'objet de son embrasement…

L'homonymie iconique échappe à l'écart métaphorique car en elle matières et couleurs sont l'objet même de la rédemption du paraître. Le spectacle chrétien ne se contente pas de remplacer les jeux du cirque par les supplices du martyr, il devient dans l'icône l'enjeu fondamental de l'incarnation, de la rédemption du regard. Il ne s'agit donc pas d'un déplacement du sens, mais d'un décentrement de l'objet au profit du sujet pathique. La rhétorique est toujours « bâtarde », pour reprendre le vocabulaire de Nicéphore, car elle ne peut jamais se réclamer d'une pureté des origines par la légitimité de la filiation. La filiation païenne finit toujours par éclater. L'icône revendique la pure filiation, son homonymie n'est ni analogique ni métaphorique, elle est fondée dans la parole paternelle qui reconnaît son enfant légitime. L'icône, elle, ne pratique pas la rhétorique du retournement homonymique, mais l'économie homonymique de la ressemblance filiale. L'icône se glorifie de son triomphe sur la rhétorique en tant que pratique du *logos* humain. Il s'agit donc de relever une homonymie dans la catégorie de la relation elle-même.

Avant d'examiner l'argumentation iconophile sur la beauté, on ne peut passer sous silence ce que j'appellerai la tentation de l'interprétation plotinienne de l'iconicité. L'exemple le plus savant en fut donné par André Grabar, qui hypostasia l'icône pour en faire valoir la hauteur spéculative sur un mode néoplatonicien passant par Plotin. La tentation est grande pour l'historien chrétien d'articuler une pratique artistique à un corpus philosophique. On sent bien cependant à plusieurs reprises la gêne de ce grand savant qui ne peut être catégorique sur la légitimité de ses rapprochements. Il commence par remarquer que « les *Ennéades* n'offrent que peu de passages où il soit immédiatement question d'œuvres d'art contemporaines » et que, « pour savoir vers quel aspect d'un art hésitant et si peu personnel allaient les sympathies et les critiques d'un écrivain de cette époque, il aurait fallu que Plotin nommât expressément ces œuvres – mais il ne l'a point fait – et que les sculptures et les peintures auxquelles il pensa nous fussent conservées »[1]. Grabar avait déjà largement développé son hypothèse dans un article antérieur[2], où il identifie clairement la visée noétique de l'intelligible plotinien à la fabrication des canons iconiques. Le problème vient de ce que le platonisme d'Athanase ou des Cappadociens qu'il invoque ne concerne pas l'objet iconique, mais la méditation néoplatonicienne sur la vision de l'intelligible. Or, au fil des siècles, c'est la conception économique du visible qui donne à l'icône la légitimité que la crise des images la menaçait de perdre précisément au nom de l'invisibilité de l'intelligible. L'icône est tout le contraire d'un objet noétique construit dans la perspective du savoir et de la vérité et rien dans Plotin, que l'Égypte inspire, ne ressemble de près ou de loin à une pensée économique de l'incarnation qui confie la vision à la responsabilité des sujets. Toute l'ambiguïté vient du flotte-

1. *Les Origines de l'esthétique médiévale*, Paris, Macula, 1992, p. 11 et 28.
2. « Plotin et les origines de l'esthétique médiévale », *Cahiers archéologiques*, I, 1945.

ment lexical qu'engendrent des mots comme vision, visible, miroir, reflet… qui se prêtent à tous les traitements métaphoriques. Tant et si bien que le rapprochement le plus tentant est celui de la mystique, dans laquelle la transparence et l'unité font disparaître le spectateur dans le spectacle de sa vision. L'icône n'est pas une expérience mystique, mais une œuvre plastique où la chair du visible se confronte à la matérialité des corps. Si j'ai parlé de tentation plotinienne, c'est au sens propre : les penseurs chrétiens de l'icône préfèrent installer la doctrine de l'icône à mi-chemin entre le visible et l'intelligible, la hausser s'il le faut, et de façon totalement inadéquate, jusqu'à l'expérience mystique, plutôt que de la maintenir dans le champ réel et opératoire qu'elle occupe : celui de la négociation du pouvoir spirituel et du pouvoir temporel. Les relations spéculatives entre la métaphysique et la théologie ne donnent aucun accès à la relation iconique. Il est plus exaltant et plus noble de faire du sacré une catégorie métaphysique et mystérieuse qu'un opérateur politique. Or la richesse de la pensée iconique lui vient de ce qu'elle produit l'invisible dans la liberté du regard des hommes sur le visible, et non sur la nature désincarnée et incorporelle de sa visée céleste. L'économie est un plan historique et son déploiement philosophique conduit à une réflexion sur la passion terrestre des visibilités et sur l'exercice du jugement face à des objets qui nous touchent physiquement. De façon plus rigoureuse que Grabar, Gerardt Ladner a fait une analyse subtile de la dette patristique envers le néoplatonisme philonien[1]. Cet héritage indéniable ne peut se défendre et se comprendre qu'antérieurement à la crise des images de la période iconoclaste, c'est-à-dire aussi longtemps que la question de l'image reste solidaire de la construction théorique. *Logos*, *eidos*, *prosôpon*, *hupostasis*, *mimêsis*… autant de mots qui ont un lourd passé philosophique. C'est donc dans une crise de la langue que les Pères grecs et latins ont essayé de faire dire à ces termes des réalités nouvelles que leur histoire ne pouvait anticiper. Il fallait inventer en évitant la rupture puisque c'est sur le territoire même de la pensée grecque et latine que l'on veut recruter les chrétiens. Ne pas marquer aujourd'hui ce qui fait rupture revient à adopter la posture protreptique des anciens Pères.

De quoi s'agit-il dans l'interprétation philonienne du beau ? Il est vraisemblable que ce soit la lecture de Philon qui ait inspiré à Paul une

1. « The Concept of the Image in the Greek Fathers and the Byzantine Iconoclastic Controversy », *Dumbarton Oaks Papers*, 7, 1953, p. 1-34.

expression comme *eikôn tou theou*, « image de Dieu » ; mais, pour Philon, cette image n'est ni corporelle ni surtout filiale. La participation du visible à l'intelligible ne peut être identifiée à la double nature du Christ, dont l'image invisible n'a pas statut noétique mais se manifeste dans l'énigme du miroir. Le miroir des philosophes est loin d'avoir la vacuité charnelle de l'icône puisqu'il est tout entier dirigé vers la vision de l'être. La beauté du modèle est le mode sous lequel se dit la fruition contemplative, et non l'économie charnelle qui fait le charme des fabrications humaines et leur instabilité ontologique. Une chose est le destin dialectique des idées, une autre le chemin passionnel des ténèbres à la lumière dans une histoire qui se déroule sur terre et sous le soleil, donc dans un monde qui négocie sans cesse avec les ombres et avec la lumière du jour et de la nuit. Il est vrai que les Pères cappadociens, qui se souciaient de combattre ensemble l'arianisme, le docétisme et le paganisme, avaient besoin du secours ontologique pour vaincre les simulacres invoqués par Arius et ses épigones. La question de la peinture n'intervient qu'à titre analogique et sert à évoquer les relations de l'objet au modèle bien plus que les effets de l'objet sur un sujet.

Grégoire de Nysse dans le livre sur *La Création de l'homme* écrit :

> De même que les peintres, dans les couleurs qu'ils emploient pour représenter un personnage sur un tableau, arrangent les teintes selon la nature de l'objet pour faire passer dans le portrait la beauté du modèle, imaginez de même celui qui nous façonne : les couleurs en rapport avec sa beauté sont ici les vertus qu'il dépose et fait fleurir en son image. La gamme variée des couleurs qui sont en cette image qui représente vraiment Dieu n'a rien à voir avec le rouge, le blanc, ou quelque mélange de couleurs, avec le noir qui sert à farder les sourcils et les yeux [...] ni en général avec ce que les peintres peuvent encore inventer[1].

On est clairement dans l'ordre de la comparaison et non de l'identification homonymique. La ressemblance gardant sa pure valeur spirituelle comme chez Irénée, Origène et Athanase, la beauté, comme la ressemblance, reste l'objet du désir, et non celui du regard de la chair sur la chair.

1. *La Création de l'homme*, Migne, *PG* 44, 137 A, trad. Laplace, Paris, Éd. du Cerf, 1943 (« Sources chrétiennes », 6), p. 96.

La beauté qui n'est pas donnée à voir, seulement à désirer, ne se prête avec la technique des artistes qu'à des rapports analogiques. C'est encore Grégoire de Nysse qu'il faut entendre :

> Si rien ne vient d'en bas interrompre son élan [...] l'âme s'élève toujours davantage au-dessus d'elle-même, tendue par le désir des choses célestes « vers ce qui est en avant », comme dit l'apôtre, et son vol la mènera toujours plus haut. Le désir qu'elle a en effet de ne pas renoncer, pour ce qu'elle a déjà acquis, aux sommets qui sont au-dessus d'elle, lui communique un mouvement ascensionnel qui n'a pas de cesse, où elle trouve toujours dans ce qu'elle a réalisé un nouvel élan pour voler plus haut. [...] Il s'ensuit que l'ardent amant de la Beauté, recevant ce qui lui apparaît continuellement comme une image de ce qu'il désire, aspire à se remplir de la figure même de l'archétype ; et la demande audacieuse de l'âme qui monte la Montagne du désir, c'est de ne pas jouir de la beauté par des miroirs et des reflets mais face à face. La voix divine accorde ce qui est demandé par les choses qu'elle refuse, offrant en peu de mots un abîme immense de pensée. La munificence de Dieu lui accorde l'accomplissement de son désir, mais en même temps elle ne lui promet pas le repos ou la satiété. Et en effet il ne se serait pas montré lui-même à son serviteur si cette vue avait été telle qu'elle eût arrêté le désir du voyant. Car c'est en cela que consiste la véritable vision de Dieu, dans le fait que celui qui lève les yeux vers lui ne cesse jamais de le désirer[1].

Comme dans le mouvement métaphysique, l'esprit s'élève pour quitter la terre et contempler le Bien et la Beauté suprêmes. L'icône ne fait l'objet ni d'adoration ni de contemplation. Sa puissance anagogique est fondée sur la mémoire de l'incarnation historique et sa vacuité substantielle n'en fait pas une abstraction conceptuelle. Il n'en reste pas moins que Grégoire de Nysse est sans doute le penseur cappadocien le plus sensible à l'ambivalence du visible. La place qu'il fait au désir de voir prépare de loin l'écart infranchissable qui sépare la visée iconique d'une saisie de l'essence. En ce sens la réflexion mystique, même si elle ne concerne pas la technique picturale, a au

1. *Contemplation de la vie de Moïse*, Migne, *PG* 44, 219-232, trad. J. Daniélou, Paris, Éd. du Cerf, 2000 (« Sources chrétiennes », 1*bis*), p. 257-267. Voir le commentaire de Jean Daniélou sur l'infinité du désir (*epithumia*) et le péché de satiété (*koros*). Tout ceci s'articule à la question de la tentation de l'acédie, qui n'est autre que l'ennui engendré par l'effondrement du désir.

moins l'avantage de rompre les liens qui soumettaient l'image aux exigences du savoir. Inversement il faut se garder de confondre la thématique mystique de l'inconnaissance avec le statut doxique d'une image « semblante », rebelle à toute saisie ontologique.

Quand l'icône devient le cœur d'un débat sur le pouvoir temporel, la dette philonienne tout comme l'interprétation plotinienne s'effacent devant une tout autre réalité. Il ne s'agit plus de légitimer la visibilité du Fils mais celle de l'Église dont le corps historique peut difficilement se contenter du salut de la chair transfigurée. Elle occupe les corps, les âmes et les territoires. Elle a besoin des icônes pour organiser le silence et emporter la conviction. Les pouvoirs de l'image perdent leur hauteur spéculative pour retourner à ce que Tertullien avait repéré : le pouvoir temporel du spectacle chrétien dans sa fondation incarnationnelle. Dès lors, le « paraître » comme le « montrer » font l'objet d'un débat sur la signification intersubjective des signes et non sur leur essentialité objective.

c) Économie cosmétique du plan

L'économie iconique que le vocabulaire paulinien prépare ne trouve son déploiement qu'à l'occasion d'une crise institutionnelle. Quand Nicéphore reproche à Constantin V de confondre les plans et de ne plus avoir de jugement (*dianoia*), il accuse cette absence de discernement qui conduit le destructeur des images saintes à ne plus distinguer les espaces et les lieux.

Un des passages majeurs de la polémique se trouve dans les *Antirrhétiques* de Nicéphore, lorsque le patriarche aborde le culte et le plaisir des yeux dans les objets sacrés. J'ai déjà longuement commenté ce passage ailleurs[1], mais je veux à présent y revenir d'une tout autre façon. Dans ma précédente analyse, je voulais mettre en lumière la médiation économique de l'icône dans la communication du saint, du sacré et du profane. Ici j'insisterai sur la définition du plan d'inscription comme plan de la ressemblance homonymique en tant qu'elle renvoie non pas à la reproduction figu-

1. *Image, Icône, Économie* [abrégé dorénavant *IIE*], Paris, Éd. du Seuil, 1996, p. 174-186.

rative d'un modèle sensible, mais à la filiation elle-même. Voici ce que dit Nicéphore :

> Le refus et la négation de l'équivalence et de l'homonymie disjoignent leur parenté avec le prototype et écartent la communauté du nom. Ils se trouvent en effet dans l'exacte situation de deux enfants qui se demanderaient s'ils sont bien d'un seul et même père. L'un d'eux. doué des mêmes traits que le père sans distinction et affecté d'une ressemblance sans défaut avec son géniteur, serait considéré tout naturellement comme le plus véritable, alors que l'autre au contraire, ne présentant aucun trait de ressemblance, se retrouverait légitimement en position de bâtard et sans filiation. De ce fait, c'est eux ces chrétiens que l'on considère à juste titre comme bâtards et publiquement exclus de l'héritage du Christ et de son troupeau [1].

Autant dire qu'il faut comprendre l'homonymie sur le plan de la filiation et que, par conséquent, elle se trouve traitée de façon ambivalente, puisque l'homonymie iconique est fondée sur l'hétéronymie (Père-Fils) d'une même essence. L'équivocité de l'image fait glisser l'homonymie dans la catégorie de la relation où de nouveau l'ambivalence se retrouve puisque la relation Fils-image du Père (image naturelle) est essentielle et fonde la relation non essentielle Fils-image du Fils (icône). Il en résulte un usage homonymique de l'homonymie elle-même puisqu'elle est à la fois l'opérateur de la distinction substantielle (on ne peut confondre l'icône et le prototype) et l'opérateur de leur unité naturelle par la filiation. L'homonymie opère sur deux plans : l'un rhétorique, qui est celui de la définition discursive de l'image, l'autre iconique, qui est celui de la voix qui authentifie la filiation. La formule qui fait dire à la statue du roi : « Le roi et moi sommes un » est en fait authentifiée non par la ressemblance mais par la vérité de la voix qui énonce : « Celui-ci est mon fils bien-aimé », voix déictique relayée par l'index de saint Jean Prodrome. La prosopopée de la statue est transformée en incarnation de la voix énonçant une identité. Le franchissement des difficultés logiques, propre à l'homonymie rhétorique, est la fonction spécifique de l'économie iconique.

C'est ici qu'il faut revenir sur le texte de Nicéphore pour comprendre sur quel plan saisir l'économie cosmétique. La question se

1. *Antirrhétiques*, III, Migne, *PG* 100, 468 B-C.

pose en effet de savoir si l'icône parce qu'elle est belle est un objet esthétique à but ostentatoire et décoratif qui ne tire sa sacralité que de la consécration des lieux où elle est exposée. Or Nicéphore doit argumenter à plusieurs niveaux de façon simultanée. Il veut défendre la sacralité de l'icône dans l'enceinte sacrée en la distinguant radicalement de tous les autres objets de culte et de tous les autres ornements qui partagent le même espace. C'est là le premier niveau qui isole le plan de l'icône de tout plan cosmétique. Le second niveau est rendu nécessaire par un autre dessein, celui de faire sortir l'icône du temple et de la rendre indépendante du caractère sacré ou profane du lieu dans lequel elle se trouve. Le troisième niveau se manifeste quand il s'agit, dans l'espace profane, de faire de l'icône un opérateur de sacralisation. Non seulement l'icône n'a pas besoin de l'espace sacramentel, mais elle sacralise l'espace profane par sa présence ; l'intérêt de l'argument apparaît clairement, c'est un intérêt politique qui nous fait passer du plan de la liberté du regard à celui de la visibilité temporelle de l'Église et du pouvoir qu'elle prend par le visible. L'Église elle-même est une icône car ses murs définissent simultanément un espace intérieur propre à la consécration (centripète) et un espace extérieur qui est en contact avec le monde à convertir et à soumettre (centrifuge). Personne mieux qu'Anca Vasiliu n'a su mettre en évidence la dualité topologique de l'iconicité ecclésiale dans sa visée spirituelle et son incorporation au territoire. Dans la lutte contre l'iconoclasme, les architectes et les iconographes ont construit ensemble ce qui fait lieu (*topos*) et espace (*chora*) grâce à un dispositif matériel qui s'empare à la fois des corps et des âmes[1]. L'icône pose inlassablement un problème de terrain. Le terrain est un plan au sens économique du terme.

Mais il faut examiner le texte de plus près :

> Que répondent ceux qui refusent de distinguer le sacré et le profane ?

Suit l'argument prêté à l'iconoclaste qui, même s'il n'est reconstruit que partiellement et surtout partialement, montre que Constantin V a une conception critique de l'esthétique :

1. Anca Vasiliu, *La Traversée de l'image*, Paris, Desclée de Brouwer, 1994. Du même auteur, voir aussi *Les Architectures de l'image. Monastères de Moldavie, XIVe-XVIe siècles*, Milan, Jaca Book, 1998, éd. française, Paris, Méditerranée, 1998.

> Nous nous prosternons devant les choses sacrées en tant qu'elles sont sacrées et non en raison de ces motifs [décoratifs]. Si bien que même si nous voyons l'icône du Christ, nous ne nous prosternons pas devant l'icône mais devant le sacré, et c'est pourquoi il ne faut pas se prosterner devant l'icône en dehors de ces lieux [sacrés][1].

Pour quelqu'un qui est accusé de tout mélanger, Constantin semble au contraire assez clair. L'icône pour lui n'est pas en soi un objet sacré, sa sacralité lui vient d'ailleurs et cet ailleurs n'est autre que l'enceinte du temple et la liturgie sacramentelle. Comprenons que l'Église ne règne que sur l'espace sacramentel et doit s'y tenir sans franchir les murs qui la séparent de l'espace profane. En un sens, les iconophiles ne disent rien d'autre lorsqu'ils affirment que l'honneur rendu à l'icône n'est pas rendu à l'objet mais remonte au prototype. D'où vient l'opposition ? Elle vient de la différence entre les plans d'inscription du décor et le plan d'inscription iconique. Le décor est, comme la rhétorique, soumis à l'homonymie métaphorique et l'écart qui sépare le décor du sacré ne peut être comblé que par les formules de consécration liturgique à l'intérieur d'un espace qui définit les différents plans de perception visuelle sans confusion entre le visible et l'invisible. Dire que l'esthétique iconique n'est pas décorative, c'est la rendre autonome par rapport à l'architecture ecclésiale. L'icône ne contient rien mais répand un pouvoir, celui de s'approprier le visible dans tout un empire. Finalement, c'est mettre en place l'empire du visible lui-même auquel nous sommes aujourd'hui mondialement arrimés.

Se pose alors la question suivante comme une conclusion ouverte au terme de cette étape : dans quelles conditions les visibilités peuvent-elles être fidèles à l'image ou nous y conduire, ou bien ne peuvent-elles que l'occulter ou la trahir ? La face de Dieu et son nom sont hors d'atteinte et seule sa parole est accessible pour l'oreille qu'il aura élue. Cette image préexistante est énoncée puisque la créature est faite à son image, c'est donc qu'il y a de l'image dans la transcendance elle-même. Entre le créateur et la créature, il y a ressemblance. Mais cette image se maintient hors de toute visibilité. La doctrine trinitaire

1. *Antirrhétiques*, III,464 C-D.

des chrétiens la préservera comme telle en désignant le Fils comme image consubstantielle au Père de toute éternité, si bien que, dans la Trinité théologique, le Fils partage l'invisibilité du Père en tant qu'image. Mais il en va tout autrement dans l'économie historique. L'œil humain ne voit pas l'image, et celle qui existe nécessairement dans la créature faite à l'image de son créateur est, elle aussi, définitivement inaccessible du fait de la chute, de la perte de la similitude originaire. Nous ne nous ressemblons plus ; nous existons sous le signe de la dissemblance, d'un écart infranchissable à l'intérieur de nous-mêmes. Cette dissimilitude est maintenue, comme doit l'être l'invisibilité de la similitude. C'est donc au cœur de ce paradoxe qu'il faut saisir ce qui sera l'« énigme » de l'image. L'image visible est pour toujours marquée du signe de la perte, aucune ressemblance ne peut prétendre à l'identité et encore moins à la substantialité. Cette image perdue est même ce qu'il nous incombe de retrouver, mais dans la spiritualité juive comme dans les spiritualités non iconiques, c'est spirituellement qu'il faut la rejoindre, c'est-à-dire à travers un voile qui est un plan d'inscription de la lettre. Paul désigne ce déchiffrement comme l'énigme du miroir. En devenant visible dans le christianisme paulinien, le Fils se charge de cette mission rédemptrice : *salvanda est imago !* Il faut sauver l'image visible. Ici-bas nous ne pouvons que tendre vers une similitude spirituelle, mais nous devons le faire au cœur de l'histoire, c'est-à-dire des visibilités. L'image existe, invisible et véritable. Les visibilités fabriquées et non rédimées portent atteinte à l'image originaire ; rédimées, elles ouvrent le regard des sujets libres. Seules les mains coupables induisent l'erreur du cœur et l'errance des yeux. Toutes les méditations se rencontrent sur un même terrain quelle que soit la solution apportée : la question de l'image n'est pas fondée sur les objets, mais sur la nature des regards portés sur eux. Ces regards ont à voir avec le désir, et la passion de voir doit faire le deuil de son objet. Reste donc à considérer ce que sont les objets que nous faisons et quels sont ceux qui se maintiennent dans le respect de cette perte ou qui, au contraire, veulent combler un vide en tuant le désir puisqu'ils l'assouvissent.

Chapitre 2

L'helléno-christianisme
Qu'il n'y a pas de judéochristianisme

1) Du corps passionné à la chair passionnante

Que devient la chair propre à la pensée hébraïque dans la doctrine de la chair et du corps construite par le christianisme, et tout particulièrement chez Paul et après lui ? Il n'est pas question dans cette analyse d'entrer dans l'ample exégèse des épîtres pauliniennes dont on a reconnu qu'elles comportent un corpus indéniablement attribué à Paul auquel sont adjointes quelques épîtres dites de l'école paulinienne, peut-être écrites par ses proches ou traduites en grec par eux. Il s'agit des épîtres pastorales, et notamment de l'épître aux Hébreux. Ce qui m'intéresse ici, c'est justement l'unification du corpus imposé par la Commission biblique romaine, qui exige désormais de tout chrétien qu'il considère l'ensemble des épîtres comme une œuvre douée de la continuité que lui confère l'inspiration divine. C'est dans cet esprit que je parlerai ici de pensée paulinienne en considérant les effets produits sur la communauté chrétienne par cet ensemble, fût-il hétérogène.

L'incarnation n'est que l'intronisation économique de l'impur dans le monde que nous « imaginons » ensemble. L'image, objet de notre responsabilité, peut aussi bien distribuer la vie que la mort de l'esprit. C'est elle qui est appelée à comparaître au tribunal où se jugent les crimes ou l'innocence de nos mains et de nos yeux. Pour les épîtres, la disjonction qui exige un choix s'opère entre les désirs de la chair et la gloire du corps rédempteur. C'est en termes de « considération » et de jugement que se jouent la nature et le sens de nos œuvres. Ce qui est traduit par « considérer » est le verbe *logizesthai* qui implique la réflexion, la prise en compte calculée, l'inférence du raisonnement.

D'emblée, l'impur ne relève plus d'un décret intangible, mais d'une prise en considération circonstancielle de chacun. La mobilité économique de la pensée entre en dialogue avec le réel :

> Je sais et je suis convaincu que rien n'est impur en soi, si ce n'est par celui qui le considère comme tel.
>
> *Ouden koinon di' heautou, ei mê tô logizomenô ti koinon einai, ekeinô koinou* (Ro 14,14).

Cette responsabilité du jugement de chacun ne peut se comprendre qu'en vertu de la nature illimitée de ce qui s'offre désormais à la créature. En ce sens le passage des Actes qui relate la vision de Pierre à Joppé est emblématique :

> La faim le prit et il voulut manger. On lui préparait un repas quand une extase le surprit. Il contemple le ciel ouvert ; il en descendait une sorte d'objet (*skeuos*) comme une toile immense qui par quatre points venait se poser sur la terre. Sur elle se trouvaient tous les quadrupèdes, tout ce qui rampe sur la terre et tous les oiseaux du ciel. Une voix s'éleva qui lui dit : « Debout, Pierre, tue et mange. » Mais Pierre répondit : « Seigneur, je n'ai jamais rien mangé de souillé et d'impur. » Alors la voix reprit pour la deuxième fois : « Ce que le Seigneur a purifié, toi ne le considère pas comme impur. » Cela recommença trois fois et l'objet fut enlevé dans le ciel (Ac 10,10-16).

Ce texte est construit comme un scénario qui raconte la naissance de l'image sur son écran de toile céleste où se trouvent rassemblées toutes les créatures vivantes sorties de l'Arche, sauvées par Noé et interdites à la figuration par la loi donnée à Moïse. Avant toute discrimination entre le pur et l'impur, la vie est là, innombrable, visible et invisible à la fois puisqu'il s'agit d'une vision donc d'une image qui apparaît à Pierre. La fine toile qui recueille l'image de la création est nommée *othonèn mégalèn,* de ce mot qui désigne le voile dont on fait les vêtements féminins et qui est introduit par le terme de *skeuos* désignant de façon vague tout objet d'équipement mobilier ou théâtral. Cet objet pelliculaire est bien le plan d'inscription iconique, voile virginal, écran indéfinissable, suspendu entre ciel et terre, pour faire don du visible et de la vie dont il est le recueil. Le récit est très violent puisqu'il ordonne de tuer et de manger en instituant d'un même mouvement l'identité de l'appétit et de la vision. Pierre a faim et ses yeux reçoivent l'image du monde entier dont il peut se repaître, dont il doit se nourrir. Les images viennent répondre à un désir auquel la vision ôte toute limite. L'impur est désigné par deux mots : *koinon* et *akatharton*. Le second a directement à voir avec la *katharsis*, c'est-à-dire avec ce qui nécessite la purification. Mais *koinon* désigne avant tout ce qui est commun et partagé par tous, avant de désigner ce qui est souillé. Le lien entre les deux termes est capital pour comprendre ce qui dans l'image articule l'impur à l'universel. *Koinon* est le mot choisi par Paul dans l'épître aux Romains pour dire la fin de la catégorie de l'impur. Encore faut-il que la voix habite l'image pour fonder la légitimité d'un don si colossal. La voix de Dieu se fait entendre par trois fois. Ce moment paradigmatique réunit tous les éléments de ce qui fonde notre enquête : le désir du corps affamé, l'abolition de la séparation du pur et de l'impur dans l'image, la violence de nos appétits, la rédemption du visible soutenue par la parole, l'apparition et la disparition du plan d'inscription.

L'incarnation est bien l'irruption de l'image et de la liberté dans un monde vivant et sans limite. Mais il ne pouvait être question d'ouvrir la porte à tous nos désirs, à toutes nos passions sans frein. Tout le travail doctrinal et philosophique qui suivit eut pour mission de donner ses limites nouvelles à un monde où la force du désir, la faim qui nous habite sont intimement liées à la construction d'un monde commun et impur (*koinon*), donc d'un monde régi par des lois qui séparent par contrat et non par nature. Paul fut le premier grand constructeur de cette architecture difficile. Je considérerai ici deux aspects majeurs de son élaboration d'une légitimité du visible : l'un concerne sa pensée du corps et de la chair (*sôma*, *sarx*), l'autre le traitement économique de la passion grecque (*pathos*).

a) De « sarx » à « sôma », de « caro » à « corpus »

Il s'agit donc en premier lieu d'examiner ce qui s'opéra dans l'usage du mot *corpus,* traduction latine de *sôma,* appliqué à la personne du Christ, tel qu'on le rencontre pour la première fois dans les épîtres de Paul et tel qu'on le trouve au centre de la réflexion et de tous les débats sur l'eucharistie. C'est seulement à la suite de Paul, qui avait abandonné l'hébreu pour prêcher l'incarnation et répandre le message christique, que les évangiles synoptiques usent en grec du même terme pour transmettre le récit de la dernière Cène. Un premier problème posé par la traduction du mot « corps » (*sôma*) vient de ce qu'il occupe la place et la fonction d'une notion inconnue de l'hébreu, et non sans raison. Un second problème vient de ce que *sôma* en grec ne recouvre pas la même aire sémantique que le mot *corpus* en latin. C'est dans le vocabulaire grec qu'eut lieu le plus grand débat sur la chair et le corps (*sarx*, *sôma*) et c'est dans le vocabulaire latin que *sôma* devint vraiment *corpus* institutionnel. Autrement dit, c'est par étapes qu'à partir de Paul la déréliction de la chair ouvrit au corps le salut par incorporation à l'Église.

Pendant les six premiers siècles, la question de la chair fut au cœur des discussions patristiques et conciliaires pour que puisse être défini le statut dogmatique de l'économie de l'incarnation. Le débat sur la chair et le corps, on peut même dire sur les différentes acceptions de ces deux mots dans l'interprétation de la dernière Cène, ne se déploie que plus tard, entre le VIIe et le XIIe siècle, lorsque se pose clairement la question du pouvoir temporel de l'Église dans ses relations avec le pouvoir spirituel et le pouvoir impérial. L'interprétation corporelle de l'eucharistie, héritière du vocabulaire paulinien, permet de comprendre à la fois les enjeux institutionnels des épîtres et, plus tard, les enjeux politiques de l'image. Incarnation et eucharistie sont évidemment inséparables. Le débat sur la chair du Christ, tel que les hérésiarques l'ont abordé, a suscité les réponses d'Irénée, de Tertullien, de Cyrille et de bien d'autres dans le champ théologique de la christologie. Il s'agissait alors essentiellement de fonder la réalité de l'incarnation face à tous ceux qui en doutaient et qui préféraient n'y reconnaître qu'une apparence humaine proche d'un simulacre transitoire. L'adversaire principal était le docétisme, hérésie du « fantôme », induit par toutes les formes de radicalisme qui résistaient à l'union sans confusion de deux natures, aussi réelles l'une que l'autre et inséparables. Aux yeux des docètes, la nature lumineuse et purement spirituelle du corps transfiguré convenait mieux à Dieu que la matérialité physique d'une chair périssable. Le corps du Christ n'était pour eux qu'un simulacre propre à une apparence passagère. Ainsi l'économie incarnationnelle n'était-elle plus à leurs yeux qu'une adaptation éphémère et commode de la divinité à la faiblesse des passions humaines, à la crédulité des amoureux du visible. Les définitions établies à Éphèse, en 431, et surtout la définition dogmatique de Chalcédoine, en 451, imposent que l'on parle de l'unité hypostatique du Christ, participant dans une union sans confusion de deux natures sous le titre de dyophysisme. La Vierge peut être appelée mère de Dieu (*theotokos*) et non pas seulement mère de l'homme. En elle s'origine à la fois le corps qui doit mourir et la chair qui doit ressusciter. Une seule personne en deux natures unies sans mélange ni confusion, tel fut l'acquis sur lequel s'articula de façon encore plus complexe la spéculation trinitaire. La trinité posa un nouveau problème numérique, qui n'était plus le deux en un mais le trois en un. La question trinitaire n'étant pas paulinienne, je n'aborderai ici que la question incarnationnelle qui doit fortement à Paul sa richesse et sa complexité. Dans tous ces débats il est clair que les Pères, par les définitions conciliaires, essayent de résoudre les problèmes posés par la confrontation du vocabulaire johannique et du vocabulaire paulinien au sujet de la chair et du corps. Il faut attendre le VIIe siècle pour que soit reprise, sur la base des textes augustiniens, la question du corps et de la chair, et cela dans un contexte précis qui est celui de l'interprétation ecclésiale de l'Eucharistie. Durant cinq siècles, la pensée dogmatique se mobilisa sur les textes de Paul et de Jean pour donner sa légitimité à un corps ecclésial qui ne mourait plus parce qu'il procédait d'une chair toujours vivante et faisant l'offre d'une liberté.

À bien entendre le texte paulinien, le refus du corps du Christ ne pouvait qu'induire le refus de l'Église visible. La relation de la chair et du corps est au cœur de cette « syzygie », conjugalité étonnante que formule Paul dans l'épître aux Éphésiens où le corps du Christ et l'Église sont deux époux :

> Maris, aimez vos femmes comme le Christ a aimé l'Église et s'est livré pour elle ; il a voulu la rendre sainte en la purifiant avec l'eau qui lave, et cela par la parole. Il a voulu se la présenter à lui-même splendide, sans tache ni ride, ni aucun défaut ; il a voulu son Église sainte et irréprochable. C'est ainsi que le mari doit aimer sa femme comme son propre corps ; celui qui aime sa femme s'aime lui-même ; jamais personne n'a pris sa propre chair en aversion ; au contraire on la nourrit et on l'entoure d'attention comme le Christ fait de l'Église. Ne sommes-nous pas les membres d'un même corps ? (Eph 5,25-30).

Il faut donc examiner la transformation progressive qui conduit du corps mortel à la chair du sacrifice, puis de la chair transfigurée au corps de l'Église. Le thème de l'union sans confusion offre à l'économie la figure métaphorique du mariage. Marier le visible et l'invisible s'opère en inversant les termes de leur pouvoir respectif puisque le corps de la mère produit la chair de son époux et reçoit de lui à son tour la dignité iconique d'une mère virginale qui deviendra corps ecclésial. Voilà pourquoi le mystère de la double nature d'un seul corps nécessita qu'on parlât de trois corps, celui qui naquit de la Vierge, celui qui ressuscita et celui qui devait préexister à son ascension dans la réalité d'une institution terrestre au destin historique. Cette transformation progressive a été admirablement analysée par le père de Lubac dans *Corpus Mysticum*. Mais le travail d'Henri de Lubac s'inscrit dans une réflexion théologique et sacramentelle, non dans une perspective critique concernant l'aventure lexicale qui, de l'hébreu au grec et du grec au latin, produisit la légitimation institutionnelle du corps du Christ. La posture spirituelle de l'auteur, qui expose l'évolution médiévale du lexique eucharistique jusqu'au XIIe siècle, le conduit à retracer dans un même mouvement l'histoire du corps sacramentel et du corps ecclésial :

> Réalisme eucharistique, réalisme ecclésial : ces deux réalismes s'appuient l'un sur l'autre, ils sont le gage l'un de l'autre. Le réalisme ecclésial assure le réalisme eucharistique, et celui-ci à son tour confirme celui-là. Aujourd'hui, c'est surtout notre foi en la « présence réelle », explicitée grâce à des siècles de controverse et d'analyse, qui nous introduit à la foi au corps ecclésial ; efficacement signifié par le mystère de l'autel, le mystère de l'Église doit avoir même nature et même profondeur[1].

Or le propos du père de Lubac dans sa rigueur est loin d'échapper à ce que fut, et que reste, une certaine économie du discours qui finit par voiler les contradictions et faire l'éloge des opérations d'actualisation :

> Si les tragiques besoins de notre époque nous sont un appel à réinventer, pour ainsi dire en sa vigueur première la doctrine dont elle se meurt d'être privée [...][2].

C'est précisément au cœur de cette économie historique qu'il faut considérer le traitement lexical tel qu'on le trouve dans le chapitre de

1. *Corpus Mysticum. L'eucharistie et l'Église au Moyen Âge*, Paris, Aubier, 1939, p. 283. Cet ouvrage remarquable retrace toutes les étapes de la construction du corps ecclésial depuis Paul jusqu'au XIIe siècle.

2. *Ibid.*

son ouvrage doté d'un titre économique : « Vérité et "vérité" ». Les guillemets ont pour fonction de signaler au lecteur que cette façon de parler n'entame en rien l'unité du concept[1]. La question du corps et de la chair nécessite, pour légitimer l'articulation de l'incarnation à l'incorporation institutionnelle, qu'on distingue deux vérités par économie du discours :

> Constatons seulement que deux vocabulaires se trouvaient en concurrence. Tout à l'heure, ce qui était « typique » ou « mystique », c'était l'Eucharistie elle-même – *mystice celebramus mysticum corpus* –, tandis que la « vérité » découverte sous le rite par l'intelligence spirituelle était son effet, sa « chose » ultime, c'est-à-dire tout spécialement le corps ecclésial, encore à venir en sa plénitude. [...]
>
> Si différents qu'ils soient, les deux points de vue n'entraînent d'ailleurs aucune contradiction doctrinale. D'abord parce que ce sont des points de vue successifs [...]. Le mot *corpus* embrasse en certains cas toute la réalité sacramentaire de la nouvelle économie, sans pour autant contenir d'allusion précise à une présence « corporelle ». [...] Il y a donc vérité et vérité. Ces deux sortes de vérités ne se contredisent certes pas, mais elles concernent chacune un objet bien différent[2].

On voit clairement l'effet des tensions qui habitent la fidélité à l'incarnation dans son lien critique avec le corps de l'Église ainsi que le souci d'unification qui n'a d'autre recours que d'en faire appel à la succession des significations dans le temps. Le terme de « temporel » désigne deux ordres : celui de la diachronie des interprétations qui s'adapte aux circonstances et celui de l'investissement du discours dans la réalité historique d'une institution.

Pourquoi s'intéresser à cette tension dans une enquête sur l'image ? C'est que l'image permet justement d'unifier dans la figure simultanée de son ambivalence ce que la parole ne peut que formuler successivement. La relation économique du spirituel et du temporel est une relation conjugale qui assume en son unité deux époux, la mère et son fils. L'économie iconique est leur relation non sexuelle, non incestueuse, indéfiniment réversible puisque le corps du fils est le corps de l'Église, donc corps de la mère qui donna sa visibilité sen-

1. J'ai eu l'occasion de mentionner l'usage des guillemets dans l'économie du discours des traducteurs, lorsque la polysémie d'*oikonomia* devenait par trop embarrassante. Cf. *IIE*, p. 25-27.

2. *Corpus Mysticum*, *op. cit.*, p. 239-241.

sible à l'architecture spirituelle et matérielle de l'institution. La temporalité propre à l'économie du visible relève d'un ordre qui met peut-être en place la pulsation propre à l'image, celle d'être un rien qui vaut pour un tout, d'une présence fondée sur l'absence, d'une visibilité qui renvoie à l'invisibilité… en un mot, un oxymore indécidable qui donne au sujet la liberté de produire l'objet de son crédit et qui peut à chaque instant le priver de cette même liberté en transformant sa production en figure de l'enfermement. Tous les mariages ne sont pas réussis. Si bien que le père de Lubac peut dire que « *corpus* est une métaphore », tout en considérant que ce corps sacramentel est une partie non discontinue du signifié ultime[1].

L'ouvrage d'Henri de Lubac permet donc de prendre la mesure de l'incomparable travail sur les mots auquel se sont livrées des générations de théologiens. Le projet final consiste à faire valoir quelque chose du genre de l'énoncé suivant : quand le Verbe se fait chair lors de l'incarnation, l'humanité entière est appelée à faire corps avec le Christ. Rien n'est moins évident qu'une telle consécution. On assiste à une véritable crise philologique et lexicale destinée à unifier la chair de l'incarnation historique, qui a assumé un corps mortel, et celle du sacrifice rédempteur, transfigurée par la résurrection qui a triomphé de la mort du corps. Par la suite, cette chair rédimée est devenue corps sacramentel distribué dans l'eucharistie et qui finit par ne plus faire qu'un avec le corps ecclésial. En un mot : comment passe-t-on sans solution de continuité de l'incarnation christique à l'incorporation ecclésiale ? Comment l'énigme de la chair est-elle devenue « corps mystique » dans le mystère d'une liturgie communautaire ?

Le terme de *sôma* en grec a une longue histoire philosophique, marquée par la distinction du sensible et de l'intelligible. La mortalité embarrassante de cet organisme physique voué à la corruption est sans cesse confrontée à l'immortalité de l'âme qui ne peut être qu'à l'image de l'éternité des idées, donc de la vérité. Ce dualisme disqualifiant pour le corps est tempéré par la méditation sur la lumière

1. *Ibid.*, p. 233. On serait tenté de rapprocher cette situation du corps de l'analyse que fait Guy Rosolato au sujet de la jouissance de l'œuvre d'art puisqu'il s'agit bien de l'instauration d'un scénario où l'objet créé est pris dans une oscillation métaphoro-métonymique. Cf. Guy Rosolato, *Essais sur le symbolique*, Paris, Gallimard, 1969, p. 158-171.

et la beauté dont la médiation mondaine donne leurs chances de réhabilitation aux données sensibles. Mais, à côté de cette situation philosophique du corps qui est familière aux lecteurs de Platon et d'Aristote, je voudrais faire une place singulière à ce qu'il en est du corps grec dans l'histoire tel que Nicole Loraux l'a magnifiquement analysé dans *La Guerre du Péloponnèse* de Thucydide[1]. Le corps du citoyen et du soldat n'est justement ni une simple réalité médicale ni une métaphore politique, mais un opérateur historique qui éprouve physiquement dans la maladie ou la souffrance un état historique de la communauté tout entière en relation avec une agression extérieure. C'est une instance singulière et pathique, soumise à l'angoisse et à la caducité, et qui ne mesure sa force qu'à l'aune de la connaissance et du jugement qu'elle préserve ou qu'elle perd. Le corps n'y est donc point le récif sensible qui résiste à l'intelligible, mais le seuil même où se jouent les liens du pathique et du politique, c'est-à-dire les liens entre les aires de l'inconnaissance et celles du jugement. C'est ainsi que put se construire l'usage philosophique du mot « corps » pour parler du *cosmos* de telle sorte que la nature, comme le corps, se tienne aux limites de l'intelligibilité et de l'inconnaissable. *Sôma* recouvre donc à la fois l'objet transitoire de notre précarité et la figure d'un univers incorruptible. Vivant, le corps offre l'image d'une cohérence dont les fonctions hiérarchiques obéissent à un ordre, lui-même au service de la vie. De quelle vie seraient animées nos idées sans qu'un corps réel en soutienne l'unité ? Dans un tel dispositif, la chair a une situation moins glorieuse, car elle ne désigne que cette masse de muscles et d'os irriguée par le sang, masse commune à l'homme et à l'animal, alors que le corps semble entretenir avec le *logos* des relations plus complexes et ouvertes à la symbolisation. Or, si l'on considère le vocabulaire chrétien de l'incarnation, c'est le corps qui semble d'abord basculer dans l'indignité du futur cadavre alors que la chair offre au Verbe sa demeure et reçoit de lui sa rédemption. Le vocabulaire johannique est clair à ce sujet : *Kai ho logos sarx egénéto* – « Le Verbe s'est fait chair » (Jn 1,14). Le Verbe ne s'est pas fait corps, bien qu'il en ait assumé un pour accomplir la rédemption de l'image. S'il ne se fit pas corps, c'est qu'il ne s'est pas rempli de matière et qu'il a rempli de grâce le ventre de sa mère, *plèrès charitos*. C'est

1. « Un absent de l'Histoire ? Le corps dans l'historiographie thucydidéenne », *Métis*, vol.XII, 1997.

pourquoi le consensus scripturaire pour parler du corps du Christ à partir du récit de la Cène ne fait que rendre plus singulier l'usage que fait Jean du terme de chair, *sarx*, pour parler de l'incarnation, lui chez qui l'on ne trouve aucun récit du dernier repas et qui ne parle de corps que pour désigner le cadavre de Jésus le vendredi et le samedi précédant la résurrection. Pour Jean, en effet, le Verbe s'est fait chair, et non point corps, puisqu'il est la vie de la parole incarnée et non la mort d'une enveloppe caduque. Contrairement à Jean, mais sans contradiction, Paul utilise les mots de « chair » et de « corps » dans un tout autre dessein et en inversant les significations respectives. Non que Paul attribue l'incarnation au corps, mais il distribue différemment les opérations de la chair et du corps. La chair est désignée dans un propos spirituel qui la condamne au péché et l'offre à la rédemption par l'Esprit grâce à la médiation du corps. Le corps paulinien est au cœur d'un dessein institutionnel et se distribue dans l'organisme de la communion ecclésiale qui trouvera son confort sémantique dans la latinité. Il s'offre donc à la consommation dans le rituel d'incorporation des fidèles au corps qu'ils consomment. On ingère le tout pour en devenir partie. Cette participation mystique du corps de chacun au corps du tout est radicalement distincte de l'économie iconique qui ne se tient que dans l'absence du référent. C'est ce qui explique la réaction violente des iconophiles quand les iconoclastes désignaient l'eucharistie comme véritable icône. Il ne pouvait y avoir pire confusion sur les signes de la présence et de l'absence.

Les écrits qui composent le Nouveau Testament, issus de deux siècles de tradition orale, circulent largement dans le monde chrétien et sont considérés comme définitifs, c'est-à-dire canoniques, au IVe siècle. Leur rassemblement, qui se veut fondé sur la cohérence spirituelle de leur témoignage narratif, est surtout marqué par leur convergence avec le projet institutionnel ecclésial. Autrement dit, ils forment un tout parce que, malgré leurs variantes et différences narratives, aucune contradiction ne surgit entre eux en ce qui concerne la constitution du corps ecclésial dans son rapport à l'incarnation. Tous, à l'exception de Jean, proposent le *corps* au dernier repas. Ce qui est loin d'être le cas dans les textes apocryphes, non retenus par la tradition canonique, et dans lesquels l'absence du mot « Église » est remarquable. Le mot n'apparaît qu'une fois chez Matthieu, et dans les Actes dont la rédaction est postérieure aux épîtres pauliniennes. C'est

Paul qui fut décisif, à la fois pierre de touche (critère doctrinal) et pierre angulaire (fondation), lui chez qui le mot « Église » apparaît soixante-dix-sept fois.

L'histoire des modifications sémantiques dans l'usage du mot « chair » et du mot « corps » dans les évangiles et après eux montre le rôle central joué par les gloses touchant au vocabulaire de la consécration eucharistique, et l'unité économique de l'ensemble des interprétations successives. La nécessité de distinguer plusieurs corps en un organisme unique rend évidente la crise intellectuelle qu'entraîna l'installation ecclésiale. Au moment de la crise des images provoquée par les empereurs iconoclastes, le débat sur l'eucharistie montrait clairement l'enjeu politique de l'appropriation du pouvoir temporel. Chaque fois que l'institution est attaquée, l'interprétation de l'eucharistie revient au premier plan des débats. Le père de Lubac en fait état :

> En vertu de la même logique interne – et cette contre-épreuve a son prix –, ceux qui dans les temps modernes exténuent l'idée traditionnelle de l'Église corps du Christ se trouvent exténuer aussi la réalité de la présence eucharistique. [...] Comment, en effet, l'Église serait-elle réellement édifiée, comment tous ses membres seraient-ils rassemblés en un organisme réellement un, par le moyen d'un sacrement qui ne contiendrait qu'en symbole Celui dont elle doit devenir le corps et qui seul peut en faire l'unité [1] ?

Le débat sur l'image étant inséparable du débat sur l'eucharistie, j'ai déjà pu analyser la situation spécifique de la pensée iconique confrontée au dispositif eucharistique, lors de la crise de l'image à l'époque des empereurs iconoclastes [2]. C'est sur la divergence d'interprétation de l'eucharistie que roula la disjonction entre image homonyme et image pseudonyme, entre présence réelle d'une réalité consubstantielle et symbole non consubstantiel d'une réalité absente. Ces questions prenaient place au cœur du conflit qui opposa le pouvoir impérial au pouvoir patriarcal. La question du corps est un enjeu politique si puissant que l'on comprend pourquoi la rhétorique des

1. *Corpus Mysticum*, *op. cit.*, p. 284.

2. Cf. « L'image mensongère : traduction commentée d'extraits de l'horos du concile de Hiereia », *Rue Descartes*, 8/9, Paris, 1993, p. 11-26.

insultes fustigeant le corps de l'iconoclaste est capitale pour l'exclure de la sainte table. L'ennemi de l'Église s'excommunie lui-même et se trouve simultanément privé d'image et exclu du salut.

b) Jean : le corps mort et la chair vivante

Jean, chez qui l'on ne trouve aucune mention de la dernière Cène, développe amplement le thème du pain de vie :

> « Je suis le pain vivant qui vient du ciel. Celui qui mangera de ce pain vivra pour l'éternité. Et le pain que je donnerai, c'est ma chair, donnée pour que le monde ait la vie. » Sur quoi les juifs se mirent à discuter : « Comment celui-là peut-il nous donner sa chair à manger ? » Et Jésus leur dit alors : « En vérité, en vérité, je vous le dis, si vous ne mangez pas la chair du fils de l'homme et si vous ne buvez pas son sang, vous n'aurez pas en vous la vie. Celui qui mange ma chair et boit mon sang a la vie éternelle, et moi je le ressusciterai au dernier jour. Car ma chair est vraie nourriture et mon sang est vraie boisson. Celui qui mange ma chair et boit mon sang demeure en moi et moi en lui » (Jn 6,51-58).

Que faut-il comprendre dans ces différentes formules ? On voit bien que les juifs réagissent violemment dans le texte johannique où Jésus offre sa chair à manger et son sang à boire. Manger la chair d'un homme et boire son sang est objet de scandale et le texte de Jean est compatible avec l'araméen ou l'hébreu. Chair et sang sont unis pour incarner ensemble la vie. Le scandale vient de ce qu'il est pour un juif interdit de consommer la vie dont le sang est le signe. À aucun moment Jean ne met le mot « corps » dans la bouche de Jésus ni ne transmet un scénario de transsubstantiation. Le texte de Jean reste très proche de l'araméen et donc choque les auditeurs : « Sa parole est dure, qui peut l'écouter ? » L'incarnation est effectuée par la parole qui dit de consommer ensemble la chair et le sang. Accepter, entendre cette parole, c'est absorber la vie. Celui qui se dit pain de vie, pain céleste, ne donne pas son corps à manger, mais offre la vie en donnant sa vie. Pour Jean, écouter et manger sont la même chose parce que la parole entre dans les oreilles et nourrit comme le pain. Donc pas de vin chez Jean qui reprend cependant l'image de la vigne et des sarments pour évoquer la fructification du peuple d'Israël dans la lignée vétéro-testamentaire. Il ne parle que de la chair et du sang consommés selon l'Esprit ; nulle autre espèce que la parole. Le terme de *sôma* n'apparaît que lors de la mise au tombeau du corps mort.

Il n'existe en hébreu, pas plus qu'en araméen, aucun mot que l'on puisse traduire par « corps », c'est-à-dire par *sôma* ou *corpus*. La pensée dans cette langue ne dispose d'aucun mot pour dire l'ensemble organique que nous appelons corps et que la langue grecque distinguait de *nous* ou de *psuché* comme on distingue le sensible de l'intelligible, le matériel de l'immatériel. Il n'existe aucun mot dans la Bible pour lier ensemble ce que la loi ordonne de séparer, ce sac composé de chair, de sang et d'os enveloppé de peau et rempli d'organes. Aucun mot pour dire ensemble le pur et l'impur. *Basar* désigne la chair vivante, que Jean nomme chair, et *nefesh*, la chair morte, ce que Jean appelle corps. Même si l'usage de *basar* et *nefesh* fait l'objet d'un va-et-vient plus complexe qu'il n'y paraît, il n'en reste pas moins qu'il ne peut y avoir de mélange entre les éléments dont la loi exige la séparation. La Tora commande de ne consommer la chair que séparée de son sang. Cette chair sans vie et consommable une fois vidée de son sang, Jésus, selon Jean, la propose comme chair vivante puisqu'elle est à nouveau irriguée par le sang. Le fondement de la *cacherout* consiste à séparer le pur et l'impur :

> Si un homme faisant partie de la maison d'Israël consomme du sang, je me retournerai contre celui-là qui aura consommé le sang pour le retrancher du sein de son peuple, car la vie d'une créature est dans le sang et moi je vous l'ai donné sur l'autel pour l'absolution de votre vie (Lev 17,10-11).

Jésus transgresse la condamnation du Lévitique et Paul le commente ainsi :

> [...] rien n'est impur (*koinon*) en soi, si ce n'est par celui qui le considère comme tel [...]. Le règne de Dieu n'est pas affaire de nourriture et de boisson (*Ou gar estin basileia tou theou brôsis kai pôsis*) (Ro 14,17).

Pour bien situer ce qui a pu éventuellement se dire lors du dernier repas, dans cette Cène, si elle eut lieu telle qu'elle nous est transmise, on peut imaginer que Jésus a pu dire en araméen quelque chose comme : « Ce pain ma chair et ce vin mon sang [car en araméen, point de copule pour relier les termes], alors mangeons et buvons-les ensemble. » Sans plus séparer la chair du sang, comme l'exigeait la loi, cette réunion, qui transgresse la loi du Lévitique, sera le fondement d'un nouveau contrat d'union entre tous les hommes susceptibles de partager ce repas. Le sacrifice est celui de la loi elle-même et marque la fin de la séparation du pur et de l'impur, donc des juifs et des autres nations, des hommes et des femmes, de l'invisible et du visible. C'est parce que tout ce qu'on devait séparer ne fait plus qu'un, que l'incarnation est réconciliation avec le sang au nom de la vie. Le pain de vie est un pain irrigué par le sang. Le sang versé par le fils délivre l'image de la sanglante maculation du sang. C'est par de nouveaux chemins qu'il faudra combattre les idoles, par les voies de la liberté du regard. C'est dans cette perspective qu'il faut envisager la question de la virginité. Pour que la peinture, libérée par le sang, soit licite grâce au sacrifice sanglant de l'image filiale, il faut qu'une mère immaculée et non maculante laisse à son fils la mission de tacher les linges et de fonder les iconicités. Le règne filial de l'iconicité se trouve ainsi inauguré par la puissance révolutionnaire de celui qui arrête le sang des femmes (voir le récit de l'hémorroïsse) et fait boire du sang aux Hébreux. « Ce n'est pas, dit-il, ce qui entre par la bouche qui est impur, mais ce qui en sort. » L'origine du péché n'est pas dans l'impureté des choses, mais dans celle des sujets qui les produisent. Les images sont innocentes, voir n'est pas un péché, les yeux ne sont coupables que de leur cécité.

c) Paul : la dernière Cène : scène du corps traduit

Le dernier repas se trouve relaté par Matthieu, Luc et Marc. Sur le soir du jeudi, veille de la crucifixion, le texte de Matthieu raconte ceci :

> Pendant le repas Jésus prit du pain et après avoir prononcé la bénédiction, il le rompit ; puis le donnant à ses disciples, il dit : « Prenez, mangez, ceci est mon corps. » Puis il prit une coupe et après avoir rendu grâce, il la leur donna en disant : « Buvez-en tous car ceci est mon sang, le sang de l'Alliance versé pour la multitude pour le pardon des péchés » (Mt 26,26-29).

Chez Marc, on lit :

> Pendant le repas, il prit du pain et après avoir prononcé la bénédiction, il le rompit et le leur donna en disant : « Prenez, ceci est mon corps. »

> Puis il prit une coupe et après avoir rendu grâce, il la leur donna et ils en burent tous. Et il leur dit : « Ceci est mon sang, le sang de l'Alliance versé pour la multitude » (Mc 4,22-25).

Le texte de Luc porte pour sa part :

> Puis il prit du pain et après avoir rendu grâce, il le rompit et le leur donna, en disant : « Ceci est mon corps donné pour vous. Faites ceci en mémoire de moi. » Et pour la coupe, il fit de même après le repas, en disant : « Cette coupe est la nouvelle Alliance en mon sang versé pour vous » (Lc 22,15-20).

Trois récits donc qui articulent le partage des espèces sous le signe du sacrifice rédempteur universel et qui mettent le mot *sôma* ou *corpus* dans la bouche de Jésus.

Qu'a fait Paul avec le scénario instaurateur d'universalité et de libération ? Il lui faut trouver l'idiome de la nouvelle unité corporelle. C'est dans la première épître aux Corinthiens qu'a lieu le double miracle de la transsubstantiation : celle de l'eucharistie ne peut avoir lieu sans celle du texte. Le basculement de la chair dans le péché est la condition de la construction du corps salvateur. La violence de ce message est inaugurée par une formule impressionnante :

> Tout m'est permis mais tout n'est pas profitable, tout m'est permis mais je n'accepterai le joug de personne.
>
> *Panta moi exestin alla ou panta sumpherei, panta moi exestin all' ouk egô exousiasthésomai hupo tinos* (1 Co 6,12).

Tout est là, puisque Paul rompt avec tous les interdits et fait entendre aussitôt qu'il va construire un nouveau régime où le choix de ce qui convient n'a d'autre maître que lui-même. La puissance du *panta* est aussitôt associée à la double nécessité de sa liberté et de son évaluation des limites. Ce qui convient, comme on va le voir, c'est de bâtir le pouvoir d'une institution en commençant à se permettre, avec le changement de langue, des libertés « profitables » que l'hébreu ne pouvait autoriser.

Dans la première épître aux Corinthiens, Paul dit avoir directement reçu du Seigneur le récit de la dernière Cène, ce qui dès le départ situe son récit dans la révélation et non dans le témoignage historique d'une narration ou d'une transmission scripturaire. Ainsi peut-il donner à sa parole une valeur égale et même supérieure aux récits des témoins directs du jeudi saint. Son texte, proche de celui de Luc, est le suivant :

> Le Seigneur Jésus dans la nuit où il fut livré, prit du pain, et après avoir rendu grâce, il le rompit et dit : « Ceci est mon corps qui est pour vous, faites cela en mémoire de moi. » Il fit de même pour la coupe après le repas, en disant : « Ceci est la nouvelle Alliance en mon sang : faites cela toutes les fois que vous en boirez, en mémoire de moi » (1 Co 11,23-29).

Dans le chapitre suivant, Paul développe alors amplement la notion organique du corps dont tous les chrétiens sont les membres. Un peu plus loin, au sujet de la résurrection, il distingue le corps terrestre du corps céleste, le corps animé du corps spirituel, annonce la résurrection du corps céleste et dit aussitôt :

> [...] la chair et le sang ne peuvent hériter du royaume de Dieu, ni la corruption hériter de l'incorruptibilité (1 Co 15,50).

Cette dernière affirmation est décisive, puisqu'elle sépare radicalement la chair du corps en rompant avec les termes mêmes de la dernière Cène. Il emprunte le concept organique de *sôma* au grec pour l'accoupler à l'Esprit en l'opposant à la chair, *sarx* (*caro* de la Vulgate), à l'égard de laquelle il exprime toute son exécration. Il ne reprend pas le mot « pain », que Jean a utilisé hors de la Cène. Il préfère le démonstratif neutre, *touto*, « ceci », au démonstratif masculin qu'aurait justifié la désignation du pain, *artos*. Ce qui est montré n'est pas le pain mais le corps. « Cette chose est mon corps », ce qui permit sous le terme latin de *res* de débattre plus tard sur la réalité de l'opération sacramentelle comme effectuation de la *res* ecclésiale dans la choséité des espèces.

La condamnation de la chair est développée par Paul avec la même véhémence que celle de la fidélité aveugle à la loi mosaïque. Les Hébreux n'ont eu accès ni à l'image ni au corps, c'est-à-dire à aucun lieu de la rédemption.

Mais, inévitablement, la difficulté survient, car on ne peut comprendre l'avènement du corps christique, et par voie de conséquence du corps de l'Église, qu'en passant par le sacrifice de la chair et donc par l'économie incarnationnelle. Il a donc fallu que Paul se livre à une véritable gymnastique lexicale pour réussir à passer du Verbe qui s'est fait chair dans le corps de la Vierge au corps christique distribué dans le sacrement puis au corps « mystique » de l'institution qu'il veut fonder, l'Église. Tout l'enjeu de l'interprétation de la dernière Cène est là, selon qu'on s'en tient au mémorial incarnationnel ou qu'on le transforme en sacrement ecclésial ou, pour le dire autrement, selon qu'on se situe sur le versant spirituel de l'incarnation ou sur le versant institutionnel de l'incorporation. Ce dilemme est devenu articulation économique d'un renversement dans la dialectisation des différentes acceptions du corps.

d) Les étapes de la construction

Prenons la première épître aux Corinthiens :

> En effet, le corps est un et pourtant il a plusieurs membres ; mais tous les membres du corps, malgré leur nombre, ne forment qu'un seul corps : il en est de même du Christ. Car nous avons tous été baptisés pour n'être qu'un seul corps, dans un seul esprit. [...] Le corps ne se compose pas d'un seul membre, mais de plusieurs. Si le pied disait : « Comme je ne suis pas une main, je ne fais pas partie du corps », cesserait-il pour autant de faire partie du corps ? Si l'oreille disait : « Comme je ne suis pas un œil, je ne fais pas partie du corps », cesserait-elle pour autant de faire partie du corps ? Si le corps entier était œil, où serait l'ouïe ? Si tout était oreille, où serait l'odorat ? Mais Dieu a disposé dans le corps chacun des membres selon sa volonté. [...] Or vous êtes le corps du Christ, et vous êtes ses membres, chacun pour sa part. Et ceux que Dieu a établis dans l'Église sont premièrement les apôtres, deuxièmement les prophètes, troisièmement les hommes chargés de l'enseignement ; vient ensuite le don des miracles, puis de guérison, d'assistance de direction et le don de parler en langues (1 Co 12,12).

Ailleurs, il s'agit de « bâtir le corps du Christ » (2 Co 4,9). Contrairement à la chair, qui est offerte, le corps est construit. Son édification est celle de l'Église.

Dans l'épître aux Hébreux, Paul insiste pour dire que le sang des boucs et des taureaux, répandu sur l'autel, purifiait la chair et que le sang du Christ purifiera notre conscience des œuvres mortes pour le service du Dieu vivant. Il écrit :

> En entrant dans le monde, le Christ dit : « De sacrifice et d'offrande tu n'as pas voulu, mais tu m'as façonné un corps » (He 10,4-5).

Or le Psaume 40, que cite ici Paul, porte en hébreu :

> Sacrifice, oblation, tu n'en désires pas, holocauste, expiation, tu n'en demandes pas ; tu m'as creusé les oreilles.

Paul adopte la traduction de la Septante. Là où l'hébreu opposait le sacrifice à l'action de la parole entendue, le grec oppose la chair des victimes au corps christique. Le corps de l'Église se substitue au corps de la lettre que Paul ne cesse de fustiger.

Il a pris soin d'opposer, de façon fort grecque, la chair et l'Esprit pour mieux distinguer en un premier temps la chair et le corps. Dans l'épître aux Romains, on peut lire :

> Sous l'empire de la chair on tend à ce qui est charnel, mais sous l'empire de l'Esprit on tend à ce qui est spirituel ; la chair tend à la mort, mais l'Esprit tend à la vie et la paix. Car le mouvement de la chair est révolte contre Dieu, elle ne se soumet pas à la loi de Dieu, elle ne le peut même pas. [...] Celui qui a ressuscité Jésus d'entre les morts donnera aussi la vie à vos corps mortels. Ainsi la chair est condamnée au bénéfice du corps qui est sauvé par l'Esprit (Ro 8,5).

Il faut à présent donner au corps sa stature architecturale. Dans la première épître aux Corinthiens, on lit :

> Ne savez-vous pas que vous êtes le temple de Dieu et que l'Esprit de Dieu habite en vous ? Si quelqu'un détruit le temple de Dieu, Dieu le détruira. Car le temple de Dieu est saint et ce temple, c'est vous (1 Co 3,16).

La métaphore de l'habitation est en place, l'étape suivante arrive immédiatement après :

> [...] qu'on vous considère comme les serviteurs du Christ et les intendants des mystères de Dieu (*oikonomous*) (1 Co 4,1-2).

L'enchaînement avec la suite est clair :

> Tout m'est permis mais tout n'est pas profitable, tout m'est permis mais je n'accepterai le joug de personne. Les aliments sont pour le ventre et le ventre pour les aliments, et Dieu détruira ceux-ci et celui-là. Mais le corps n'est pas pour la débauche, il est pur pour le Seigneur et le Seigneur est pour le corps. Ne savez-vous pas que vos corps sont les membres du Christ ? (1 Co 6,12).

Ce qui conduit à l'interprétation de la Cène comme participation au corps et non plus seulement à la purification de la chair mêlée au sang :

> La coupe de bénédiction que nous bénissons, n'est-elle pas une communion au sang du Christ ? Le pain que nous rompons, n'est-il pas une communion au corps du Christ ? Puisqu'il n'y a qu'un seul pain, nous sommes tous un seul corps (1 Co 10,16).

Le retour à l'opposition de la chair et de l'Esprit, nous le lisons dans Galates :

> Car la chair en ses désirs s'oppose à l'Esprit et l'Esprit à la chair ; entre eux c'est l'antagonisme. [...] Mais si vous êtes conduits par l'Esprit vous n'êtes plus soumis à la loi. [...] Ceux qui sont au Christ ont crucifié la chair avec ses passions et ses désirs (Ga 5,17).

La métaphore organique s'amplifie et se précise en Éphésiens :

> Oui, il a tout mis sous ses pieds et il l'a donné au sommet de tout, pour tête à l'Église qui est son corps, qui est la plénitude de celui que Dieu remplit lui-même totalement (Eph 1,22).

Donc, au dualisme contradictoire de la chair et de l'Esprit, fait suite l'unité du corps et de l'Esprit qui ne font qu'un dans l'Église. Dans ce que l'édition des textes intitule « Cantiques au Christ, chef de l'univers », c'est-à-dire dans l'épître aux Colossiens, on trouve la déclaration suivante :

> Il est l'image du Dieu invisible, premier-né de toute créature, car en lui tout a été créé dans les cieux et sur la terre, les êtres visibles comme les invisibles. [...] Tout est créé par lui et pour lui et il est lui par-

> devant tout ; tout est maintenu en lui et il est lui, la tête du corps qu'est l'Église (Col 1,18).

Texte qui reprend l'épître aux Éphésiens :

> Mais confessant la vérité dans l'amour, nous grandirons à tous égards vers celui qui est la tête, Christ. Et c'est de lui que le corps tout entier coordonné et bien uni, grâce à toutes les articulations qui le desservent, selon une activité répartie à la mesure de chacun, réalise sa propre croissance pour se construire lui-même dans l'amour (Eph 5,23).

La chose est claire, si la chair de l'incarnation est révélation, le corps de la rédemption, lui, est construction. Sur le versant paulinien, la chair désignera tout ce qui est soumis à la corruption et au mal, par opposition à l'Esprit. Par conséquent, il faudra trouver une solution pour que cette chair soit transfigurée grâce à l'opération salvatrice de l'économie christologique. Je dirai que le problème fut résolu par l'effet d'une double construction : du côté de l'incarnation par la doctrine iconique, du côté du corps par l'interprétation ecclésiale de l'eucharistie.

Les modalités de la solution iconique permettent de maintenir l'image dans son impureté originelle, sans pour autant entraîner un retour aux menaces fusionnelles. L'image est le fruit d'une composition, d'une union sans confusion ou, si l'on garde les métaphores citées plus haut, le fruit d'une économie conjugale où l'union sans mélange des contraires est la condition de la fécondité. Il n'y a pas d'image pure, excepté l'image naturelle invisible, mais il y a une rédemption du mélange par la purification du regard et non par la purification de l'image, ainsi que je l'évoquais plus haut. L'image n'est ni substantielle ni simple. Elle est double, participant comme son modèle à deux natures mais de façon complexe puisqu'elle est matérielle et immatérielle dans un même lieu, dans un même temps et sous le même rapport. Ce rapport est *oikonomia*.

e) « Corpus » et « caro » après Paul

L'ensemble fondateur du projet paulinien mit plusieurs siècles à trouver les formules de son installation dogmatique. Paul a posé les principes, après lui il a fallu construire ce qu'il ordonnait d'édifier. Les résistances hérétiques à l'incarnation (arianisme et docétisme) sont intimement mêlées aux débats schismatiques sur l'incorporation. L'hérésie est à la question de la chair ce que le schisme est à celle du corps. Les hérétiques refusent l'incarnation, les schismatiques, l'incorporation ecclésiale. Les deux versants sont inséparables et les hérétiques furent punis par l'excommunication en étant privés de la table, alors que les schismatiques s'excommunièrent eux-mêmes en refusant l'Église.

Sur la base de l'écriture paulinienne et du texte grec des évangiles, la question de l'eucharistie est inséparable de la construction de l'Église. Il est normal que toute résistance à la hiérarchie catholique romaine se soit régulièrement accompagnée de débats critiques sur l'interprétation de la Cène et sur la présence réelle comme Henri de Lubac le notait lui-même.

Durant plus de six siècles, la pensée des Pères et des théologiens se débattit avec la question de savoir combien de sens il fallait attribuer au mot *corpus* pour que puissent être désignés sans confusion le corps de l'incarnation historique qui mourut sur la croix, le corps sacramentel distribué dans la communion eucharistique et qui communique par manducation la grâce de la résurrection, enfin le corps ecclésial que la communion constitue par l'incorporation de tous les membres et qui s'incarne dans l'institution, image terrestre du royaume céleste. Il fallait trois corps, que ces corps soient un, et que cette unité relève tour à tour de la christologie (il ne faut pas diviser l'unité de l'incarnation) et de l'ecclésiologie (il ne faut pas séparer le domaine temporel du domaine spirituel ni porter atteinte à l'unité de l'Église). En un mot on pourrait dire que l'Église est une incarnation incorporante, donc une image terrestre du royaume céleste avec tout ce que cette expression, que je forme pour la circonstance, a de paradoxal. Sans incarnation, point de lien entre l'image et le monde ; sans corps, point d'unification organique et sensible des visibilités.

Y avait-il dans les différents corps seulement homonymie ou bien analogie symbolique, ou encore participation substantielle ? Il y a place en vérité pour toutes ces solutions. Tout dépend des circonstances et des interlocuteurs. Telle est la force des opérations différentielles de l'économie selon le lieu et selon le moment.

L'essentiel du débat eut lieu en latin car l'enjeu en est devenu tout à fait occidental puisque le pouvoir pontifical fut le propre du christianisme romain. Le père de Lubac ouvre ainsi son étude :

> Pour eux [les écrivains latins des VIIe, VIIIe et IXe siècles] comme pour Augustin dont ils dépendent tous directement ou par intermédiaire, et dont ils reproduisent incessamment les formules, l'eucharistie est rapportée à l'Église comme la cause à l'effet, comme le moyen à la fin en même temps que comme signe à la réalité. [...] L'accent est tellement mis sur l'Église que si dans un exposé concernant le mystère eucharistique se rencontre sans plus le mot « corps » du Christ, c'est souvent non l'Eucharistie mais l'Église que ce mot désigne[1].

Que l'on considère les textes d'Augustin, d'Isidore de Séville, de Grégoire d'Elvire, il est clairement professé que, pour demeurer dans le corps du Christ qui est le corps de l'Église, il faut partager le sacrement du « premier corps ». Mais, pour les Pères des premiers siècles, le corps sacramentel et le corps ecclésial ne sont pas deux corps. Le *sacramentum corporis* subsume en un même geste liturgique la présence réelle communiée (*communicatio*) et l'unité du corps communiant. On reste fidèle à la vision paulinienne du mystère de l'unité du corps et de l'Esprit, mystère qui alimentera le vocabulaire mystique. Très rapidement, le mot *communio* désigne l'intégration du communiant dans le *christianorum consortium*. Si bien que l'on distingua deux sortes de communions : d'une part la communion simple dans la prière puis la communion parfaite de réception sacramentelle de la présence réelle. L'unité organique du corps communiant se trouve dans le symbole de Nicée sous l'expression de « communion des saints » qu'Augustin nommait *sacramentorum societas*. Donc, en recevant le corps du Christ, on passe dans le corps du Christ. Être *consortes* et *socios* est bien ce qu'exprime la formule augustinienne :

> Que nul ne considère qu'il reconnaît le Christ s'il ne participe pas à son corps, c'est-à-dire à l'Église, dont l'Apôtre fait valoir l'unité dans le sacrement du pain[2].

Vinrent nécessairement des discussions sur ce que signifie l'unité de ce corps.

1. *Corpus Mysticum*, *op. cit.*, p. 23
2. *De consensus evangelistarum*, Migne, *PL* 34, 1206 : *Ne quisquam se Christum agnovisse arbitretur, si ejus corporis particeps non est, id est Ecclesiae cujus unitatem in sacramento panis commendat Apostolus.*

À partir du IXe siècle, il est clair que l'expression *Corpus Christi* ne désigne que l'Église. « *Translatus est Christus ad Ecclesiam* » : ce passage de l'incarnation à l'Église s'opéra malgré tout par la distinction de trois corps sans pour autant que le corps de l'Église soit un autre corps. Si on désigne le corps avec la tête, alors l'Église n'est pas que *caput*, mais le corps de tous les membres, c'est-à-dire la totalité de tous les corps. Tout ce qui est corps fait corps avec l'Église. On peut imaginer ce qui ne peut qu'advenir à un corps qui s'exclut du corps universel de l'Église : il n'est plus sauvé par la rédemption de la chair, et par conséquent, privé d'image, est condamné à l'excommunication et à la destruction.

La primauté du corps ecclésial sur le corps sacramentel ne pouvait mettre un terme au débat sur la chair sans remettre en question toute l'économie de l'incarnation. La chair embarrasse, mais sans elle tout l'édifice s'effondre. D'où la difficulté. On ne pouvait en faire l'économie sans tomber dans l'hérésie. À chaque étape de la construction du corps, il faut redéfinir la chair, à la fois chair sacramentelle, chair mystique et chair mortelle ou chair de l'image. La *caro propria* de l'eucharistie est distincte du *corpus mysticum* qui est l'Église et n'est pas non plus symbole iconique. Le terme de *caro*, fortement johannique, exige qu'on distingue la chair visible qui a souffert de celle, tout aussi visible, qui a ressuscité. Sans entrer dans les arcanes des débats que le père de Lubac nomme lui-même de façon fort significative « un cliquetis de mots », il faut plutôt reconnaître qu'en matière de corps et de chair, d'image et d'eucharistie, c'est bien plus qu'un cliquetis, mais un véritable tohu-bohu lexical. Justifier l'incorporation eucharistique dans l'Église sur la base de l'incarnation relève de l'exploit rhétorique. À côté du triple corps, il faut articuler la double chair. Une première chair crucifiée et historique ne peut être celle qui est distribuée comme pain de vie dans le repas où le corps sacramentel suppose la participation à la communion des saints et à la société des chrétiens. Il y a donc une chair incorruptible qui est celle qui dans la présence réelle du sacrement conduit les fidèles à la participation universelle. Tout l'effort consiste à éviter l'écueil du docétisme, pour qui la chair première ne fut que simulacre ou simulation d'un Dieu dissimulé, sans parler de l'écueil anthropologique que serait l'interprétation cannibalique du sacrement comme repas totémique, si l'on maintient la mortalité de la chair historique.

L'épisode de la rencontre des disciples d'Emmaüs permet d'avancer dans l'interprétation des termes. La reconnaissance de la chair imaginale exige le partage du corps de la manducation incorporante. Le pain partagé après la résurrection ne peut devenir que le corps sacramentel spirituel et non historique. La chair du Christ ce jour-là ressemble si peu à celle née de la Vierge, et que les disciples connaissaient fort bien, qu'ils ne le reconnaissent plus. C'est seulement en se mettant à table pour partager le pain que leurs yeux se dessillent. Ce qui ne fait que redoubler la nécessité de la participation à la table ecclésiale pour avoir droit au bénéfice rédempteur de l'incarnation. C'est donc un retournement de la cause et de l'effet puisque le salut offert par l'incarnation passe par l'incorporation. La chair transfigurée réintègre l'unité des corps. Les controverses portent toutes sur la pluralité des noms qui ne désignent qu'une seule et même chose[1]. Le fondement homonymique est bien évidemment le dyophysisme du Christ lui-même dont l'icône dans sa doctrine et dans sa réalité avait dissous en Orient toutes les apories. Toute hérésie finit par un schisme, mais non l'inverse car l'ensemble des homonymies forment un organisme ordonné. Il existe des arbres sans fruit mais point de fruit sans arbre.

Du IXe au XIIe siècle se déploient d'importantes controverses qui touchent très précisément au passage du corps historique au corps sacramentel. Faisant appel à Augustin, on finit par désigner trois modes corporels, l'un est dit *naturaliter* et les deux autres *specialiter*. « *Triplicitas sed unita.* » En effet, le corps du Christ est l'Église universelle, c'est-à-dire la tête avec ses membres. L'Église scelle l'unité des trois corps, du moins est-ce le projet final servi par l'incroyable complexité des débats.

Jusqu'au XIe siècle, il est encore question de *sacramentum corporis* pour parler du corps eucharistique, *corpus* restant le seul corps de l'Église. Au XIIe siècle, la coupure est accomplie entre la chair historique née de la Vierge, qui a subi la passion, et le corps sacramentel, qui est d'une autre nature puisqu'il est transfiguré par la résurrection, corps glorieux de la *metamorphôsis*. Le pain et le vin ne sont plus tant la chair et le sang, mais l'Esprit et la vie. L'Église et le corps sacramentel s'unifient. Il faut être dans le corps du Christ pour pou-

1. H. de Lubac, *Corpus Mysticum*, *op. cit.*, chap. VII.

voir le recevoir. L'incorporation devient la condition de la communion. Judas est exclu de la table avant le partage. Ainsi le repas qui aurait dû rassembler l'humanité entière sans exclusive ni exclusion met désormais à son menu le vocabulaire de l'excommunication, inséparable de celui de l'incorporation[1].

En quoi consiste ce corps de l'incorporation ?

Des expressions telles que *orbis terrarum*, *caput totius mundi*, *caput omnium ecclesiarum Dei*, *sancta romana ecclesia* illustrent cette interprétation planétaire du corps du Christ. On a quitté le site imaginal et rédempteur de l'incarnation pour construire le territoire mondial de l'Église[2].

Une nouvelle étape est donc franchie puisque le corps de l'Église n'est pas seulement le corps spirituel qui rassemble dans l'enceinte du temple et autour de la table tous les fidèles incorporés, mais aussi le territoire universel couvert par l'institution visible sur le modèle enveloppant du corps virginal. On déborde du temple, on universalise la table. Le monde est un corps dont le pape est la tête. L'institution n'est que la tête d'un corps qui est le monde entier, monde englouti dans la digestion mondiale et universelle de sa propre cause.

Si l'on veut résumer la situation à la fin du XIIe siècle, il faut dire que tout le débat sur les mots de la liturgie eucharistique tend à distinguer deux chairs et à qualifier de spirituelle celle qui est distribuée à la manducation pour construire le corps sacramentel et ecclésial dans son unité. Le vocabulaire du corps se maintient donc sur le versant spirituel de la chair et c'est plutôt l'adjectif corporel qui se trouve proscrit en même temps que son homologue charnel ; on leur préfère les adverbes, qui indiquent les tropes de la parole et non pas la nature de ce qui est désigné. « *Non est corpus Christi corporaliter sed spiritualiter* », ceci étant tout à fait conforme à la formule d'Athanase :

1. Alger de Liège écrit : « Son corps s'incorpore à l'Église en tant que son propre corps » (*Ecclesiae ut corpori suo corpus suum incorporat*) ; et saint Anselme (Oratio 34) : « Fais en sorte, Seigneur, que je perçoive par ma bouche et mon cœur, ton corps et ton sang, pour être digne de ton corps, c'est-à-dire pour être incorporé à l'Église » (*Fac me Domine, ita ea corpus et sanguinem tuum ore et corde percipere, ut dignum sit corpori tuo, quod est Ecclesia incorporari*). Cité par H. de Lubac, *ibid.*, p. 105.

2. Jean VIII écrit à Michel de Bulgarie que l'Église romaine est celle qui « contient le principe qui régit tous les peuples et c'est vers elle que convergent les nations du monde entier comme à leur mère et à leur tête » (*omnium gentium retinet principatum, et ad quam totius mundi, quasi ad unam matrem et unum caput, conveniunt nationes*). Cité par H. de Lubac, *ibid.*, p. 101-102.

> Cette chair même avec son sang, vous sera donnée par moi spirituellement comme nourriture, de manière qu'elle soit distribuée spirituellement en chacun[1].

L'adverbe *spiritualiter* permet de réduire l'opposition de la chair au corps à des manières de parler. Les opérations de la grâce ou de l'Église ne peuvent entamer l'unité substantielle de l'incarnation et de la théologie. La forme adverbiale répond parfaitement aux réquisits de la préposition *kata*, dans l'expression *kat' oikonomian*, « selon l'ordre ou le mode de l'économie ». On avale selon l'esprit, *spiritualiter*.

Ce qui aboutit à une formulation de double chair et de double corps. La première chair rassemble la chair historique et la chair sacramentelle, c'est-à-dire la chair sacrifiée et la chair rédimée, et le premier corps ne fait qu'un avec cette chair sacramentelle et s'entend comme elle *spiritualiter*, le corps entéléchique, lui, étant celui de l'incorporation dans l'Église visible. Car, si l'on y regarde bien, la consécration concerne la chair spirituelle, invisible, mais la réalité physique de la participation au repas communautaire est douée d'une réalité qui permet de ne pas rompre avec l'historicité de l'incarnation puisqu'on ingère des espèces matérielles. Il s'agit donc, plutôt que d'une ternarité, d'un système binaire avec tiers inclus pour faire communiquer les contraires. Honorius d'Autun écrit ainsi :

> Le corps du Seigneur se dit de trois façons : d'abord celui incarné à partir de la Vierge qui a été offert pour nous sur l'autel de la croix [...]. En second lieu, le corps du Seigneur est dit en tant que, transmis comme gage de l'Église par la consécration du pain et du vin, il s'accomplit chaque jour, [...] en troisième lieu ce corps est affirmé de l'Église tout entière qui est rassemblée en un tout à partir de tous les élus comme à partir de tous ses membres[2].

On voit qu'il s'agit de distinguer trois temporalités différentes : la première est temps du souvenir car l'incarnation historique est der-

1. Quatrième lettre à Sérapion, cf. Lebon, p. 203.

2. Migne, *PL* 172, 1250 A : « *Trifarie corpus domini dicitur. Primo id quod de Virgine incarnatum, in ara crucis pro nobis est oblatum* [...]. *Secundo corpus domini dicitur, quod hoc pignus Ecclesiae traditum Spiritu Sancto consecrante ex substantia vini et panis, quotidie conficitur,* [...] *tertius corpus domini tota Ecclesia praedicatur, quae de omnibus electis ut de multis membris in unum compaginatur.* » Cité par H. de Lubac, *Corpus Mysticum*, *op. cit.*, p. 184.

rière nous. L'invisible désigne ce qui a été visible mais qui ne l'est plus. La seconde est la construction quotidienne du corps spirituel, présence réelle dans le sacrement, qui concerne l'action présente de la grâce dans la vie quotidienne. L'invisible transcendance adopte une visibilité transférée aux espèces qui exigent que l'on y voie autre chose que ce qui s'y montre. Le visible dépend donc de la qualification du regard construit par une parole. La troisième espèce de temporalité est celle de l'axe historique de l'Église. Qui ne voit que du pain là où il y a Dieu en personne s'exclut du corps par sa cécité.

> Ils ont des yeux et ils ne voient pas[1].
>
> Si quelqu'un a des oreilles pour entendre, qu'il entende[2].

Dans la duplication généralisée des homonymes, l'œil et l'oreille occupent une place corporelle toujours sollicitée par une inversion charnelle rédemptrice, laquelle fait à son tour l'objet d'un retournement lorsque le corps de l'Église renvoie les yeux de la chair au péché. Cette double circulation du sens des mots permet de manier le vocabulaire de l'invisible, de la surdité et de la cécité pour désigner le visible et l'ouverture de tous les organes. Avancer en reculant est bien ce mouvement de nage à contre-courant vers l'avenir historique de la communauté. Ainsi les yeux doivent-ils se fermer pour accéder à la visibilité de la temporalité sacramentelle du regard qui exige qu'on baisse les paupières. La troisième temporalité, celle de l'institution du corps ecclésial, accompagne l'histoire de toute l'humanité jusqu'à la fin des temps. Temporalité eschatologique et constructive de l'économie ecclésiale qui tisse un lien fondateur entre l'invisibilité de l'Église céleste et la visibilité de l'institution terrestre.

Dès lors les espèces ont leur symbolisme propre : le pain est le corps ecclésial du Christ-Église, et le vin procure la rémission des péchés et renouvelle la vie. Le Christ et l'Église forment une seule chair, les chrétiens et le Christ forment un seul corps. Ainsi, par l'accomplissement du sacrifice eucharistique, la chair du Christ et le corps de l'Église ne font plus qu'un à leur tour. L'Église incarne et

1. Romains 11,8 et 10.
2. Matthieu 11,15 ; 13,9, 15,16 et 43 ; Marc, 4,9 et 23 ; 7,16, 33 et 35 ; 8,18 ; Luc, 8,8 ; 14,35 ; Apocalypse, *passim.*

incorpore. La chair johannique ne se trouve plus disjointe du corps paulinien ; pour cela, il suffisait par un travail lexical tenace et raffiné d'inverser les opérations nutritionnelles et d'affirmer que celui qui mange est absorbé. Manger et être mangé, c'est tout un, c'est même cela l'un. « En mangeant on est transformé en nature de la nourriture qu'on mange » (*Manducans transformatur in naturam cibi quem manducat*). Ce basculement « naturel » est annoncé par Grégoire de Nysse :

> Car celui que personne n'a jamais vu, comme le dit Jean, et que personne ne peut voir, comme l'affirme Paul, c'est lui qui a fait de l'Église son propre corps et qui se construit lui-même dans la charité[1].

Ou encore :

> L'Épouse a en elle une eau courante en sorte qu'elle a la profondeur du puits et en même temps la mobilité du fleuve. [...] Elle imite parfaitement par son jaillissement, le jaillissement, par sa vie, la vie, par son eau, l'eau [...] elle-même contient ce qui coule dans le puits de l'âme, et par là, elle est le réservoir de cette eau vive qui coule[2].

L'union de la chair du Christ et du corps de l'Église est tellement proche d'une coagulation que le symbolisme de l'eau introduite dans les espèces vint nécessairement apporter sa contribution signifiante. L'eau indispensable à la farine pour former la pâte du pain est non seulement l'eau du baptême, qui intègre dans le corps ecclésial le corps du chrétien, mais se trouve présente au cœur du sacrifice puisque les évangiles nous disent que le flanc du Christ mort laissa jaillir miraculeusement du sang et de l'eau. Désormais, l'eucharistie inclura une troisième espèce, l'eau, qui avec le vin sera à la fois eau baptismale et élément agglomérant les parties en une pâte unique. La farine pulvérulente et dispersée que nous sommes a besoin d'eau comme la glaise du potier.

L'homonymie des trois corps est elle aussi une opération économique non accidentelle, qui tombe sous la catégorie de la relation.

1. *Homélies sur le Cantique des Cantiques*, Homélie VIII, Migne, *PG* 44, 949 B, trad. Mariette Canévet, in *La Colombe et la Ténèbre*, Paris, Éd. de l'Orante, 1967, p. 117.
2. *Ibid.*, Homélie IX, *PG* 44, 977 C, p. 137.

Mais cette relation des corps ne suit pas la binarité du modèle iconique car elle recouvre la triple articulation qui permet de passer de l'incarnation à l'incorporation. La pertinence ici est politique et historique, alors que la méditation sur l'image fait partie d'un véritable déploiement philosophique sur le sens de ce que nous voyons[1]. Il n'y a que dans le cas de l'économie elle-même que les commentateurs parleront d'une homonymie accidentelle pour éviter que ne devienne par trop évident le fait que la défense des intérêts temporels était inhérente aux choix doctrinaux. Au contraire, dans le cas de l'icône, on aboutira à considérer l'homonymie non point comme un accident de langage, mais comme la modalité fondatrice de la relation entre l'image et ce à quoi elle renvoie, entre le visible (l'icône) et l'invisible (le prototype naturel).

Seul le vocabulaire de l'économie permet de comprendre la fondation d'une institution temporelle sur une liturgie sacramentelle qui prétend à l'accomplissement d'une vérité substantielle éternelle et incorruptible, alors qu'elle repose sur l'action d'un corps constitué historiquement et qui ne peut prétendre avoir accompli sa mission et touché son but ultime qui reste à édifier. Telle est doctrinalement la mission de l'Église jusqu'à la fin des temps. Autrement dit, il y a deux vérités, comme l'énonce H. de Lubac, l'une historique, l'autre céleste. Elles coexistent sans contradiction, du moins la doctrine le prétend-elle. L'Église n'est donc que l'image terrestre et imparfaite d'un face-à-face remis à la fin des temps. L'incarnation n'est qu'une « imagination » non fictionnelle et l'agent de cette construction imaginale et imaginaire est appelé corps de l'institution. Corps désigne un opérateur social dans l'économie historique du salut. La disjonction inévitable entre la transcendance du sens et l'immanence historique de sa gestion est un problème crucial. Les Pères l'ont résolu en traitant l'incarnation d'économie par opposition à la théologie. Dès lors, dans la distinction du corps et de la chair, la réalité de l'incarnation pose la question du corps sous le régime de l'analogie ou de la métaphore :

1. Point de lien non plus avec la doctrine trinitaire dont la numération met en débat l'identité synonymique des personnes divines avec l'hétéronymie de leurs opérations. L'économie trinitaire est homonyme de l'économie iconique par la seule médiation de la personne filiale.

> Ce *corpus ecclesiae* pourrait n'être autre chose qu'un vaste ensemble appelé corps par une métaphore banale. [...] Une fois que l'Église eut triomphé de l'Empire et en quelque sorte recueilli sa succession, la Rome chrétienne avait fait de la métaphore un plus large usage, mais toujours dans un sens analogue à celui de la Rome païenne, se contentant de se substituer à elle et à son César dans le rôle de tête par rapport à l'univers – ou maintenant à l'Église universelle – qui jouait le rôle de corps [1].

Le champ de la figure et de l'image permet de conduire au cœur de l'économie de la chair et de la théologie ecclésiale une opération de médiation historique. Là, une fois de plus, Paul a été déterminant puisqu'il a le premier parlé en termes d'économie. Par trois fois dans l'Épître aux Éphésiens (1,10; 3,2; 3,9), il emploie le mot « économie » que les traductions font disparaître nommément en trois formes différentes : « plan », « accomplissement », « réalisation »... Même vocabulaire et même écart de traduction pour l'épître aux Colossiens (1,25), où « économie » est traduit par « achèvement ». Non que ces interprétations soient erronées, mais elles laissent le lecteur dans l'ignorance de ce qui se joue dans l'homonymie du terme qui désigne l'incarnation. Cette ignorance est elle-même économique puisqu'elle fait partie du plan de persuasion. Or Paul est au cœur du lexique économique et dans Éphésiens il parle précisément en termes d'héritage et d'acompte, *kléronomia* et *arrabôn*, qui devint *pignus* en latin, pour dire que l'action présente de la figure terrestre du monde céleste gère justement ce dépôt qui est gage et caution, acompte sur l'éternité, sans se confondre avec elle. Il s'agit bien d'un vocabulaire testamentaire à l'intention des héritiers légitimes. Il est important de voir comment les Pères articulent directement cet acompte à la formule paulinienne qui distingue l'image énigmatique dans le miroir du glorieux face-à-face de la fin des temps. La gestion historique de l'espérance, donc de l'attente, change après Paul parce que lui pensait que cet accomplissement final était imminent et qu'il le verrait. Mais, au fil des siècles, l'institution ecclésiastique est confrontée à la procrastination millénaire de cet accomplissement et donc à la nécessité de gérer et d'administrer l'histoire de cette attente. Déchirée entre la présence réelle de la chose ultime et accomplie, et la réalité de son absence,

1. H. de Lubac, *Corpus Mysticum*, *op. cit.*, p. 100-101.

l'institution a déployé deux régimes de vérité et deux modes de visibilité qui désignent l'unité mystérieuse de la dualité que forment incarnation et incorporation, et dans chacun deux modalités de manifestation : l'une iconique, l'autre eucharistique.

Le renversement de perspective opéré contre la pensée juive par l'usage du terme de « corps » grâce à la traduction grecque pour interpréter le symbole sacrificiel de l'incarnation a fait du sacrement eucharistique la scène nodale où s'est jouée la fondation de toute institution. L'incarnation y étant finalement assimilée à une incorporation, les visibilités iconiques et la figure ecclésiale se sont trouvées définitivement liées par l'effet d'un contrat unique qui, sous le nom d'« économie », a fait tomber toutes les opérations mondaines sous la catégorie du gage, ou plutôt de l'acompte. La foi est une opération de crédit dans laquelle la providence agit par provision.

Il ne faudrait pas en conclure qu'on a affaire à des régimes de pensée et des projets indépendants, séparables les uns des autres. Bien au contraire, il appartient à l'économie de prendre en charge le niveau d'intégration permettant d'unifier sans contradiction l'incarnation et l'incorporation. Le corps institutionnel a permis de poser un problème fondamental au sujet des visibilités : comment les images peuvent-elles être mises au service de l'incorporation ? La réponse est donnée par l'incorporation sacramentelle qui indique que ceux qui mangent à une même table communient et ne font plus qu'un avec le corps qui les absorbe. Ce dispositif nous intéresse au plus haut point puisque le modèle eucharistique s'est généralisé. Former une communauté en consommant une nourriture unique dans une mastication mondiale et consensuelle, voilà ce qui se vend aujourd'hui sous les auspices de la communication. Dans un monde où les visibilités instaurent un régime de soumission, de démission de la parole et d'atteinte grave à la liberté du regard, nous sommes programmatiquement soumis aux visibilités qui opèrent la transsubstantiation du visible en message. Fusionner, ne faire qu'un avec ce qu'on voit, voilà pourtant ce qui est impossible dans le strict respect du modèle iconique. Les visibilités font corps et ne s'originent plus dans la chair de la parole. Génétiquement modifiées, elles ne sont pas des organismes, mais des organes qui se substituent aux nôtres. Elles sont nos yeux aveugles, nos oreilles bouchées, nos mains impuissantes, tout notre corps livré à la digestion planétaire. Leur corps est clos, sans mouvement et sans mot. Seule la chair reste ouverte, trouée mouvante qui dessine en son vide le lieu de l'appel. La voix de l'image, elle, ne connaît pas le repos.

2) *Pathos*

Le mouvement est le propre de l'image, je veux dire que sa mobilité en détermine le pouvoir de mobilisation. Mouvoir, émouvoir, ne communiquer rien d'autre qu'un mouvement, voilà ce que la pensée de l'image a découvert. Une fois dépassé le questionnement tendu que suscite son rapport à la lisibilité textuelle, l'image apparaît dans sa singularité. Nullement rivale du verbe, elle veut faire autre chose que lui sans pour autant s'inscrire dans un déficit ou un échec de la pensée. En ce sens, l'histoire christique, telle que les textes nous la relatent, installe d'emblée la question de l'image dans le récit d'une passion. Non point dans une affaire de passivité, mais dans un retournement de la définition de l'action. Subir c'est faire, faire subir c'est faire faire. Ainsi Jésus semble ne rien faire pour échapper à ses bourreaux et c'est ainsi qu'aux yeux des chrétiens il accomplit l'acte le plus puissant, qui établit la preuve de l'omnipotence de sa divinité. Ceux qui furent les acteurs de la mort accomplissent une volonté supérieure à la leur. Que l'on considère parallèlement la volonté divine de faire faire à Jésus ce que l'économie du salut nécessite est indissociable de ce qu'il a fait faire aux juifs ou à Pilate pour permettre à son père, avec qui il ne fait qu'un, d'arriver à ses fins. Tout le récit est à l'actif, il est tout entier à mettre à l'actif de l'image. Avant de devenir la Passion qui traduit le pluriel *pathê*, c'est le verbe *paskhein* qui sert à décrire tous les actes et tous les gestes de Jésus en tant qu'homme. C'est donc dans ce terme que gît la définition de l'homme, de la condition humaine qu'il a assumée. *Paskhein* c'est agir en non-Dieu, mais parce que cet agir est voulu par Dieu, ce verbe désigne l'action inversée de la révélation de Dieu dans la consubstantialité filiale de son contraire. Le Dieu sans image agit en tant qu'image et cela se dit *paskhein*. C'est pour cela qu'il ne faut pas se hâter de traduire ce verbe par « souffrir, pâtir, subir » pour ne pas courir le risque de manquer la dimension fondatrice du renversement de la passion à l'actif. Éprouver, faire l'expérience d'un passage économique d'un état dans un autre, est un acte. Dire que l'histoire de l'image est l'histoire d'une passion ne peut surprendre quiconque a compris que la résistance à la fabrication iconique est une résistance au désir et à la fusion, c'est-à-dire à une épreuve passive. Du point de vue passif, éprouver une passion, c'est céder au désir totalisateur et fusionnel du sang. La passion de Jésus est un véritable combat contre l'idolâtrie fusionnelle et passive. Ce combat victorieux qui se déroule jusqu'à son terme sanglant s'achève par le triomphe résurrectionnel de l'image. Si l'image ne doit plus être adorée, il faut qu'elle s'engage *nommément* en tant que Dieu et en tant que passion afin d'accomplir ses propres funérailles pour ressusciter à une autre vie. Vie homonyme de la nôtre, mais qui n'en partage plus les ténèbres, donc la mort sans retour. En d'autres termes, la posture passionnelle de Jésus nous montre celle d'un acteur qui ne subit pas ce qu'il joue et qui ne s'identifie pas à son rôle parce que ce qu'il joue, celui dont il assume le rôle, va dans sa chair qui va renaître se dissocier du corps de l'acteur. Il est l'image de la passion et il nous fait assister à la passion d'une image. C'est la version mystique du paradoxe du comédien puisqu'il n'éprouve ce qu'il joue qu'en tant qu'il incarne l'abandon de son corps.

Libérer l'image, c'est, pour Dieu, donner la sienne jusqu'à l'exécration afin que les juifs puissent savourer le monde librement sans effroi de l'idolâtrie, sans terreur de l'impureté. Cet agir passionnel qui aurait pu délivrer les juifs à l'intérieur du judaïsme, est devenu dans le traitement chrétien du renversement, le signe d'un pâtir, d'un subir, d'un souffrir, autant d'épreuves réservées désormais aux juifs dont on n'a que trop souligné et exploité la prétendue passivité historique, puisque leur résistance les a exclus de la rédemption. En un mot, la passion fut finalement un acte pour tous sauf pour eux ! L'universalité du message s'est fondée sur la transformation d'une élection en exclusion. Les souffrances infligées au peuple juif sont à la mesure du retournement pathique opéré par les textes qui transmettent le récit christique. Aux juifs la fatalité tragique de ce qui est subi, aux chrétiens le destin résurrectionnel d'une passion active.

Le terme *pathos* fut l'opérateur de l'inversion économique du visible pour dire quelque chose de beaucoup plus déterminant que ce qu'avait dit Aristote. Mais sans revenir sur le texte aristotélicien, on ne peut comprendre le renouvellement pathique produit par le dispositif iconique et son interprétation de la *katharsis*.

En déléguant son fils dans le visible, Dieu a-t-il voulu nous convaincre ou nous séduire ? En transmettant cette étrange aventure sous le nom de Passion, le christianisme a-t-il simplement pris en charge la puissance passionnelle de l'image, à partir du modèle de l'image filiale ? Quelle fut donc la passion de Jésus, car c'est peut-être ainsi qu'il faut interroger sa passion ? Si cet homme passionné a laissé derrière lui une histoire passionnante, c'est bien que ce récit exemplifie l'histoire d'un désir. Désir d'un homme qui veut passionnément ne subir aucun joug. Ce désir ravageur devient salvateur quand il se transforme en récit qui dit le désir d'un Dieu qui veut être vu et dont la vision laisse perpétuellement à désirer. C'est sur cette base éminemment pathique que se construisit la possibilité de faire avec nos mains libres des images impures qui œuvrent contre leur disgrâce originaire. La grâce lumineuse que revendiquent les icônes, filles de la passion, n'est pas sans lien avec l'héritage grec qui soumettait le pathique au travail de la clarification cathartique.

Faut-il des images pour être convaincant ? Autrement dit, les images auraient un pouvoir de séduction ou au moins de conviction sans réplique que n'auraient ni l'écriture ni la parole. Les obstacles à la stricte autorité du verbe ont plusieurs raisons. La doctrine chrétienne affronte un problème précis : elle se veut message scripturaire persuasif, séduisant, convaincant en raison non de sa forme, mais de son contenu intrinsèque de vérité irréfutable. Le modèle grec du discours convaincant est l'objet de l'argumentation et du *pathos* rhétorique. Il faut donc réhabiliter la rhétorique en la christianisant, c'est-à-dire en identifiant la forme à la vérité révélée. Cette quadrature du cercle, qui veut que la vérité révélée ne tire sa force que d'elle-même en même temps qu'elle doit passer par l'art de l'orateur et de l'écrivain pour entraîner la conviction et la soumission, fut au cœur des débats sur le statut du graphe dans le christianisme. La question de l'homonymie fut capitale pour mettre en place un dispositif d'équivalences et de retournements entre les signes et leur puissance de figuration et de préfiguration du vrai. Les Pères cherchent une langue qui échappe à toutes les faiblesses de la langue, mais dotée des mêmes pouvoirs qu'elle pour convaincre et émouvoir. L'image fut la solution. Elle offrait la figure homonymique de ce qu'elle n'enfermait pas puisque la divinité restait incirconscriptible (*apérigrapté*), mais pouvait se manifester en elle grâce à son pouvoir d'inscription (*graphê*). Elle avait l'universalité sans réplique, la puissance émotionnelle dont le modèle pathique de l'économie christique était souverain et imitable. La doctrine de l'imitation et de l'homonymie fut la pierre angulaire des opérations de l'image face aux modèles rhétoriques dont elle voulait utiliser les avantages et éviter les inconvénients. Quels étaient les inconvénients ? Ils étaient de deux natures : soit l'incarnation devenait un objet de savoir et perdait sa force de vérité absolue révélée, soit cette même incarnation était traitée comme une fiction poétique et voyait disparaître sa réalité charnelle. Il fallait une technique qui ne fût ni science ni fiction. Il fallait une langue inarticulée, immédiate, universelle et non soumise à l'argumentation logique. En effet, si un message se veut universel, il bute contre la barrière des langues d'une nation à l'autre, et à l'intérieur de chaque langue à l'exigence logique qui garantit la vérité univoque des propositions. L'image est donc envisagée comme un espéranto, une transglossie, douée d'un pouvoir singulier : celui de ne pas trancher entre deux affirmations qui s'excluent mutuellement. Pour que l'incarnation puisse affirmer le maintien inentamé dans un même objet du visible et de l'invisible, de l'humanité et de la divinité, de la mortalité et de l'éternité, le discours théologique devait se plier aux exigences historiques de l'économie du discours. En ce sens, la rhétorique de l'éloquence judiciaire et politique fournissait déjà un appareil infiniment plus souple que le dialogue platonicien, la métaphysique et la syllogistique aristotéliciennes. Aristote avait produit dans les traités consacrés à la *Dialectique*, à la *Rhétorique* et à la *Poétique* un corpus réflexif qui a largement inspiré la conception chrétienne de la passion. Le régime judicatif engendré par le probable (*endoxon*) dans la délibération commune ouvrait largement le champ du débat civique dans les matières de la vie sociale. Pour Aristote, il ne s'agissait pas seulement de distinguer les espèces de l'exemple et de l'enthymême, mais de mettre en lumière qu'il dépendait des dispositions internes de l'orateur et de l'auditeur qu'il y eût partage du plaisir et du déplaisir dans la victoire d'une argumentation. Il s'agit des effets sensibles et des identifications émotives qui parcourent les esprits et les corps à l'écoute d'un discours. Mais quelle que soit la souplesse pathique et circonstancielle d'un discours, il reste soumis aux exigences de la preuve et du raisonnement dans la matière grammaticale et lexicale d'une langue. La puissance de la négation qui permet de nier tout ce qui est affirmé, renvoie ceux qui parlent et ceux qui écoutent à des critères de vérité et de justice dont la rhétorique seule ne peut aucunement répondre. Les débats sur la sophistique témoignèrent de l'inquiétude provoquée par l'usage pervers toujours possible de ce qui se donne fondamentalement comme une technique indifférente à la morale et à la vérité. Il est donc capital de comprendre le type de rapports qu'entretint la pensée chrétienne avec la rhétorique et la poétique puisqu'elle veut emporter la conviction et l'émotion par une technique qui ne porte pas atteinte à la vérité de son message. La personne christique est traitée sur le pur mode pathique sans *ethos*. Ce qu'Aristote désigne comme *ethos*, c'est la manifestation d'une « ligne de conduite » résultant d'un choix (*proairésis*). Le dessein qui anime une intention, une visée qui engage le personnage dans une direction. Plus loin, Aristote met au compte de l'*ethos* les critères suivants : le *chrêstos*, qui désigne une certaine noblesse ou hauteur de vues, puis vient l'*armottonta* qui suppose une adéquation naturelle du personnage à son rôle, puis interviennent la similitude, *homoion*, et la constance, *homalon*, qui sont les deux figures de la ressemblance, l'une dans l'espace et l'autre dans le temps. Peut-on parler d'*ethos* christique ? Il faut surtout reconnaître que tous les critères de l'*ethos* sont absorbés par l'économie du Père et contenus en elle. L'économie est choix volontaire, accomplissement d'un plan par une figure personnelle (*prosôpon*), douée de hauteur, de constance et de similitude. C'est la dimension pathique qui est au centre du traitement imaginal. Ce que vise l'image, c'est la création d'un champ métadiscursif de la manifestation qui s'appuie sur deux fondements de l'art de convaincre : l'homonymisation de l'image et du discours, et la puissance pathique de son messager. L'icône fut le lieu technique de ces opérations, donc un art d'emporter les suffrages en opérant dans le champ de la persuasion, et en militant pour les vérités de la foi. Elle ne se soumet à aucun régime disjonctif. Née du mélange et de la coexistence simultanée des contradictoires, elle inclut ce tiers dont le langage ne veut pas lorsqu'il impose l'autorité d'un savoir univoque. Le déploiement symbolique de l'autorité ne va pas sans image s'il veut inclure l'humanité entière sans exclusive, mais on ne peut cependant introniser son règne sans produire les modalités de son contrôle sous peine de lui laisser une liberté menaçante pour la loi. Image née du désir, figure passionnelle, construite sur le récit d'une passion, qui soutient l'édification paulinienne d'une institution gestionnaire (*oikonomos*) des émotions et des turbulences des adhésions. L'image est le fondement de la rhétorique chrétienne, supérieure à la lettre dont elle résout par sa seule présence toutes les apories.

Grâce à l'image, l'ordre de la persuasion, de la conviction, de la séduction trouve l'outil inégalé nécessaire aux programmes de conversion. La loi nouvelle ne reconnaît d'autre fondement que l'amour, c'est-à-dire une expérience pathique du rapport au monde dont la Passion du Christ offre le modèle exemplaire et la matrice dynamique.

a) L'image grecque

La culture grecque, éminemment sensible à la lumière et aux visibilités, ne cesse d'interroger la valeur ontologique et épistémique du monde perçu. Le polythéisme hellène a construit en même temps les emblèmes et les figures nécessaires à la symbolisation des pouvoirs et des impuissances des habitants humains et non humains du *cosmos*. Ce terme de *cosmos* dit à la fois le plaisir des yeux et les désarrois de la raison. Il n'a rien d'astronomique, il est plutôt le terme par lequel le plan esthétique de la sensation et de l'ordre vient rencontrer le plan de la métaphysique et, plus tard, de la théologie. Nous avons une image du monde qui ne tient sa cohérence que de son écart avec celui de la vision. Cet écart est réglé et le canon de sa régulation est l'ordre du discours, et non celui des sens. On trouve donc, d'un côté, une méditation critique qui conduit à l'inévitable disqualification de tout ce qui met le *logos* en échec et, de l'autre, une prolifération de signes et de récits qui expriment le désordre du monde et sa régulation logique ou mythique. Des images, on en trouve partout, qu'il s'agisse de les hypostasier pour les réduire à leur seule valeur noétique, de les réguler en les soumettant aux normes de vérité de toute parole, ou de les produire par les effets de l'art de dire et de montrer – et, dès lors, c'est la qualification ontologique du plaisir qui décide de leur légitimité. La vision occupe un lieu spéculatif central où l'acte de voir et le spectacle des choses sont désignés ensemble par un même mot : *opsis*. La force eidétique des concepts pouvait conduire à sceller le contrat de l'*eidos* avec les visibilités et conférer ainsi sa légitimité à toute image sortie de mains pensantes. Or l'*eikôn* des philosophes ne se trouve nullement portée au triomphe et les soupçons qui pèsent sur elle ne sont allégés que par le recours à la science et au nombre, donc par une rhétorique de l'invisibilité. Ni Platon ni Aristote, qui abordent abondamment la question de la *mimêsis*, de la catégorie de la relation et des rapports du visible avec la vérité, n'ont été conduits à produire une pensée spécifique de l'image qui la rende complètement indépendante des exigences de l'ontologie. Comme on le verra plus loin[1], l'approche quasi phénoménologique du *Sophiste* se trouve finalement reconduite à la question du vrai et du faux. La considération pure et simple de l'éprouvé n'a trouvé sa légitimité que dans la réflexion morale et politique. Dans un tel paysage intellectuel, l'image n'est jamais considérée en elle-même, indépendamment de ce à quoi elle se réfère, c'est-à-dire qu'elle ne tire sa valeur positive ou négative que du caractère positif ou négatif de son modèle ou de sa fonction dans un système dont la dignité nécessite tôt ou tard son exclusion. D'où l'importance de la méditation sur la *mimêsis*. Que l'on traduise ce terme par imitation ou par représentation, c'est toujours le même souci qui habite les penseurs et les artistes : il faut mesurer le visible à l'aune de l'invisible, et la copie à sa fidélité au modèle. L'image est fixée à l'existence substantielle d'un référent et non dans la vie inhérente à la circulation des signes intersubjectifs. Cet invisible est coextensif à la nature impalpable de la pensée et à la nature « immatérielle » de la lumière. Rien dans la conception de l'image grecque ne permet de donner à l'image une valeur autonome et sensible qui lui conférerait une réalité à la fois terrestre et symbolique. L'*eidôlon* et l'*eidos* sont en guerre. La rhétorique de la lumière et de l'ombre rend les ombres tributaires du soleil. Pourtant on trouve chez Platon, dans le *Sophiste* en particulier, tous les éléments d'une construction de la semblance à distance de l'ontologie. Nous y reviendrons plus loin afin d'en repérer la richesse et les butées. Ici, c'est Aristote qui sera considéré car il aborde l'enracinement de l'image dans la matière et dans le partage du visible par tous les membres d'une communauté, en analysant le spectacle théâtral en termes pathiques. Il semble bien qu'Aristote devant la fable tragique traite d'une ombre qui ne doit plus rien à la lumière. Il s'attache au contraire à un affect ténébreux, sans visage et sans nom, dont nous faisons tous l'épreuve dans nos corps singuliers. Ces ténèbres-là nous affectent et réclament un destin partagé, faute de quoi chacun restera sauvagement seul dans l'expérience individuelle de l'angoisse. *Pathos* est une part de l'ombre qui, ayant affaire à la mort, n'attend d'aucune idée sa

1. Voir plus loin, chap. 4, au sujet du *Sophiste* la découverte du non-être comme altérité.

forme et sa vérité. Il semble qu'il ne puisse les recevoir que de l'art. Mais est-ce de l'art de dire ou de celui de montrer ? Au théâtre, le corps des acteurs, la présence des spectateurs, la mise en scène, le travail de la parole et de la voix sont autant d'éléments qui induisent une relation de la vision à la communauté. L'image et le regard, au sens où la pensée chrétienne va plus tard les penser, entrent donc chez les Grecs par la voie politique des spectacles partagés dans l'exercice de la parole à l'*agora* et au théâtre.

Chez les orateurs grecs, chez les sophistes tout comme chez Aristote, se posait de façon cruciale la question des modalités constitutives de la communauté politique. La vie des sujets parlants dans un espace commun tient-elle à la tyrannie d'un seul, à l'autorité des lois ou au débat ininterrompu sur tous les sujets qui divisent ? Entre la violence, la force des institutions et les formes normatives, la vie politique peut frayer ses voies par l'usage des discours et de la parole dans tous les domaines que la science ne maîtrise pas, que la philosophie ne contrôle que dans ses procédures d'analyse. Il s'agit du champ que définit tout ce qui est incertain aussi bien parce que la contingence n'offre que des probabilités que parce que l'existence privée de chacun recèle inévitablement des libertés et des résistances qui ne coïncident pas avec l'intérêt collectif. L'image est anti-universelle et construit cependant de la communauté. C'est sur un terrain mouvant et contradictoire, un plan d'incertitudes, que se déroule la vie quotidienne dans la cité. L'exercice de la parole et du jugement dans les échanges intersubjectifs sont au fondement de la communauté des hommes libres. Il y a donc un autre pouvoir que celui de la force brutale et que celui du vrai, c'est du pouvoir de la parole entendue, des passions symbolisées, que dépendent les choix collectifs. Ce pouvoir se définit par conséquent comme l'exercice discursif qui se charge dans les débats d'opinion de faire valoir le point de vue le plus favorable à la vie de la communauté. En principe, cet usage est lui-même réglé par l'intelligence, la science et la sagesse de l'orateur. Mais d'emblée se pose la question des moyens de rendre cette parole persuasive ainsi que celle de la responsabilité éthique de celui qui parle aux autres. Ces moyens sont-ils de pure argumentation ou devront-ils user de séduction et d'émotion, puisque les esprits et les corps de chacun doivent être saisis par la force du discours ? D'autre part, jusqu'à quel point l'auditeur a-t-il de garanties sur la fidélité de l'orateur à l'intérêt général plutôt qu'à son intérêt propre ? Quel statut donner aux signes chargés de la symbolisation régulée de nos plaisirs et de nos déplaisirs, de nos amours et de nos haines ? Toutes ces questions ont été au cœur des débats sur la rhétorique et sur l'usage sophistique de l'art de parler. Il ne s'agit pas ici pour moi de déployer ce champ, d'autant plus que Barbara Cassin a consacré à ce sujet un travail ample et nourri d'échos dans la modernité[1]. Ce qui me retient, c'est la parenté profonde de cette problématique avec celle de l'économie iconique. En effet, pour constituer la communauté universelle des chrétiens l'institution ecclésiastique s'est trouvée confrontée aux mêmes problèmes que le rhéteur et le politique puisqu'il lui fallait conquérir un monde et lui donner sa cohésion par les moyens les plus efficaces en donnant à la raison des raisons de gérer les émotions. Partant du constat bien réel que la parole révélée ne possédait par elle-même aucune puissance irrésistible de conviction, que la doctrine présentait des difficultés qu'aucun esprit logique ne pouvait admettre, que prêcher la fin de la loi ne pouvait pour autant donner licence à tous les désirs, en un mot, qu'imposer la doctrine chrétienne supposait l'usage d'une violence qu'elle était la première à condamner, l'Église ne put que se mettre à l'école de la rhétorique. Mais la différence majeure entre la rhétorique classique et la rhétorique ecclésiale vient de ce qu'elle fait un usage du discours opinatif sur le caractère passionnel de la certitude, et non sur une réflexion assumant la contingence ou la probabilité. Loin du pari pascalien de la foi, les Pères écrivent et parlent avec une virtuosité accomplie pour éliminer tous les doutes, tenir le discours de l'évidence et de la menace, émouvoir par toutes les stratégies verbales. Au nom du Père, ils s'adressent à des enfants et non à des citoyens. Écouter, obéir, aimer, haïr, faire confiance, avoir peur, faire tout cela même sans comprendre, tel est le programme pédagogique qui doit ramener tous les petits enfants à la maison du père. Le principe paternel donne à l'enfance un statut singulier et paradoxal : celui d'une innocente pureté digne d'amour et de rédemption, mais aussi celui d'une immaturité indéfinie et peccamineuse qui justifie toutes les soumissions. Il se développa ainsi une multitude de formes discursives qui furent bien obligées, selon la maturité et l'intelligence critique des auditeurs, de se hausser en même temps à la hauteur des objections. Les théologiens, les éduca-

1. *L'Effet sophistique*, Paris, Gallimard, 1995.

teurs, les poètes, les prédicateurs, les directeurs de conscience durent sans cesse adapter leurs paroles aux oreilles qui les écoutaient. Cette adaptation est une des acceptions du terme d'économie dont le caractère opportuniste et circonstanciel n'a jamais terni l'éclat spirituel puisque le modèle de l'adaptation est donné par Dieu lui-même dans l'incarnation. N'a-t-il pas, en effet, accepté un nouveau contrat avec les hommes en entrant dans le visible afin de leur offrir les preuves de son amour avec les clés du salut ? Sur la base de ces principes, les penseurs chrétiens ont rencontré inévitablement les obstacles qui attendent tout orateur : la barrière des langues, le pouvoir de questionnement et de réplique des interlocuteurs, l'éloquence rivale d'un adversaire plus adroit, mais surtout l'argumentation logique de ceux qui dénoncent les incongruités et les aberrations surnaturelles des mystères de la foi.

Le modèle théâtral a sans doute eu sur les Pères une influence aussi grande que le déploiement rhétorique de l'*agora* et des tribunaux. Cet espace scénique est d'autant plus proche de la doctrine chrétienne qu'on y voit opérer de façon spécifique trois termes : l'*incarnation* des personnages par les acteurs, celle des *passions* soumises à la *katharsis*, enfin celle de la *visibilité* spectaculaire de ce qu'on vient y entendre. Incarnation, passion clarifiée et visibilité constituent en effet le triple fondement de la doctrine chrétienne. Par ailleurs, la nature liturgique du théâtre inspirait aux orateurs chrétiens l'idée d'un renversement du sacré païen en sacralité chrétienne, comme on l'a vu plus haut chez Tertullien. Rhétorique et spectacle sont une nécessité qui justifie, pour qu'on les comprenne, un retour aux textes d'Aristote, dans la *Rhétorique* et dans la *Poétique*, où le philosophe met en œuvre sa pensée sur les opérations qui sont au centre de la vie sociale.

Dans une culture d'orateurs, le seul moyen de prendre le pouvoir sur les esprits et de conduire un auditoire vers les positions que l'on veut obtenir, c'est la parole. L'ensemble de la culture politique grecque répond à la question du pouvoir à prendre par la parole et des différents régimes de gestion et d'administration des passions par le *logos*. Les images y sont des métaphores et des figures discursives et l'orateur s'adresse à l'imagination à l'aide des mots. Que ces mots soient pris dans la syntaxe du *logos* ou dans le chant du *muthos*, la visibilité reste soumise au régime de la lisibilité. Les images en tant que telles sont maintenues en deçà de la sphère noétique, ou bien se retrouvent au-delà d'elle, dans la sphère contemplative où les yeux ne sont plus à leur tour qu'une métaphore, et la vision, une analogie.

L'allégorie platonicienne de la caverne est pourtant tout à fait présente dans la pensée chrétienne, mais pour y faire comme toujours l'objet d'une inversion. Le rocher ou la grotte, caverne trompeuse et matricielle qu'il faut quitter, deviendront les lieux emblématiques de l'enfantement du visible, les antres de toutes les apparitions et parturitions divines. Les ténèbres se creusent pour se remplir à la fois de grâce et de vie, recueil d'un mélange complexe fait de lumière et de sang. La volte exigée des prisonniers platoniciens pour s'affranchir de l'erreur devient désormais mutation des signes dans l'interprétation du sensible. Le travail sur les mots métamorphose le regard jusqu'à ce que le regard se suffise à lui-même et mette un terme au pouvoir trop fragile des mots. L'image prend alors son élan libre et autoritaire à la fois, revendiquant tous les privilèges sur le souffle insuffisant des mots.

b) Du « pathos » aristotélicien au « pathos » chrétien

Je reviendrai donc sur quelques textes d'Aristote sans prétendre en proposer une nouvelle exégèse au cœur de la totalité de ce qui fait système. Seul me retient un certain parcours des mots qui cherchent à rendre compte d'une expérience réelle dans le champ du regard et de la parole. Ainsi pourrons-nous retrouver en eux ce que la pensée chrétienne a su y entendre. Partons de ce passage d'Aristote dans la *Rhétorique*, ouvrage consacré à l'art de toucher sans les mains, par un discours qui, mobilisant le désir, produit le jugement :

> Puisque la rhétorique est en cause dans le jugement (*eneka kriseôs*) [car on exerce son jugement dans les délibérations et la décision de justice est jugement], il est non seulement nécessaire de considérer le discours pour voir comment il deviendra apodictique et crédible (*pistos*), mais il faut encore se mettre soi-même et mettre le juge dans une certaine disposition qualitative (*poion*). [...] Le mode sous lequel on se montre est plus utile à l'orateur dans les délibérations et l'état d'esprit de l'auditeur est plus utile dans les procès, car les choses ne paraissent pas les mêmes à ceux qui aiment et à ceux qui haïssent[1].

1. *Rhétorique*, II, 1377 b, 20-31, Paris, Les Belles Lettres, 1967.

Un peu plus loin, Aristote poursuit :

> Les passions, qui provoquent tant de changements [chez ceux qui les éprouvent], entraînent des modifications de leur jugement, suscitant la peine et le plaisir comme [peuvent le faire] la colère, la pitié, la terreur et autres affects du même genre ainsi que leurs contraires[1].

Or, nous lisons aussi dans le traité *De l'âme* :

> Unique est donc le principe premier : le désirable. En effet, si deux principes, l'intellect et le désir (*nous kai orexis*), étaient à l'origine du mouvement, c'est en vertu d'un caractère commun qu'ils seraient moteurs. Mais en fait il est manifeste à présent que l'intellect ne se meut pas sans le désir [...] l'intellect est totalement droit. Mais le désir et l'imagination (*phantasia*) sont droit et non droit (*orthos kai ouk orthos*). C'est pourquoi toujours le désirable met en mouvement, mais c'est pour le bien ou pour ce qui a seulement l'air bien. Il ne s'agit pas de tout bien mais du bien en acte[2].

Il faut donc, pour mouvoir l'intellect, qu'il y ait du désir, et de la même façon, pour émouvoir, c'est-à-dire mouvoir autrui, s'adresser à son désir. Le discours qui s'adresse à un autre permet de produire des jugements issus d'une intersubjectivité des mouvements du désir. Mais le désir est multiple, selon qu'il est simplement au service de la vie et selon qu'il se soumet ou non à l'exercice de la raison, car il y a des désirs rationnels et des désirs irrationnels. « Le désir irrationnel n'implique pas la faculté délibérative. » Il existe donc un mouvement du désir propre au jugement et ce mouvement est propre à l'homme doué de *logos*. Comprenons donc que l'affection pathique chez l'homme peut se mettre en mouvement grâce au désir habité par la parole dans l'activité critique. La rhétorique n'est donc pas une technique de manipulation de tous les désirs sans distinction ; ce qui n'exclut pas qu'elle puisse le devenir. Il incombe donc à celui qui œuvre sur le désir par la parole de mettre en mouvement la faculté de juger afin d'émouvoir et de mouvoir pathiquement vers la clarification symbolique qui permet d'exercer la justice dans les tribunaux, de prendre de bonnes décisions dans les assemblées ou, dans le théâtre

1. *Ibid.*, 1378a 19-22.
2. *De l'âme*, III, 10, 433a, Paris, Les Belles Lettres, 1995.

des passions, de produire une communication du sens dans la gestion clarifiée des plaisirs et des souffrances. C'est d'après ces seuls principes fondateurs qu'il faut aborder les textes sur la tragédie et sur le destin du *pathos* qui s'y joue pour la communauté des êtres doués de parole.

J'en viens donc à la fameuse définition de la tragédie, dont je commence par citer la traduction de Hardy aux Belles Lettres :

> La tragédie est l'imitation d'une action [« imitation » pour *mimêsis*] de caractère élevé et complète, d'une certaine étendue dans un langage (*logos*) relevé d'assaisonnements d'une espèce particulière suivant les diverses parties, imitation (*mimêsis*) qui est faite par des personnages en action (*drôntôn*) et non au moyen d'un récit, et qui, suscitant pitié et crainte, opère (*perainei*) la purgation (*katharsis*) propre à pareilles émotions (*pathêmatôn*). J'appelle « langage relevé d'assaisonnements » celui qui a rythme, mélodie et chant, et j'entends par « assaisonnement d'une espèce particulière » que certaines parties sont exécutées simplement à l'aide du *melos* et que d'autres le sont par contre à l'aide du chant[1].

Ce qui donne dans la traduction plus récente de Roselyne Dupont-Roc et Jean Lallot :

> La tragédie est la représentation d'une action noble menée jusqu'à son terme et ayant une certaine étendue, au moyen d'un langage relevé d'assaisonnements d'espèces variées utilisées séparément selon les parties de l'œuvre ; la représentation est mise en œuvre par les personnages du drame et n'a pas recours à la narration ; et en représentant la pitié et la frayeur, elle réalise une épuration de ce genre d'émotions.
>
> J'entends par « langage relevé » celui qui comporte rythme, mélodie et chant, par « espèces variées utilisées séparément » le fait que certaines parties sont exécutées en mètres seulement, d'autres au contraire à l'aide du chant[2].

1. *Poétique*, 1449b 21-30, Paris, Les Belles Lettres, 1965.

2. *Ibid.*, Paris, Éd. du Seuil, coll. « Poétique », 1980, p. 53. *Mimêsis* est difficile à traduire, que l'on parle d'imitation ou de représentation. La traduction de Roselyne Dupont-Roc et Jean Lallot a choisi pour *mimêsthai* « représenter », et pour *mimêsis* et ses dérivés « représentation ». En évitant les contresens possibles dus au terme d'imitation, « représenter » ne rend pas assez compte des opérations de symbolisation qui articulent étroitement la ressemblance visuelle à la nature du *logos*.

À y regarder de plus près, les choses sont loin d'être aussi simples que le texte français le laisse entendre car chaque mot mérite une considération attentive. Ce qui est clair, c'est que la tragédie est une espèce du *logos* mise en acte par ceux qui jouent sur la scène. Mais que cette action soit analogue à une purge est une tout autre affaire. Qui dit purgation dit expulsion d'un déchet excrémentiel et il paraît invraisemblable qu'Aristote considère les passions comme une chose dont il faudrait se débarrasser et qu'il use brutalement d'un mot tiré du vocabulaire médical sans en signifier la portée métaphorique. Comment l'imaginer alors qu'il a considéré la passion comme le moteur du jugement ? C'est que le mot *katharsis* ici ne relève nullement de la métaphore ni de la réalité organique du corps. Si l'on choisit le terme d'épuration pour distinguer la *katharsis* comme une opération euphorisante de l'art, on perd toute la puissance de l'expression *perainein katharsin*. Aristote ne dit donc pas *katharein*, il n'emploie pas le verbe, mais il unit l'opération cathartique à un autre verbe qui signifie « traverser de part en part, parcourir jusqu'au bout ». Ce terme semble tout à fait proche de l'allemand *durcharbeiten* que les traducteurs de Freud ont rendu par « perlaborer ». C'est bien de cela qu'il s'agit : d'un travail de perlaboration de l'affect par une clarification symbolique fondée sur le *logos*. La *katharsis* désigne le travail de mise en écart, à distance, et ne peut être séparée de la fonction politique des œuvres visuelles qui produisent dans un espace commun du plaisir et de la peine. Il doit être compris comme dans le cas du miroir pur et sans tache qu'ailleurs le sang des femmes a pu troubler. Une chose est de clarifier, une autre de rejeter. Enlever les taches qui troublent et nuisent à la limpidité suppose que l'on accorde du prix à ce qui est ainsi débarrassé des impuretés. Polir un miroir implique une valorisation, un perfectionnement de ses effets. Ce ne peut être pour lui demander de tromper davantage, mais, bien au contraire, d'être de plus en plus fidèle à la chose qu'il réfléchit. Si le miroir ne renvoyait que des reflets, on serait vite reconduit à l'idée d'une illusion amplifiée par la pureté. Or le miroir, ici, c'est le travail de la parole. Par conséquent, il s'agit bien de l'effet de la parole sur la limpidité des miroirs où se reflètent les passions. Objet tout féminin d'un *pathos* séducteur, le miroir entre dans le champ discursif pour devenir l'instrument de la clarification. Opération du discours sur l'image, l'ordre de la *katharsis* est visuel, et la purification est éclaircissement. C'est d'ailleurs le sens qu'a ce mot en grec quand il n'est pas rapporté à son usage hippocratique. Il désigne la pureté de l'eau, la transparence d'un milieu qui laisse passer la lumière. Dans le *Sophiste* où la pensée critique veut venir à bout des troubles de l'image, Platon fait dire à l'Étranger :

> Tu n'accorderas [le pouvoir] dialectique à nul autre, je pense, qu'à celui qui philosophe de façon claire et en toute rigueur (*toi katharôs te kai dikaiôs philosophounti*)[1].

On n'est pas loin de la « clarté » et de la « distinction » propres à l'évidence cartésienne du vrai. Pour Platon, *katharôs* est vraiment le mode d'apparition de la vérité pour une intelligence œuvrant dans la séparation, le jugement discriminant qui débarrasse le regard de la confusion et des ténèbres. C'est à cet éclat de la distinction qu'il faut rattacher la *katharsis* aristotélicienne qui trouve sa mise en crise dans l'ambivalence de l'*opsis*. Est-ce que les yeux brouillent la clarté du regard ? Faut-il ou non mettre en spectacle les opérations du *logos* ? Comment s'assurer de l'efficacité du *logos* sur la matière fictionnelle du *muthos* ? Tout est là. Si le théâtre n'était que *logos*, ce ne serait plus du théâtre, mais si le *muthos* n'est pas traversé par le *logos*, la clarification apaisante n'a pas lieu. La médiation du visible permettrait-elle de franchir ce qui sépare le *pathos* de la lumière ? Cette lumière ne peut pas être purement théorique, autrement dit le *logos* ne suffit pas, car ce qui est éprouvé l'est dans des corps vivants et visibles qui ne connaissent pas l'invisibilité des concepts mais celle de la mort. La question de la représentation a donc à voir avec l'irreprésentable. L'irreprésentable ne peut attendre sa symbolisation que de la vision elle-même. Aristote bute sur l'*opsis* précisément parce que la *katharsis* s'appuie sur une double clarté, celle qui nous vient du *logos* et celle qui nous vient du soleil.

Cette fameuse *katharsis*, qui a fait couler beaucoup d'encre, est tout entière présente dans la représentation tragique en tant qu'opération de déploiement du sens par illumination de l'affect. On ne se débarrasse pas de la passion, ni du désir qui met en mouvement, on les travaille avec la parole du *muthos*, du *mélos*, du *ruthmos*, telle est l'œuvre de la *mimêsis*. Si la *mimêsis* est le résultat d'un travail de la

1. *Sophiste*, 253e 5, Paris, Les Belles Lettres, 1955.

parole, la traduire par « imitation », sans autre explication, devient du même coup trop confus puisque cette imitation ne reproduit rien qui ait été là comme un modèle antérieur, mais produit quelque chose d'entièrement nouveau à partir de quelque chose qui, étant là au départ, *pathos*, est encore là à l'arrivée, mais sous une forme différente. La traduire par « représentation » est certainement plus juste, à condition de libérer ce terme d'une polysémie embarrassante puisqu'on nomme représentation aussi bien l'opération symbolique que le spectacle vivant. Or c'est bien là que se situe la difficulté pour Aristote, qui ne se décide pas pour une articulation directe des effets du *logos* à ceux de la vision. La *mimêsis* est plus proche d'une interprétation spéculaire des effets de la parole que d'une technique de duplication. C'est le *pathos* qui est l'objet de l'imitation, donc quelque chose qui est de l'ordre d'un désir encore sans mot ni visibilité. Ce qui est semblable et qui se maintient, c'est la force du désir. Crainte et pitié traversent de part en part le pathique, comme pour le mener à son entéléchie. *Perainein* contient *peras*, donc la limite, le seuil. *Terminus ad quem* et *terminus a quo*, le lieu opératoire du verbe tragique est un point qui marque le passage de l'infiguré et de l'encore innommé, à la figure et aux mots. *Pathos* est un passage, une voie entre deux modalités de l'éprouvé : entre l'affection intime de chacun par la vie et la mort et l'affection collective qui permet de partager ensemble cet ordre inaliénable de l'intime dans une commune écoute, un spectacle partagé. Une assemblée qui écoute est en prise directe avec le destin des passions dans l'espace public. Une telle interprétation me semble plus éclairante qu'une lecture basse de la *katharsis* sur fond d'élixir. C'est pourquoi il faut articuler la *katharsis* à la réflexion aristotélicienne sur la clarté inassignable du diaphane dans la méditation optique. Dans le *De sensu*, le diaphane est défini ainsi :

> Ce que nous appelons diaphane n'est pas quelque chose de propre à l'air ou à l'eau ni à aucun des autres corps nommés transparents, mais c'est une certaine nature, une certaine puissance commune à tous, laquelle n'existe pas à l'état séparé, mais qui a son existence en ces corps et qui existe aussi dans les autres corps [1].

1. *De sensu*, in *Parva Naturalia*, 439a 15, Paris, Vrin, 1951

Or ce diaphane est présenté dans *De l'âme* dans un rapport tout à fait étonnant puisqu'il a à voir avec le suspens du discours :

> L'objet de la vue (*opsis*), c'est le visible (*oraton*). Le visible, c'est à la fois la couleur et un objet dont le discours peut traiter mais qui reste innommé (*anonumon*). Le visible est en effet la couleur, et celle-ci est ce qui est à la surface du visible en soi. En soi non pas au sens logique mais en tant que c'est dans la couleur qu'est la cause de la visibilité. Toute couleur met en mouvement le diaphane en acte et c'est cela qui constitue sa nature. C'est pourquoi il n'y a pas de visible sans lumière. […] Il y a donc du diaphane. Par diaphane j'entends ce qui est visible sans être visible absolument[1].

Qu'est-ce que ce diaphane « objet innommé du discours » ? Ce point de passage obligé qui va en puissance des ténèbres à la couleur et en acte de l'incolore à la couleur :

> Ce qui reçoit la couleur, c'est l'incolore, ce qui reçoit le son, c'est l'insonore. L'incolore (*achroun*), c'est le diaphane, l'invisible ou ce qu'on voit à peine, comme paraît être l'obscur (*skoteinon*). Ce dernier caractère appartient au diaphane non pas lorsqu'il est diaphane en entéléchie, mais quand il l'est en puissance : c'est en même temps la même nature qui est tantôt obscurité, tantôt lumière (*hé auté phusis ote mèn skotos, ote dé phôs*)[2].

Ce texte, assez complexe lorsqu'on veut le situer dans la démarche qui va de la métaphysique à la physique par opposition à Platon, résonne soudain pour nous tout autrement quand on le met en écho avec la *Poétique* ou la *Rhétorique*. Cet objet dont la nature est d'être tantôt ténèbres tantôt lumière, objet innommé d'un discours qu'il éclaire à son tour non point sur son contenu, mais sur la condition de possibilité de ses mouvements, milieu en puissance ou en acte qui rend possible la visibilité chromatique du monde, évoque ce passage cathartique qui, sur la scène visible du théâtre, fait passer des ténèbres à la lumière. *Pathos* est passage, transit du non-être à l'être, où le spectacle se tient en tant qu'image dans ce lieu intermédiaire de la double participation à ce qui est et à ce qui n'est pas, un entre-monde

1. *De l'âme*, II, 7, 418a 22-29.
2. *Ibid.*, 418b.

livré au travail de la raison par la voix de qui parle. Lieu de la semblance et de la vraisemblance où la vérité en tant que telle est tenue à distance. L'acteur tragique incarne, prête son caractère et son corps, pour disparaître innommé derrière le personnage qu'il conduit à la clarté par la parole et par sa voix. Mais Aristote n'est pas prêt à reconnaître directement dans le métier d'acteur le destin de la clarification pathique. Il préfère s'en remettre aux seuls pouvoirs de la parole dans la symbolisation. Dès lors, l'acteur est plutôt défini par son *ethos* que par l'épreuve pathique elle-même, laquelle reste du côté du traitement poétique. La preuve en est que le vocabulaire de la couleur et de la blancheur qui intervient un peu plus loin dans la *Poétique* est réservé à l'inscription du texte tragique (*leukographê*) et non à sa visibilité (*opsis*). Il s'agit finalement du statut de l'image comme semblance au théâtre. Aristote évoque la peinture sur un mode analogique et ne fait pas de lien dans la *Poétique* entre *mimêsis* et *eikôn*.

Pour comprendre la situation philosophique du diaphane, situation qui seule peut nous rendre intelligible l'opération cathartique de la représentation tragique, je citerai Anca Vasiliu dans son étude sur le diaphane :

> La donation de la lumière signifie à la fois sa plénitude totale [sa ressemblance parfaite] dans le diaphane, mais aussi son retrait absolu [sa dissemblance], l'obscurité aveugle, sans demi-mesure. En revanche, la manifestation de cet intermédiaire particulier qui sert de réceptacle approprié à la donation de la lumière – ce réceptacle illuminatif appelé diaphane – permet au Philosophe de glisser un espace d'ombre, un lieu d'attente et de médiation dans l'intimité même de l'instant lumineux, dans l'éclair de la lumière pure.
>
> Cet espace d'ombre, cette demeure ombragée de la lumière, ce narthex du ciel, [...] permet en effet à l'*eidos* sensible de dessiner sa figure dissemblante, de signaler sa présence dématérialisée, déréifiée, à l'ouverture intentionnelle de la vision, à la rencontre du regard adressé à l'objet de sa convoitise[1].

L'analyse qu'elle poursuit est entièrement consacrée à la question de la *mimêsis* qui ouvre soudainement la vision à un regard susceptible de saisir l'invisible dans le visible lui-même. La *mimêsis*

1. *Du diaphane*, Paris, Vrin, 1997, p. 193.

est fondée sur l'écart et la dissemblance du visible avec ce qu'il manifeste :

> Cela suppose aussi de voir dans cette invisibilité immédiate l'essence radicalement invisible en train de se révéler [...] de voir donc dans la dissymétrie écrasante avec le Modèle la symétrie subtile d'une harmonie qui rend vue et intellection du monde effectives dans l'âme[1].

S'il en est ainsi, la *katharsis* n'est autre que ce mouvement noétique que soutient la diaphanéité qui demeure comme médiation invisible entre les ténèbres et la lumière. Mais quand la lumière se fait, les couleurs du monde restent dans l'écart infranchissable où le symbolique produit la fiction vivante d'une présence qui ne se nourrit que de l'absence de son objet. Telle est la tâche de l'écriture poétique dont Aristote ne résout pas l'aporie proprement visuelle. Toute la pensée grecque semble tendue vers la cécité, c'est-à-dire vers les dignités de l'aveuglement.

La perlaboration est bien cette traversée de part en part par la parole de ce que le sujet conduit à l'accomplissement symbolique vers une figure sans déchet. L'usage de *perainein* pour désigner l'achèvement d'une opération symbolique par le *logos* se trouve déjà chez Platon lorsque l'Étranger dans le *Sophiste*, explique que l'entrelacs des noms et des verbes constitué par la parole qui énonce, conduit à son achèvement (*perainei*) la production du sens[2]. La *mimêsis* n'est rien d'autre que le travail de symbolisation lui-même, accompli par un sujet qui vient à bout des ténèbres insoutenables qui l'habitent et qu'il ne peut habiter aussi longtemps qu'il est incapable de les nommer. Pathique et désir sont des puissances vivantes qui attendent leur forme et leur sens de leur perlaboration clarificatrice dans un espace commun. Aristote utilise d'ailleurs le mot *katharsis* pour parler de la pure transparence de l'eau quand elle est traversée par la lumière. Souvenons-nous des mots de Phèdre à Socrate :

> Qu'ils ont de grâce, de pureté, de diaphanéité, ces ruisseaux ! (*charienta, kathara, diaphané ta hudatia*)[3].

1. *Ibid.*, p. 203-204.
2. *Sophiste*, 262d 3.
3. *Phèdre*, 229b.

Les mots sont associés pour un Grec, qui disent à la fois la lumière, la transparence et la pureté sans mélange.

Plus encore dans le *Sophiste*, l'adverbe *katharôs* est associé à *dikaiôs* pour qualifier l'activité du philosophe. *Katharôs* semble indiquer ce qui relève de la clarté des distinctions propres au discours, et *dikaiôs* indiquerait plutôt la responsabilité politique du philosophe dans la cité. Ceci s'inscrit au moment où l'Étranger va signaler qu'il est difficile de voir le philosophe en son lieu propre tant il brille d'un éclat qui éblouit[1].

Il s'agit donc bien, dans le *logos* tragique, d'un travail de clarification par la lumière qui opère sur les espèces pathiques et ténébreuses que sont l'effroi et la pitié (*eleos*, *phobos*). Que sont ces deux passions ? Aristote explique dans la *Rhétorique* qu'elles sont une seule et même passion, car la crainte est l'émotion que nous fait éprouver la peur de la souffrance et de la destruction, la pitié nous faisant éprouver la même crainte au sujet d'un autre quand il souffre et qu'il est anéanti.

> Admettons que la crainte est un chagrin ou un tumulte (*tarakhé*) de l'imagination qui anticipe un mal destructeur (*kakou phtartikou*) ou une détresse (*lupérou*) [...] est à craindre tout ce qui arrivant ou menaçant d'arriver à d'autres suscite la pitié[2].

Ce sont les mots de la destruction et du deuil. Autrement dit, il s'agit ni plus ni moins de la relation de chacun à ce qui le menace le plus radicalement et sans remède, c'est-à-dire la mort. Plus précisément, *pathos*, c'est l'affect en tant qu'il est l'angoisse. Seule l'imagination peut mettre dans un état qui vaut pour ce qu'elle ne peut se représenter. Le non-représentable, donc le non-figurable, mais qui reste repérable par l'état dans lequel nous nous trouvons en présence de sa menace, devient l'objet par excellence du travail de la représentation et, par voie de conséquence, de la représentation théâtrale par la mise en commun de cet état et de son apaisement symbolique. Dès lors, la représentation théâtrale prend un tout autre sens puisqu'elle perlabore cette angoisse en donnant forme, grâce au travail de la parole, à ce qui n'est que ténèbres sans visage et sans nom. Nul

1. *Sophiste*, 253e 5 et 254a 8-10.
2. *Rhétorique*,1382a et b.

ne peut imiter la négativité radicale de l'angoisse, mais la tragédie peut apporter sa lumière, en imitant non pas un modèle sensible, mais le modèle noétique du diaphane qui nomme ce qui n'a pas de nom (*anonumos*). La *mimêsis* est la manifestation poétique du diaphane, quelque chose comme une « morpho-poïèse », la donation d'une figure sensible sur le fond d'un infigurable anonyme. La parole en sa clarification peut faire vivre en nous ce qui nous tuerait sans elle. Loin de rejeter comme un déchet ce fondement pathique de tout vivant, la tragédie conduit à la lumière ce qui est le lot commun de tous les vivants, à savoir que ce qui les fonde dans leur rapport à l'autre, c'est l'épreuve solitaire d'un effroi irreprésentable. Car c'est bien là le fondement du partage par la communauté des hommes. Pour qu'ils vivent ensemble et créent de la communauté, il faut qu'ils perlaborent ensemble leur rapport individuel et terrifiant à cet affect (*pathos*). Sans ce travail, les hommes ne peuvent que vivre sauvagement dans la barbarie que nourrit la terreur. L'art consiste donc, grâce à l'imagination productrice d'œuvres, à exprimer ce qui reste pour chacun solitairement indicible. On pense ici à la conception du génie chez Kant dans la troisième Critique, lorsqu'il évoque la communicabilité universelle, grâce au génie, de ce que nous sommes incapables de nommer[1]. Clarifier apaise car dans le destin social des passions se joue notre rapport à la guerre et au crime. Le théâtre tragique est cette expérience de la communauté pathique. Autrement dit, pour mettre fin à de faux débats, il est absurde de parler au nom d'Aristote d'un choix à faire entre *katharsis* et *mimêsis*, puisqu'elles sont inséparables comme le sont la clarification et l'opération qui fonde l'écart symbolique qu'exige la donation du sens. En tirant l'interprétation de la *mimêsis* vers la symbolisation, il ne s'agit pas de rompre définitivement avec le concept d'imitation, mais de l'aborder différemment en reconsidérant les relations du symbole et de la ressemblance dans la relation du vocabulaire de l'*opsis* avec celui du *pathos*.

Dès le début de la *Poétique*, Aristote dit ainsi, à propos du caractère proprement humain de l'imitation :

1. Cf. *Critique de la faculté de juger*, § 49. Voir à ce sujet l'analyse de ces textes faite par Hannah Arendt, dans *Juger. Sur la philosophie politique de Kant*, Dixième conférence, Paris, Éd. du Seuil, 1991, p. 92 *sq*. et l'essai interprétatif de Myriam Revault d'Allonnes. Le rapprochement établi ici entre *pathos* aristotélicien et *Gemütszustand* kantien s'arrête dès que l'on aborde la question du « sens commun » au sens où Arendt le développe à partir de Kant.

> Imiter (*mimêsthai*) est conaturel aux hommes dès l'enfance, ils diffèrent des autres animaux en ce qu'ils sont très imitateurs (*mimêtikôtaton*), c'est en imitant (*dia mimêseôs*) qu'ils constituent leurs premières connaissances et que tous prennent plaisir aux choses imitées (*mimêmasi*) (1448b 6-9).

Remarquons l'introduction de deux mots, *mimêsis* et *mimêma*, le premier désignant l'acte d'imiter, et le second, la chose imitante. Or l'exemple qu'il donne aussitôt est celui de l'image (*eikôn*) :

> Ce qui arrive dans les faits en est le signe, car les mêmes choses que nous voyons en éprouvant de la peine, nous prenons plaisir à les contempler dans les images les plus fidèles, par exemple les formes des bêtes les plus viles et celles des cadavres (1448b 10).

La *mimêsis* est donc bien une opération proprement humaine de mise à distance de la réalité par une production figurale de son modèle et qui se charge de transformer la peine ou le dégoût en plaisir. La *mimêsis* est un opérateur de transformation pathique qui ne nous cache pas la réalité, mais qui transforme notre regard sur elle pour en modifier l'affect sans en diminuer la force. C'est pourquoi l'imitation ne peut s'éclairer que de cet écart symbolique qui empêche toute assimilation ou identité entre un modèle et sa copie. Cet écart est précisément ce qui distingue une *mimêsis* d'une reproduction, d'un fac-similé, d'une simulation, etc. Ni clone ni simulacre, l'objet de la *mimêsis* relève d'un acte qui fait signe. On retrouvera intact chez les Pères de l'Église ce souci de fidélité à un modèle imaginaire dans un écart infranchissable avec la réalité. L'ensemble du champ pathique est caractérisé par la double tonalité du plaisir et de la douleur, et son destin cathartique consiste donc en la transformation de la douleur en plaisir.

Mais alors, quel est le rôle, la place du spectacle si la référence à l'*opsis* est déterminante pour symboliser ?

Il faut noter l'embarras d'Aristote au sujet de la représentation sur scène, c'est-à-dire dès qu'il s'agit d'articuler l'acte noétique aux opérations visuelles. Dès le départ, on l'a vu, il n'envisage pas la définition de la tragédie sans action. Donc l'écriture tragique ne suffisant pas à la clarification, il faut le jeu sur la scène. Cette incarnation scénique, il la nomme aussi *opsis*, car on peut tour à tour traduire ce mot par « spectacle » et par « vision ». Autrement dit, il s'agit simultanément de montrer et de voir. Il faut une incarnation active sur scène devant un public touché par le spectacle, car incarner n'est rien d'autre que produire l'image pour un regard. Tout effet symbolique exprimé en termes de clarification lumineuse induit nécessairement la question de l'*opsis*. Or Aristote hésite à accorder une fonction fondatrice à cette opération de manifestation publique. Il poursuit sa définition précédente de la façon suivante :

> Puisque ce sont des personnages en action qui font la représentation (*mimêsis*), nécessairement on peut considérer comme partie de la tragédie l'ordonnance du spectacle (*opseôs kosmos*) (1450a).

Puis, après avoir énuméré toutes les parties constitutives de la tragédie, à savoir la fable, l'action, la pensée, le caractère, l'élocution et le chant, il finit par le spectacle et dit ceci :

> Le spectacle est séduisant et tout ce qu'il y a d'étranger à l'art et de moins propre à la poétique ; car la puissance de la tragédie existe même sans concours ni acteurs. Mais, de plus, pour la production des spectacles l'art du machiniste est encore plus important que celui des poètes
>
> *Hê de opsis psuchagogikon mèn, atechnotaton dè kai ékista oikeion tês poiêtikês. Hê garêtês tragôdias dunamis kai aneu agônos kai hupokritôn estin ; eti dè kuriôtata periêtên apergasian tôn opseôn hê tou skeuopoiou technêtês tôn poi tôn estin* (1450b 18-21).

La traduction de *psuchagogikon* par « séduisant » est conforme à son sens, mais risque de faire oublier que *psuchagogein*, c'est s'occuper de la circulation des âmes entre les morts et les vivants, et que la séduction ne fait que découler du charme ou des charmes nécessaires à qui veut accomplir cette tâche. Or le spectacle opère ce charme en restant totalement étranger à la poétique. Le texte insiste alors pour dire que sans *agôn* ni acteurs, la puissance tragique existe. *Agôn* est traduit par « concours » ; or le mot désigne à la fois l'assemblée, le lieu de l'assemblée et le jeu ; *aneu agônos* désigne donc tout ce qui fait qu'il y a théâtre et représentation théâtrale ; Aristote ajoute « sans acteurs ». Mais c'est *dunamis* qui importe, c'est-à-dire ce qui dans l'écriture tragique fait sa force cathartique ; on le comprend puisque Aristote la remet tout entière, si l'on peut dire, dans les mains de l'écrivain, de l'artiste du *logos*. Mais alors, comment comprendre le *eti dè*, puisque ce qui est le plus loin de la *technê* relève quand même de la *technê*, celle du metteur en scène (*skeuopoiou*). Plutôt que de traduire par « de plus », il vaut mieux choisir « d'ailleurs » ou « du moins », sous-entendu : s'il y a un art de l'*opsis*, c'est celui du metteur en scène et non du poète. Idée qu'il reprend à l'identique au chapitre 14, mais pour insister dans les lignes suivantes :

> Il faut que, sans la voir, la fable soit constituée de telle sorte qu'en écoutant les faits qui sont survenus on frémisse et soit pris de pitié du fait des événements ; produire cela par le spectacle (*dia tês opseôs*) ne suppose aucun art (*atechnoteron*) et n'a besoin que de mise en scène ; ceux qui par le spectacle mettent en scène non point la crainte (*phobéron*) mais la monstruosité (*teratôdês*) n'ont rien en commun avec la tragédie. Car il ne faut pas chercher tous les plaisirs dans la tragédie mais celui qui lui est propre (1453b 4-19).

Ce *teratôdês* est intéressant puisqu'il fait basculer le spectacle dans ce qui échappe au *logos* symbolisateur et cathartique. Il est donc clair que, pour Aristote, ce n'est pas le fait de montrer qui opère mais la représentation symbolique qui passe par le langage. Son souci n'est donc pas d'éliminer le spectacle, mais d'en circonscrire clairement les opérations. L'*opsis* propose des images et ces images n'ont pas par elles-mêmes une puissance univoque selon qu'elles résultent d'une parole ou d'une machinerie. Texte clair et sans appel pour tous ceux qui, encore aujourd'hui, prétendent qu'Aristote a voulu « purger » la violence par le spectacle de la violence ! Contresens dramatique puisqu'il entraîne le procès de la symbolisation elle-même. On ne va pas au théâtre pour se soigner de la séduction des meurtres, mais pour donner sa puissance symbolique à notre rapport à la mort. Charme psychagogique de la tragédie.

Une fois admis ce principe fondateur selon lequel seul le *logos* a une puissance poétique, il revient plus loin sur l'*opsis* pour lui reconnaître sa puissance propre quant à l'adhésion du public. Avoir les choses devant les yeux les rend plus claires, mais il semble bien qu'il y ait une ambiguïté entre la parole qui fait voir et le spectacle qui représente en acte.

Il est clair que la *Poétique* tend à privilégier l'écriture tragique aux dépens du spectacle tragique, à choisir le *logos* plutôt que l'*opsis*.

Pourquoi Aristote a-t-il tant de réserves sur la question du spectacle, alors que la clarification cathartique est si proche du vocabulaire de l'*opsis ?* On retrouve à ce niveau les apories du diaphane qui fonctionne tour à tour comme un seuil et comme un milieu. On ne peut le comprendre qu'en revenant plus haut à ce qui, à ses yeux, constitue l'essentiel de la tragédie et qu'il formule en prenant l'exemple de la peinture. Le principe fondateur de la tragédie est la fable, *muthos*, et non point l'*ethos*, tout comme chez le peintre Zeuxis quand on compare ses œuvres aux figures de Polygnote. Cette figure mythique et non éthique de la fable tragique est comme en peinture le dessin producteur d'*eikôn* comparé à la mêlée désordonnée des plus belles couleurs (*kallistois pharmakois khudèn*). Ce dessin tragique des passions est donc une inscription sans couleur qu'Aristote désigne du terme de *leukographésas*. Hardy traduit par « esquisser », mais le grec dit « écrire en blanc ». Il s'agit donc bien d'une analogie avec ce que peut faire un trait blanc sur fond noir. La blanche écriture de la tragédie continue donc bien son travail d'illumination des ténèbres, sur un mode plus proche de l'écriture que de la peinture, donc du spectacle iconique offrant l'image vivante et bigarrée de la vie. La situation de la couleur chez Aristote est développée dans le *De sensu :*

> Le diaphane se trouve dans les corps et les fait participer à la couleur. Mais puisque la couleur réside dans la limite, elle ne saurait être qu'à la limite du diaphane[1].

La couleur n'est que le résultat du mélange ordonné ou désordonné du noir et du blanc. Ce qui fait dire à Anca Vasiliu que « les couleurs intermédiaires (ni noir ni blanc) sont pour Aristote des réalités sensibles, des entités effectives, positives, naissant des noces alchimiques des contraires, du noir et du blanc, comme de l'obscurité et de la luminosité[2] ». Elle en conclut que, pour lui, la peinture ne peut être qu'une *skiagraphia*, une peinture d'ombres, « un camaïeu à la mode antique, un art de grisaille ». Or, ce qui nous frappe ici, c'est que l'écriture tragique est, elle, appelée *leukographia*. C'est donc que la perlaboration du *pathos* par la *katharsis* aboutit non pas à la

1. *De sensu*, in *Parva Naturalia*, 439b.
2. *Du diaphane*, *op. cit.*, p. 182.

bigarrure représentative, mais à l'illumination noétique de la passion elle-même dans la traversée d'une diaphanéité dont l'hypothèse est seulement nécessaire. Si le caractère, *ethos*, n'est pas fondateur de l'art tragique, mais seulement le *muthos*, il faut comprendre que l'*ethos* est la couleur du tragique, mais non son essence. C'est ce que le travail de l'acteur va amener sur la scène en se laissant posséder par les passions qu'il incarne. Ceci est capital pour saisir la butée du spectacle aristotélicien et l'écart qui le sépare de ce que la pensée chrétienne, son héritière à bien des égards, a apporté de transformation et de réinterprétation de la *katharsis* en traitant de la Passion du Christ, c'est-à-dire de l'image. L'incarnation, la couleur de la chair, est le point de butée de l'aristotélisme.

L'incarnation, comme son nom l'indique, est une doctrine de la couleur qui vient donner sa chair et son sang à la diaphanéité virginale de son plan d'inscription. L'incarnation est carnation. Le mélange est rédemption. La maculation sanglante du sacrifice va transfigurer tout mélange.

Pourtant, avant d'examiner de plus près le montage chrétien de la transfiguration figurative, je veux revenir encore sur la pensée aristotélicienne. Il s'agit de la question spécifique du toucher dans la vie des cinq sens. C'est encore dans le traité *De l'âme* qu'après avoir parlé du désir Aristote étudie en conclusion le mouvement propre au sens nécessaire à la vie, c'est-à-dire examine la question du rapport spécifique d'un corps vivant au monde extérieur quand ce corps est un vivant « non stationnaire » (plantes, zoophytes) ou non éternel (corps célestes).

> Puisque l'animal, en effet, est un corps animé, que tout corps est tangible, et qu'est tangible ce qui est sensible au toucher, il est nécessaire aussi que le corps de l'animal ait la sensibilité tactile, si l'animal doit assurer sa conservation. Car tous les autres sens, c'est-à-dire l'odorat, la vue, l'ouïe, s'exercent par des intermédiaires autres [que les organes sensoriels eux-mêmes] ; mais si là où il y a contact immédiat, l'animal n'a pas la sensation, il ne sera pas capable d'éviter certains objets, ni d'appréhender les autres. Et s'il en est ainsi, l'animal ne sera pas capable d'assurer sa propre conservation. C'est pourquoi le goût, lui aussi, est comme une sorte de toucher ; il est le sens de l'aliment, et l'aliment c'est le corps tangible. [...] Il en résulte que le goût est une espèce de toucher parce qu'il est le sens du tangible et du

> nutritif. Ces deux sens [le tact et le goût] sont donc indispensables à l'animal, et il est clair qu'il n'est pas possible que, sans le toucher, l'animal existe[1].

Après ces premières considérations qui articulent étroitement la conservation au tact et au goût, le Stagirite insiste de plus en plus sur la gravité des enjeux du tact :

> Il est clair que de toute nécessité le toucher soit le seul sens dont la privation entraîne la mort de l'animal[2].

Toucher a donc à voir avec la vie et la mort, mais toucher, c'est aussi émouvoir, mettre en mouvement à distance. Au fond, la question pourrait s'énoncer ainsi : qu'est-ce que toucher symboliquement pour que le fait de n'être plus touché physiquement non seulement n'entraîne plus la mort, mais construise la vie de l'animal parlant que nous sommes ? Que devient notre contact avec la vie et la mort quand le pathique opère dans l'écart producteur d'un plaisir pour la communauté ? C'est bien là l'enjeu opératoire de la pratique oratoire que la rhétorique aborde en termes d'émotion persuasive. Toucher un auditoire ne consiste pas à se précipiter dans ses bras, mais à parler en vue d'obtenir des effets délibératifs ou décisionnels. C'est entrer en contact, ce qui dit bien qu'on est toujours dans ce problème haptique, ce problème de se toucher les uns les autres, de partager le plaisir dans la donation du sens produit par la figuration. Il faut faire touche. Il faut atteindre, atteindre en ne bougeant pas d'où l'on est, en gardant la distance qu'exigent et la vue et l'ouïe.

Donc tout le problème de la persuasion par le discours, c'est de savoir comment, en proférant des mots, en les assaisonnant, on peut ébranler, mettre en branle, émouvoir, en un mot, faire bouger. L'usage pathique de la parole et du spectacle est le dispositif qui fait que ceux qu'on ne touche pas, et qui ne bougent pas, se déplacent dans leur jugement. Il faut que les choses se bousculent. Il faut une théorie des chocs sans contact. La puissance cinétique de l'émotion est pouvoir de mobilisation à tous les sens du terme. Pour Aristote, on l'a vu, la réponse c'est la parole rhétorique et poétique.

1. *De l'âme*, III, 12, 434b.
2. *Ibid.*, 435b.

Dans une cité où les hommes libres se réunissent pour écouter et décider, celui qui parle fait appel au jugement, et pour cela il doit toucher. Parler c'est travailler avec l'*ethos* et le désir puisqu'il faut répondre à cette nécessité : quel caractère incarner pour mobiliser le désir de la communauté ?

Les Grecs disposaient de deux lieux pour exercer cette parole : l'*agora* et le théâtre. Le théâtre, lieu où la communauté immobile et à distance va, là aussi, se trouver devant un spectacle qui va la toucher, la déplacer et organiser cette *katharsis*, cette clarification de quelque chose d'obscur dont le discours sur l'*agora* semble ne pas devoir s'occuper. Au contraire, il semblerait, à lire les textes grecs, que le théâtre ait eu une fonction extrêmement importante de clarification des affects de la communauté, rendant d'autant plus opératoire la parole publique, pour que le politique et la communauté fonctionnent. Il faut de la clarté dans le désir pour que de la volonté se manifeste dans le politique.

L'histoire du Christ ne doit pas être une tragédie pour les chrétiens, et sa mimétique ne devra plus être théâtrale, séparant les acteurs des spectateurs. Pourtant, les Pères fondateurs veulent résoudre le même problème : comment construire de la communauté dans la gestion et l'administration des passions ? Dans ce but, ils ont ramené toutes les passions à une seule, la Passion de l'image. Ils ont identifié l'imitation passionnelle à une fable unique dont tous les fidèles seraient simultanément acteurs et spectateurs. Ils ont inversé le privilège de la blanche écriture tragique pour inscrire noir sur blanc l'écriture d'ombre (*skiagraphê*) qui attend sa résurrection de la grâce des couleurs. La peinture proprement dite devient le modèle du dessin qui, lui, n'est plus que la ténébreuse préfiguration de la lumière (*charis tôn chrômaton*). La rédemption de la passion offre la mort elle-même en spectacle, et institue l'opération symbolique non plus comme un travail de la parole mais comme une mutation du regard. La célébration du sacrifice remplace le théâtre et c'est au cœur de cette célébration que vont avoir lieu toutes les opérations d'inversion des signes que j'évoquais plus haut à partir des textes pauliniens.

Il nous faut revenir maintenant sur la raison qui a poussé le Christianisme à utiliser le mot « Passion » pour parler de la traversée passionnelle de Jésus. Dans les Évangiles, il est question des souffrances du Christ et c'est le mot *pathê* au pluriel, désignant « les mauvais traitements qu'il a endurés, la mort », qui sera traduit par *Passio* au singulier. On trouve aussi le mot *paskhein*, « supporter, subir, être affecté », verbe qui a donné en latin *patior*, donc un verbe au passif. Or, en grec, c'est un verbe actif. Les *pathê* de Jésus ne sont pas subies mais agies, elles sont une opération d'acceptation pathique de la volonté active de Dieu qui ne fait qu'un avec son fils. Par conséquent, la passion est une action du désir christique de traverser de part en part les ténèbres pour produire de la lumière. Cette articulation de la passion à l'action est au cœur de la méditation stoïcienne à la même époque et l'on peut parfaitement comprendre qu'il y ait eu des interprétations stoïciennes de la passion christique. Le sage rejoint l'ordre cosmologique, il est d'accord avec l'ordre des dieux ou l'ordre de l'univers, sa soumission est un acte de collaboration active à l'ordre du monde. Ce que je retiendrai dans mon propos ici, c'est en quoi cela a à voir avec l'image, avec la dimension pathique de l'image. J'adopte ce terme de « pathique » pour mettre l'affect dont il s'agit définitivement à l'abri de toute interprétation pathétique, sentimentale, donc psychologisante. L'ordre pathique renvoie à l'obscurité de notre provenance qui attend sa symbolisation.

Ce terme de « passion » est utilisé par les chrétiens pour dire l'action touchante de cet homme, de cet homme-dieu, de ce mélange sans confusion d'homme et de Dieu, visibilité énigmatique de l'invisibilité qu'il ne montre pas, qui va à la mort avec laquelle il ne s'identifiera pas. Ainsi se constitue l'ordre de la semblance, de l'image, par la chair de celui qui est image, image au travail, image à l'œuvre. La Passion est une œuvre et, comme disait Van Gogh, « le Christ est le plus grand des artistes ».

Qu'est-ce en effet que l'incarnation sinon l'histoire d'une image au travail qui traverse les étapes pathiques nécessaires pour arriver à leur clarification, sans jamais combler l'écart définissant toute manifestation ?

Quand le monde chrétien prend au vol cette doctrine magistrale de la clarification pathique par l'écriture tragique, il se met lui-même en charge de sortir les spectateurs des ténèbres pour créer du lien communautaire – car il y a construction institutionnelle. L'Église prend le relais du théâtre pour lui substituer le règne de l'image. Cette prise en compte de la semblance est inséparable historiquement du projet de l'Église de se rendre maîtresse de tout spectacle. Il y aura tout un échange entre le monde théâtral et elle dans les premiers temps jusqu'à l'époque médiévale. L'Église prend le relais du théâtre pour rassembler les fidèles dans le mémorial d'un récit pathique – c'est-à-dire qui nous affecte, qui nous touche – afin de porter la communauté à la clarification résurrectionnelle. Le règne de l'image finira par refouler et condamner l'ordre théâtral qui rassemble plutôt des citoyens que des fidèles.

Ce qui donne naissance à une communauté de citoyens, c'est la clarification par la parole chez les Grecs. Un tout autre trajet est inauguré par le monde chrétien qui considère que le sacrifice christique n'est pas une histoire tragique, que la figuration n'est pas une représentation symbolique, mais que la mort de l'image déplace le statut de tout symbole et fait de l'iconicité la preuve d'une résurrection. La pensée chrétienne ne fait pourtant pas de la mort de l'image une mort irréelle. Une telle interprétation la ferait basculer dans le docétisme. C'est en ce sens que les trois jours où se jouent l'agonie, la mort et la résurrection construisent le site singulier d'un passage inassignable entre ce qui fut et ce qui sera, sans pour autant déterminer le lieu de ce qui est. Les ténèbres génétiques du ressuscité ressemblent aux entrailles qui l'ont porté sans l'enfermer ni le limiter. D'où la symétrie des langes qui l'accueillent et du linceul qui le recueille, que des mains de femmes doivent tisser et tendre pour envelopper ce corps promis au destin iconique de la chair rédemptrice.

c) Passion de l'image

La disjonction inévitable entre la transcendance du sens et l'immanence historique de sa gestion est un problème crucial. Les Pères l'ont résolu en traitant l'incarnation d'économie par opposition à la théologie. La vérité théologique est de nature transcendante et se trouve dans sa pratique de la parole confrontée à l'inadéquation du langage à son objet puisque cet objet échappe à toute formulation. Le travail de la négation est, dans la théologie, mis au service de l'inexprimable, et non de la réfutation. Tout autre est la problématique iconique. L'image n'est pas partie prenante dans une aventure théologique, mais se situe au contraire dans ce que les Pères, par opposition à la Théologie, ont appelé Économie[1].

1. Cf. *IIE*, première partie.

L'image est dans la semblance. On ne peut même pas dire qu'elle fasse partie du sensible, car elle ne se présente pas nécessairement dans l'ordre phénoménal. Les images se tiennent dans d'étranges limbes, une couche transitoire et fluante qui ne permet pas de dire qu'elles appartiennent à un régime spécifique et stable. Non substantielle, l'image nourrie d'absence a une action dans la présence. Elle n'est pas dans la dialectique de la présence et de l'absence, car elle est emblème présent d'une absence.

Cette édification ne peut se mettre en place qu'à condition qu'un rhéteur, qu'un orateur construise son discours de telle façon que tout le monde croie effectivement que désobéir à la loi est le comble de l'obéissance, mais cette invitation à la désobéissance devient un nouvel impératif catégorique auquel tout chrétien doit se soumettre.

Comment va se situer dans ce dispositif ce qui fut appelé à juste titre la Passion du Christ, c'est-à-dire la passion de l'image ? Si le sens de la nouvelle Alliance passe par le sacrifice, les souffrances et la mort de l'image, c'est que la purification est un enjeu passionnel et qu'il s'agit de la purification des passions. Dans le récit de la Passion, l'image va être un enjeu passionnel et sa doctrine un Traité des passions.

La passion du Christ, c'est précisément ce sur quoi passionnellement il n'a pas lâché. De quoi Jésus fut-il passionné, quel désir incarna-t-il ? Ce désir nous intéresse car il s'agit du désir qui habite la matrice de toute image. Il est image pathique et désirante. Dans sa traversée passionnelle du visible, il accomplit la purification de l'image. Il ne peut le faire qu'en passant par l'ordre du sacrifice sanglant d'où l'image resurgira transfigurée mais toujours visible. Telle est la dimension résurrectionnelle de l'image. Car, sans réinterprétation totale de la saga de l'incarnation sous l'ordre du *pathos* – de la passion, qui fut d'abord un *paskhein*, un éprouver –, et sans la résurrection, on ne comprend rien à l'image. Parler de vie et de mort de l'image n'a aucun sens si on manque sa nature résurrectionnelle. L'image ne meurt jamais à moins de perdre sa nature indécidable, c'est-à-dire en n'étant plus une image. Mortelle, elle est meurtrière, puisqu'elle partage la caducité fatale des idoles.

Il faut que l'image sorte triomphante. Désormais, dans la culture chrétienne, son destin est pascal. Elle doit triompher de tout ce qu'elle se doit de traverser, à savoir un ventre de femme, l'ordre du sanglant, l'accomplissement du sacrifice, la mort, toutes ces choses dont elle porte la marque et où s'incarne le déroulement de son destin, qui est d'être incorruptible. L'image ayant affaire avec le ventre des mères, avec la question de la souffrance, du sang et de la mort, il faut la conduire à la résurrection. On fera tout pour la retrouver sur le mode d'une visibilité transfigurée, c'est-à-dire faite d'une autre matière, d'une visibilité spirituelle. *Metamorphôsis*, en grec, « métamorphose », figure au-delà de la figure, forme au-delà de la forme, lumière anthropomorphique du monde rédimé.

Voilà pourquoi, quand on ouvre le tombeau de l'image, il n'y a plus personne, car il n'y a plus de corps. Une image débarrassée de son corps est immortelle et ne saurait être contenue dans un tombeau. Elle ne peut laisser qu'un vestige imaginal dont le linceul atteste que l'image est ressuscitée. Le corps a disparu afin de laisser apparaître le plan où la chair imaginale montrera sa visibilité transfigurée. L'image est la trace du corps disparu, le linge est le plan d'inscription de l'image (la chair) qui désormais peut apparaître. La vacuité du tombeau et celle du linceul composent une nouvelle virginité, l'ultime recueil de ce qui désormais n'apparaîtra plus que sous la forme iconique. Cette nouvelle visibilité nécessite ses témoins et les termes de la réapparition sont ceux qui viendront alimenter la doctrine de l'image. Il s'agit d'une *ressemblance méconnaissable* pour les yeux de celui qui n'a pas transfiguré son propre regard. Les récits d'Emmaüs ou de Thomas sont exemplaires. Il faut ouvrir d'autres yeux. Le tombeau vide n'existe que pour des prunelles vides et des regards aveugles. Tombeau, paupière, clôture qui ne peut s'ouvrir que sur la pure lumière de la nouvelle apparition de la chair. Ce n'est pas du corps qui ressuscite, mais de la chair car c'est en elle que repose la similitude retrouvée. Les yeux de Thomas cherchent les preuves de la présence d'un corps. La chair ressuscitée lui propose le « contact » des trous ! *Noli me tangere*. L'image ne peut être touchée, elle est là pour la résurrection des yeux et non pour la réanimation d'un cadavre tangible. Celui qui marche sur le chemin d'Emmaüs n'est pas un revenant, un simulacre fantomatique dont les icônes ne seraient qu'*eidôla*, mais l'image éternellement vivante du verbe qui reste invu pour la cécité de l'esprit, visible pour le regard transfiguré, *eikôn*. Ainsi s'explique le temps mis par les pèlerins à le reconnaître. C'est Luc, l'apôtre peintre, qui relate l'événement :

> Voici que ce même jour deux d'entre eux se rendaient à un village du nom d'Emmaüs [...]. Ils parlaient entre eux de tous ces événements.

> Or, comme ils parlaient et discutaient ensemble, Jésus lui-même les rejoignit et fit route avec eux ; mais leurs yeux étaient empêchés de le reconnaître (Lc 24,13-16).

Or que faut-il pour que cette reconnaissance ait lieu ? Qu'ils se mettent à table et que le pain soit rompu :

> Or, quand il se fut mis à table avec eux, il prit le pain, prononça la bénédiction, le rompit et le leur donna. Alors leurs yeux s'ouvrirent et ils le reconnurent, puis il leur devint invisible (Lc 24,30-31).

Ce moment est capital parce qu'il rassemble en un seul récit la question de la visibilité et les conditions de la vision. À qui ressemblait Jésus après sa résurrection ? En termes de visibilité, ce texte dit qu'il n'y a pas de réponse. Il ne se ressemble pas. Plus tard les adorateurs du linceul useront de l'opportunité photographique pour construire une reconnaissance inversée. L'image a quitté la ressemblance pour rejoindre la similitude. À quoi tient la similitude ? À la parole et au geste de la convivialité sacramentelle. Il nous faut donc admettre que l'évangile installe deux régimes : celui de la construction du regard par la parole, et celui de l'intégration des commensaux à la table communielle du salut. Incarnation et incorporation sont étroitement liées et il se joue en un même scénario deux niveaux de la cécité et de l'illumination. L'un s'adresse au corps qui devient membre de la communauté, l'autre s'adresse au regard qui ne doit plus douter de ce qu'il voit, dont la nature est invisible. Jésus restait invu, mais une fois reconnu, il est invisible ! Cette articulation du corps sacramentel et de l'image habitera désormais toute la problématique de la peinture. Je veux indiquer par là que la production iconique ne cessera plus de chercher à accomplir la séparation avec la transsubstantiation sacramentelle. Transformer de la matière et de la couleur en figure vivante de l'absence n'a rien à voir avec la transformation du pain en corps et du vin en sang. La résurrection de l'image donne naissance à l'art profane, à un art non sacramentel, même si l'usage de parler d'art sacré lui vient du désir de l'institution de s'approprier tout ce qui est utile aux lieux de son édification. La nature morte dans le monde chrétien n'est que la suite logique des figurations de la Cène et de la crucifixion, car la peinture de ce qu'on mange n'est que le mémorial du cadavre des choses qui accède à la résurrection du visible. La nature morte opère l'inverse de l'effort paulinien pour constituer du corps. Elle se défait de l'incorporation et exalte l'incarnation. Voilà l'image, celle qui concerne les regards et les mains créatrices, en d'autres termes, les artistes.

Pourquoi ne pas regarder par exemple Chardin avec ces yeux-là ? Quand tout est consumé, il n'y a plus rien à consommer, il ne reste qu'à mobiliser le regard qui accède à la liberté de son jugement. Les tableaux de Chardin sont de véritables manifestes anti-eucharistiques, ils s'insurgent silencieusement contre toute incorporation iconique pour faire de la production picturale de l'image une opération de retrait. Celui qui peint le Bénédicité familial et les natures mortes nous fait savoir que la transfiguration imaginale n'a rien à voir avec une transsubstantiation de la présence. De la vie est donnée à la figure de la mort elle-même par la voie de l'absence des choses. Cet écart infranchissable de l'image avec l'être lui ouvre le champ libre et sans borne de la semblance. La peinture fait apparaître l'abîme qui nous sépare du monde et produit les signes qui nous permettent de « converser » avec lui. Peinture éminemment profane comme toute grande peinture pour qui le profane est « chose sacrée »[1].

Si l'image fait son œuvre librement au sein de notre culture, alors il faut qu'avec elle s'inaugure une façon nouvelle d'utiliser nos sens, et repenser totalement devant chaque œuvre l'énigmatique relation du voir avec le toucher. Nouvelle rhétorique des oxymores de la vision. Pour croire il ne faut plus toucher, il faut renoncer à toucher pour être touché. La transfiguration de la chair se constitue dans la transfiguration du regard. Il ne nous est donné de voir face à face ni la mort ni la vie, mais le visible est ce champ mobile de circulation des regards parmi les limbes du paraître. Si l'un offre son désir de voir à celui qui

1. Le texte que Proust consacre à Chardin en 1895 est au cœur de la question qu'il partage avec le peintre : « Dans ces chambres où vous ne voyez rien que l'image de la banalité des autres et le reflet de votre ennui, Chardin entre comme la lumière, donnant à chaque chose sa couleur, évoquant de la nuit éternelle où ils étaient ensevelis tous les êtres de la nature morte ou animée, avec la signification de sa forme si brillante pour le regard, si obscure pour l'esprit. Comme la Princesse réveillée, chacun est rendu à la vie, reprend ses couleurs, se met à causer avec vous, à vivre, à durer » (« Chardin et Rembrandt », in *Contre Sainte-Beuve*, Paris, Gallimard, coll. « Bibl. de la Pléiade », 1971, p. 374). Je crois ne pas avoir rencontré de description plus forte et plus aiguë de la puissance résurrectionnelle de l'image qui, travaillant la ténèbre des choses, lui donne lumière et vie pour le regard et pour l'esprit.

prend le risque de montrer ce que ni l'un ni l'autre ne verront jamais, alors une circulation vivante des regards donnera à ce qu'ils feront apparaître une semblance où repose le sens le plus existentiel de l'échange. La cécité est une question politique, et l'aveuglement de Cupidon n'est que l'icône potelée d'une interrogation grave sur le destin de l'amour et de la haine dans une communauté saisie par la passion. C'est toujours sur la définition de l'infigurable et sur son inscription que les jugements et les choix déterminent la vie ou la mort de la liberté dans une culture. Voir ensemble ce n'est pas partager une vision car jamais personne ne verra ce que l'autre voit. On ne partage que ce que l'on ne voit pas. C'est cela l'invisible. Voir ensemble, c'est partager l'invisibilité d'un sens. Le partage pathique est une affaire politique qui exige la construction commune d'un regard critique. Ainsi s'ouvre le champ d'un commerce critique des regards.

Chapitre 3

Le lieu critique

Hè d'aisthésis ho logos

Sentir, mettre en rapport

Aristote,
De l'âme, III, 426, 7

1) « Guerre des images » ou image en crise ?

Pourquoi la question de l'image se pose-t-elle invariablement en termes de combat ? Ne serait-ce pas justement parce qu'en elle se joue quelque chose qui a à voir avec la définition de la paix ? Ceux qui brisent les idoles parce qu'elles sont le signe d'un effondrement symbolique, ceux qui s'emparent du visible pour conquérir les esprits et les corps, ceux qui construisent les figures visibles d'une invisibilité du sens, tous sans exception, sont des combattants. Étranges et inépuisables milices d'une guerre à la fois fondatrice et imaginaire où les pouvoirs à prendre sont loin de donner toujours la liberté de juger. Chacun veut s'approprier un pouvoir dans le partage des productions visibles, chacun veut triompher, mais la paix change radicalement de sens car, pour les uns, la victoire de l'image est celle de l'asservissement et, pour les autres, elle est celle d'une pensée libre de ses choix. Voilà pourquoi l'image apporte tout aussi bien la paix que la guerre. Si le prix de l'image est la liberté, alors l'image vaut bien une guerre.

On parle couramment de « crise de l'iconoclasme » pour évoquer la convulsion byzantine, mais dans les langues saxonnes on parle plutôt de conflit (*Bilderstreit*) ou de tempête (*Bildersturm*). Le terme d'« iconoclasme » semble privilégier la destruction des images alors qu'ailleurs l'image est prise comme cause ou enjeu d'une polémique ou d'un cataclysme. On rencontre aujourd'hui l'expression « guerre des images », qui vient à son tour faire de l'image un lieu belliqueux. La violence se retrouve partout, avec ses armes, ses soldats, ses stratèges. Pourtant, ce n'est pas la même chose de dire que la violence s'exerce contre l'image, et de la désigner en tant que telle comme lieu d'un désaccord produisant de la violence. Guerre, crise, tempête, autant de mots qui évoquent un climat de menace et de destruction. Je voudrais justement montrer que, dans la rhétorique de ce vocabulaire, il y a déjà des enjeux interprétatifs qui engagent le sens que l'on donnera à la victoire. Il n'est pas indifférent, pour comprendre les enjeux d'un débat sur les images, de parler de crise ou bien de guerre déclarée à l'image ou déclarée entre les images elles-mêmes. L'iconoclasme proprement dit n'est qu'un versant parmi d'autres des séismes critiques engendrés par la production des visibilités. Une crise n'est pas une guerre. Une guerre est un affrontement qui ne connaît que la médiation des armes ; la solution en est nécessairement violente et dépend d'un rapport de forces. Si l'on parle de guerre dans le cas des images, ce ne peut être qu'une façon de parler, car les images sont « sages », même si elles sont aussi des armes dans les mains de ceux qui comptent sur elles pour modifier les rapports de forces et s'emparer du pouvoir. Quand des hommes se font la guerre au sujet des images, celui qui gagne prend le pouvoir à la fois par et sur les images. Une image ne fait pas la guerre à une autre. Une image peut paisiblement cohabiter à côté d'une autre image aussi longtemps qu'on n'a pas décidé de faire de l'image une arme dans un combat dont l'issue est l'exclusion d'une image au profit d'une autre. Pour cela, il faut que l'enjeu des images ait été préalablement défini selon des régimes d'incompatibilité. Or rien n'est moins évident. Les iconoclastes et les iconophiles ont vécu à Byzance une sorte de guerre civile au sujet des images et ce qui fut en question fut justement la définition même des régimes d'incompatibilité entre leurs pouvoirs. L'incompatibilité des images désignait une crise du partage du pouvoir. Ainsi, les empereurs iconoclastes considéraient qu'il fallait choisir en faveur d'un régime d'exclusion entre le pouvoir temporel, usant de ses propres images et de ses symboles matériels, et le pouvoir spirituel, qui devait selon eux renoncer à toute figuration sensible en dehors de l'enceinte sacramentelle. L'Église à leurs yeux devait se contenter du pouvoir spirituel dans les limites exclusives de ses temples. Les iconophiles ont mis un siècle à construire le régime de compatibilité des images servant le pouvoir temporel avec celles qui servent le pouvoir spirituel. Ont-ils pour autant installé la paix des images avec la *Pax christiana* ? Il y avait une guerre entre les partisans de deux définitions du pouvoir. Ceux qui ont gagné cette guerre sont précisément ceux qui l'ont gérée non comme une guerre mais comme une crise, et cela en élaborant une doctrine critique de la compatibilité de toutes les images en tant que lieu de crise. Les iconophiles ont lourdement insisté sur la nature guerrière de leurs ennemis, sur la structure militaire de la politique iconoclaste, sur la barbarie meurtrière de ceux qui détruisaient les images religieuses. Ils font la guerre aux guerriers, car pour eux il y n'y a pas de guerre mais une crise de l'image dont l'issue est d'ordre économique et pacificatrice. La réalité est plus complexe, bien moins manichéenne que les iconophiles s'acharnent à le faire croire. En effet, les iconoclastes eurent accès à un symbolisme critique et ont eu leur propre conception des visibilités et de l'image. Mais les réduire, par les armes de la description, à l'état de fureur soldatesque était « de bonne guerre ». Il n'en reste pas moins que les iconoclastes ont maintenu l'image dans un régime disjonctif et que les iconophiles ont gagné parce qu'ils reconnaissaient le caractère conjonctif de toute image. Conjonctivité critique d'une réalité sans substance.

Le terme de crise dérive du verbe *krinô* qui en grec signifie « discerner, distinguer, juger », avant de se retrouver dans le vocabulaire hippocratique où *Krisis* désigne un état de bouleversement, une situation aiguë du corps. La philosophie kantienne a donné toute sa modernité au terme de critique et, depuis, celui de crise se trouve tour à tour chargé de significations aussi bien spéculatives que médicales et politiques. C'est sous ce double registre que le mot désigne dans le domaine social, économique et politique un épisode convulsif qui présente ses symptômes et cherche son apaisement, son dénouement résolutoire. La désignation de la convulsion byzantine a explicitement joué sur le double registre de la tension critique et de la pathologie convulsive, en ce sens que l'iconoclaste, volontairement défiguré par son adversaire, passa pour un malade en plein raptus délirant. Or l'ennemi des images se livrait en réalité à une véritable critique spéculative des visibilités. La preuve en est que l'iconophile se trouva par lui en demeure de produire une réponse philosophique et critique du plus haut niveau pour faire face à la pertinence de ses adversaires.

Plusieurs siècles de réflexion et une chaîne de conciles montrent bien qu'il ne s'agissait pas simplement de ridiculiser un délire ou de confondre un blasphème. Les uns et les autres ont en fait inauguré le champ réflexif propre à l'image dans ses relations avec le jugement et le pouvoir de faire voir en tant qu'il est un pouvoir de faire penser ou bien de faire croire pour se faire obéir.

Kant ayant donné à la pensée critique sa puissance de juridiction, il constitue une étape essentielle quand il s'agit d'articuler l'exercice de la raison et de l'entendement à la légitimation d'une expérience sensible dans un monde commun. Le seul moyen de sortir d'une crise est en ce sens l'exercice de la puissance critique du jugement. La pensée critique dénoue la convulsion dogmatique. C'est ce qui se passa à Byzance au moment où une crise violente de nature politique sous forme théologique ne trouva sa solution que dans la construction d'une doctrine critique qui se formula en termes économiques. Par quoi je veux indiquer que la crise théologico-politique qui eut en son centre la question doctrinale de l'image ne s'apaisa que dans le triomphe de ceux qui parvinrent à proposer l'image en tant qu'objet de crise, à la définir comme le site indéterminé d'un débat déterminant. La base en fut constituée par la pensée d'une économie du visible. C'est faute d'avoir élaboré une solution critique pour l'image elle-même que les iconoclastes, malgré la cohérence de leur questionnement, perdirent la guerre qu'ils firent à l'Église iconophile. Ils se maintinrent dans une posture dogmatique fondée sur l'exclusion et la disjonction. Ils durent céder devant la force et la souplesse d'un dispositif conjonctif et ouvert à toutes les médiations négociées. C'est en ce sens qu'il faut comprendre l'opposition de la Théologie à l'Économie dans le discours iconophile : l'Économie est un concept opératoire qui permet de gérer l'expérience réelle. La Théologie restait le domaine propre à la transcendance et à ses mystères. Le visible est sans mystère et sa relation à l'invisible se fait dans la question du sens que pose toute offre faite aux yeux dans le tissu vivant de notre histoire.

La pensée de l'image se trouve ainsi destinée à rencontrer toutes les aires sémantiques du terme de crise, disons sans jouer sur les mots, à passer sans solution de continuité de son versant clinique à son versant critique, de sa version guerrière à sa version économique. La paix est un lieu de crise dont la gestion veut résorber la guerre. Le terme de crise, en tant qu'il ouvre le champ critique, recouvre, dans une situation de délibération qui n'est pas toujours exempte de violence ni de souffrance, le conflit et sa résolution circonstancielle. Il faut qu'une alternative se manifeste, quelque chose comme un couple de propositions contradictoires auquel ne peut s'appliquer le principe logique du tiers exclu. Ces propositions sans apodicticité relèvent donc de l'opinion, de la *doxa,* et exigent une argumentation ainsi que tout l'appareil rhétorique destiné à entraîner la conviction et l'adhésion. Leur vérité tient au double pouvoir de l'argument et de la persuasion, c'est-à-dire de l'intelligibilité et de la violence des désirs de convaincre et de soumettre. Un tel débat contradictoire suppose une parole libre sur un objet non univoque, indécidable par nature. L'image est cet objet équivoque, indécis et dont les enjeux sont assez graves pour que ceux qui en débattent s'entretuent ou estiment qu'il est urgent qu'une argumentation l'emporte sur l'autre, c'est-à-dire qu'un point de vue triomphe en excluant l'autre. Ainsi des deux propositions contradictoires : cette image est une icône, cette image est une non-icône donc une idole, ce n'est pas dans l'objet qu'est la solution, mais dans la construction du regard qu'on porte sur elle. Pour les Pères, la proposition : « Cette image est une idole » revient à dire : « Cette image n'est plus une image dès lors que celui qui pose sur elle son regard a un regard idolâtre. » Dira-t-on pour autant que, si toute icône peut être une idole, toute idole peut être une icône ? La réponse patristique est non. Le paradoxe entre la reconnaissance d'une ambivalence iconique et la politique d'une univocité fait crise dans la pensée ecclésiale elle-même. Les idoles, c'est-à-dire les images des autres (les non-chrétiens), sont *a priori* destructibles et doivent être détruites. Dans les faits on a vu historiquement l'engloutissement des divinités locales dans les figures ambivalentes du culte chrétien. Ce fut un geste courant des missionnaires. La solution consista durant des siècles à se rendre maître des programmes figuratifs. Mais ce contrôle ne pouvait en rien s'assurer de la sainteté des plaisirs engendrés par la vision et les spectacles. N'importe quel grand rendez-vous du regard peut se voir transformé en lieu de culte aveugle et servile. Inversement, on peut se demander si les formes visibles peuvent intrinsèquement produire de « vraies idoles ». La réponse est encore négative aussi longtemps qu'elle se constitue dans la seule considération de l'objet. C'est la place du spectateur construite par le visible qui seule peut fonder le jugement. Si on appelle idole tout objet univoque qui emprisonne son spectateur dans toutes les servilités fusionnelles du visible et du sens, alors c'est bien la question du commerce des regards se tissant par la voie de ces objets qui détermine la valeur d'une image dans une communauté. Nous sommes ballottés dans la tempête des spectacles du monde, une *Bildersturm* qui ne nous laisse plus le temps de savoir où vont nos choix et quelles sont les raisons de nos goûts.

Pourtant, il faut qu'au sujet de l'image des choix se construisent et que des décisions soient prises. Quelles images choisissons-nous de voir ensemble ? Jamais on ne verra ce qu'un autre voit, mais nous pouvons nous mettre d'accord pour aimer et pour haïr ensemble des régimes de visibilité où se joue la question fondatrice de tout partage. On ne partage pas du visible sans construire le lieu invisible du partage lui-même. Certaines « iconicités » détruisent tout partage dans la communication d'un programme. Programmer la consommation univoque et consensuelle d'un sens, c'est détruire l'image et produire de l'idolâtrie. L'idole n'est rien d'autre que l'objet qui transforme le commerce des regards en marché des visibilités. C'est en termes d'échange que doit s'analyser la nature du visible. C'est ainsi qu'il faut comprendre l'ambivalence fondatrice du terme d'économie choisi par l'Église pour inaugurer un monde, le nôtre, où le va-et-vient ininterrompu des gestes et des regards se charge d'ouvrir ou de fermer l'espace de nos mouvements. Donner à l'image elle-même un statut critique était une promesse de liberté, un contrat offert aux corps doués de parole et de vision. Comme toute promesse, comme tout contrat, l'image demande le respect ; à tout moment le regard peut ne plus tenir sa parole.

Tenir sa parole, voilà ce qui fut et qui reste si difficile à tout pouvoir, à toute institution, qu'elle promette le salut ou la liberté. À Byzance le triomphe de l'image est passé par la condamnation clinique de ceux qui avaient repéré les indices d'une trahison. C'est le mouvement iconoclaste lui-même qui semble épinglé sous le signe de la convulsion, du raptus pathologique, propre à une maladie du corps avant même d'être une maladie de l'âme. Cette perspective permet de singulariser le débat en le ramenant aux symptômes exposés par la maladie d'un seul. Le scénario construit par les vainqueurs veut convaincre du caractère délirant, incontrôlé et pervers de l'instigateur impérial de l'iconoclasme. Tous derrière lui sont dits diaboliques et malades mentaux. Écoutons le patriarche Nicéphore :

> [...] ainsi [...] c'est un double combat que celui que mènent les ennemis de la vérité contre la religion, alors à l'image du zélote Pinées, armés de la lance de l'Esprit saint, nous usons du concours de la vérité elle-même, nous combattons ensemble, la tâche qui nous incombe aujourd'hui est une guerre [...]. Il y en a surtout parmi eux qui ont comme des fous pris la tête de l'apostasie [...] puissante est la course au mal [...]. Par leur faute, l'empire du Malin s'est accru, car ces hommes ont abandonné tout ce qui touche à leur propre salut : on les croirait atteints de quelque rampante pestilence, d'un mal fatal pour l'âme[1].

Il n'est, ici, nullement sous entendu que nous avons affaire à une crise de l'esprit et *a fortiori* à une étape constructive dans la production d'une image proposée au jugement, d'un regard sommé de juger. Il serait plus juste de parler d'une « crise de l'iconoclaste » ou d'un iconoclaste en pleine crise, cible de la rhétorique propre à son ennemi iconophile. Le fait que cette crise du corps ait été l'objet d'une éloquence complaisante et d'une parole s'autorisant le déchaînement a permis justement de différer le jugement sur la crise proprement dite, je veux dire sur sa dimension spéculative, et de la faire oublier. L'orateur détourne la pensée de l'auditeur des enjeux théoriques au profit d'une interprétation nosographique. Celui qu'il faut convaincre assiste comme un spectateur fictif, à travers les mots, à la présentation d'un « malade du cerveau », vision hallucinée de l'iconoclaste destinée à le faire frémir de peur et de dégoût. J'ai pu analyser ailleurs la fonction doctrinale et politique de la description pathologique du corps de l'ennemi[2]. La crise du corps ne peut se comprendre qu'à la lumière du corps christique des textes pauliniens et évangéliques. Cette rhétorique construit *a contrario* le corps de l'Église. L'ennemi du corps du Christ qui est homonyme du corps de l'Église ne peut que vivre une crise du corps. Corps morcelé, pustuleux, démembré au sens propre puisqu'il n'est plus membre de la communauté. Pestiféré et contagieux il faut le mettre à l'écart. Il faut s'écarter de l'ennemi de l'écart. La relation étroite de la chair de l'incarnation avec le corps eucharistique n'échappe pas à l'empereur iconoclaste qui, dans ses *Questions*, ne voulait connaître d'autre image que celle de la

1. *Antirrhétiques*, I, 208 A - 209 A, in *Discours contre les iconoclastes de Nicéphore le Patriarche*, trad. et notes M.-J. Mondzain, Paris, Klincksieck, 1990.
2. Cf. *IIE*, p. 139 *sq.*

consubstantialité sacramentelle[1]. Ce « ratage » économique lui fait manquer le rendez-vous homonymique de l'icône, qu'il appelle d'ailleurs *pseudonyme*. Dans le même mouvement rhétorique, l'iconoclaste perd le droit au nom de chrétien, et même plus encore, puisqu'il n'est plus lui-même nommé que par des pseudonymes : Mamon, donc le démon, Copronyme, c'est-à-dire le Merdeux. Déchet satanique du corps, il n'aura pas accès à la rédemption de la chair, donc à l'image.

A contrario les iconophiles se présentent comme les victimes saines et saintes d'un homme délirant et contagieux qui entraîna une foule d'esprits faibles dans son sillage, bref une catastrophe vivante, une personnification de la peste. Or, s'il ne pense pas, c'est justement parce qu'il s'est séparé de l'image, car penser l'image c'est penser tout court. Penser c'est ne pas confondre, penser c'est séparer, distinguer pour juger, *krinein*. L'iconoclaste s'est séparé de la séparation, de la distinction, en un mot, du jugement. D'un côté, il n'y aurait eu que crimes et délires dans l'indistinction, de l'autre, la foi, la raison et la paix dans l'exercice du jugement. Le polémiste iconophile s'emploie à construire le négatif de l'incarnation puisque l'économie iconique procède méthodiquement à l'identification homonymique de l'image et de l'incarnation. L'image du pervers, ennemi des icônes, devient l'image inversée de la visibilité rédemptrice afin de communiquer à l'auditeur la certitude de sa puissance judicative et de son espoir personnel en la rédemption. Il s'agit de défendre la mobilisation du jugement par l'image, l'image verbale étant le premier fer de lance de la persuasion. Faire voir c'est induire le jugement, construire une opinion. Parler de crise dans cette acception, c'est suggérer que, chez l'adversaire, le jugement s'absente, et donc faire entendre que la pensée, la santé et la paix sont du côté de celui qui sait voir et faire voir. La rhétorique attend un bénéfice capital dans le champ de sa propre doctrine car les textes iconophiles se livrent à un va-et-vient continuel entre le vocabulaire de la crise et celui de la guerre. Tantôt il faut soigner, tantôt il faut se battre. On retrouve bien là la tension qui habite

1. *Peuseis* de Constantin V, *in* Hennephof, *Textus byzantinos ad iconomachiam pertinentes*, Leyde, Brill, 1969. Il s'agit de la collection des citations de Nicéphore. À quoi il faut ajouter le relevé des citations faites durant le second concile de Nicée. Cf. *Sacrorum Conciliorum Nova et Amplissima Collectio*, Mansi XII-XIII, Florence, 1766.

les épîtres pauliniennes et les paradoxes de la rhétorique chrétienne ultérieure. La rhétorique de la libération s'impose dans un coup de force d'où l'autre ne sortira pas vivant. Paul est en posture de despote éclairé. Comme ce qui l'éclaire est le Saint-Esprit, il est difficile de résister sans se damner soi-même. Paul n'a pas eu besoin de voir pour croire, puisqu'il a directement été touché par la révélation qui l'a rendu aveugle durant plusieurs jours. Frappé et transformé comme par une opération sacramentelle, il n'a pas eu besoin du témoignage évangélique et il peut à son tour incarner la doctrine qu'il transmet. Homonyme des apôtres, il change de nom pour bien marquer le retournement des noms quand il recouvre la vue pour parler de celui qu'il n'a jamais vu.

L'enjeu n'est autre que l'appropriation du monopole symbolique, par la définition des conditions de possibilité du jugement sur le visible. L'orthodoxie n'a eu de cesse de persuader l'assemblée des fidèles de la nature guerrière et donc inculte des iconoclastes, de leur violence aveugle, de leur « christomachie ». S'il y a guerre, c'est à leurs yeux à cause de ces soldats brutaux, grossiers et sanguinaires, qui ont pris le pouvoir par la force des armes et qui en usent en sacrilèges et en assassins de Dieu. L'ennemi est un barbare écumant du désir de tuer, une brute casquée, armée de glaives et de lances, général d'une armée de démons. Pris dans la double nécessité de rester chrétien tout en combattant l'Église pour détruire toute légitimité de son pouvoir temporel, l'empereur iconoclaste s'est mis dans une posture disjonctive sans se donner les moyens de la résoudre. Une solution par exemple eût consisté à définir un pouvoir laïque, une séparation de l'Église et de l'État. Il est à mille lieues d'une telle conception, comme ils sont à mille lieues de promouvoir une théologie rationnelle. Il est chrétien et veut gouverner en tant que tel ! Il a réglé par la force et le passage à l'acte une crise que ses adversaires ont située d'emblée sur le terrain symbolique.

Ainsi ce fut par décret et par l'usage intempestif d'interventions militaires que les empereurs iconoclastes ouvrirent le feu. Beaucoup des faits allégués ne dépassent guère en violence ce qu'il était de coutume de perpétrer dans les empires de l'époque, à quoi il faut ajouter les plaisirs du récit hagiographique et le besoin de preuves du martyr. Qui refuse l'image est un barbare, un ennemi de la culture et de toute économie. L'empereur iconoclaste apparaît comme le « guerrier frénétique », ami du sang et du cheval, enclin aux débauches trop viriles, coupé de tout cycle reproductif et productif, il est inapte à toute symbolisation porteuse de paix et de culture. Il a beau clamer haut et fort sa fidélité à l'Économie, c'est-à-dire au Christ, ses arguments restent sans effet et son discours passe pour mensonger justement parce qu'il se veut chrétien avant même d'être « économe ». Tout est là. La solution tient en un mot : Économie. Le déploiement herméneutique du concept d'économie en fut l'opérateur.

Ainsi le guerrier n'est-il pas simplement privé de Dieu, mais privé de tout, au point d'être d'abord coupé de lui-même. Sa vésanie le prive de soi, ce qui pour un Grec signifie qu'il perd à la fois le *logos* et la *phusis*. Dans la classification des insultes méritées par l'iconoclaste, se dit aussi son exclusion de la catégorie du sacré, mais l'exclusion du sacré vise sa place institutionnelle, et donc la légitimité du pouvoir impérial, tandis que trahir la nature et perdre la raison sont des crimes plus strictement liés à la problématique de l'image et à sa relation au symbole, plus exactement aux opérations de symbolisation. La preuve en est que l'on peut parfaitement penser la guerre comme une action sacrée, et cela jusqu'à nos jours où l'idée de guerre sainte reprend, hélas, de la vigueur.

Pourtant, tout dans la pensée de l'iconoclaste permet d'affirmer qu'il avait une économie symbolique. Ni crise d'épilepsie ni crise d'hystérie, mais un épinglage méthodique de l'instabilité ontologique de la notion d'icône en tant qu'objet. Dans l'opposition de la Théologie à l'Économie, l'iconoclaste opte pour le légalisme des signes conventionnels ou négatifs signifiant l'invisible quand son adversaire élabore une économie de la pensée dans la réception spécifique de la vacuité ontologique du visible.

L'héritage doctrinal le plus précieux de l'économie, c'est d'avoir su faire de la défaillance ontologique de l'image le ferment de la liberté du jugement.

On comprendra mieux à présent le sens de l'expression : « guerre des images ». *Makhê*, c'est le combat. On le trouve dès le VIIIe siècle dans les termes tels qu'iconomaque, christomaque, onomatomaque, et même économaque (qui se lit en grec iconomaque). C'est bien l'ensemble des images qui de part et d'autre semble concerné. Il s'agit dès lors de reconnaître l'existence d'un rapport de force, d'une lutte de pouvoir entre deux instances qui veulent respectivement s'approprier le monopole des visibilités, et donc détruire les icônes de l'autre en les appelant idoles. C'est bien sous ce titre et en toute pertinence que Serge Gruzinski parle de *Guerre des images* dans le cas de la conquête du Mexique, puisque les jésuites ont substitué leurs images sacrées aux *zèmes* ou idoles qui étaient les figures cultuelles des Indiens[1]. Désormais on appelle idole l'icône de l'autre. Il y eut effectivement à Byzance des images iconoclastes, un art iconoclaste, et dans le domaine cultuel des signes élus par les ennemis de l'icône, ce furent la croix et les espèces de l'eucharistie, désignées comme « images non mensongères ». La croix est symbole négatif et l'eucharistie est dans une relation synonymique avec le prototype. L'expression « guerre des images » a l'avantage de reconnaître qu'il existe chez les iconoclastes une pensée de l'image. L'incongruité des attaques commence lorsqu'on s'aperçoit que le terme d'idole tantôt désigne un objet sans vie, déserté par le divin, tantôt l'objet d'un culte animiste qui prête à ses « fétiches » une présence et une force. Si bien que tantôt l'iconoclaste est accusé de réclamer une âme pour des objets sans âme, tantôt de réifier jusqu'à la nécrose la subtile vitalité de l'icône. Quoi qu'il dise, il est idolâtre puisqu'il ne s'agit de rien d'autre que d'une mauvaise attribution de nom à un même objet. L'iconoclaste en vérité n'est rien d'autre qu'un idoloclaste. Appeler l'iconoclaste d'un terme qu'il ne peut admettre, puisque pour lui l'icône est impossible, est donc déjà un abus de langage et une rhétorique de combat. Un idoloclaste ne peut briser une icône par définition, car on ne brise que des idoles et l'icône, elle, est indestructible.

Pour l'iconoclaste, le Christ, qui eut durant un temps une existence corporelle et matérielle, a retrouvé depuis la résurrection, comme le rappellent les adversaires de l'image, sa nature spirituelle invisible, sa chair transfigurée. Par conséquent, on ne peut ni le voir, ni douer un objet de ressemblance, ni copier un quelconque modèle sensible sans nier du même coup l'économie résurrectionnelle, la victoire sur la matière et sur la mort. La seule imitation est celle qu'opère l'exercice vivant de la vertu, la pratique effective de la justice. Que l'on soit saint ou empereur, seuls existent les vivants imitateurs contre les mortes imitations. Il faut détruire et interdire les idoles sous peine de nécrophilie blasphématoire. En face de cette attaque tout à fait légitime et théologiquement cohérente, les iconophiles défendent, pour le dire de

1. Serge Gruzinski, *La Guerre des images : de Christophe Colomb à Blade Runner (1492-2019)*, Paris, Fayard, 1990.

façon schématique, une rédemption de la chair, une transfiguration de la matière qui ouvre au contraire les visibilités du monde aux opérations de la grâce. Les images sont alors le lieu privilégié de la rédemption de la chair par le sacrifice de celui qui est dans l'éternité l'image du Père. Guerre des images donc, puisqu'il y a un conflit violent entre deux conceptions de l'image derrière lesquelles on trouve une seule image, le Christ, inspirant deux formes de pouvoir. Rien de paradoxal à reconnaître qu'il y a une iconophilie dans les deux camps, mais que chacun rejette sur l'autre l'accusation d'idolâtrie. Tous sont idoloclastes. Ils ne se mettent pas d'accord sur l'icône parce qu'ils diffèrent sur l'idole. Ils diffèrent sur l'idole parce que en elle se joue la relation décisive entre le pouvoir temporel et l'autorité spirituelle. Parler de « guerre des images » est par conséquent acceptable et signifie toujours immanquablement qu'il y a une guerre des idoles entre deux instances du pouvoir et que gagne celle qui choisit de fonder son pouvoir sur un principe faisant autorité, autorité du regard qui répond de ce qui fonde sa légitimité, c'est-à-dire l'icône, image de la paix. L'icône donne sa légitimité à l'idole, qui n'apparaîtra bien sûr plus sous ce nom. C'est par l'effet d'une économie du discours et d'une gestion des jugements qu'un même objet offre la liberté et engage la soumission. L'empereur iconoclaste semble avoir lui aussi posé le problème en termes de crise du pouvoir fondé sur une critique de l'**objet**, et l'Église iconophile en termes d'autorité symbolique, donc sur le versant du jugement fondé sur la liberté critique du **sujet**.

On voit bien que ce dont il s'agit a à voir avec la pensée rhétorique, avec la vie politique et avec les passions. L'Église prit le pouvoir non pas au nom de la vérité absolue, dans une apodicticité sans tiers, mais dans l'inclusion inévitable du tiers. Au lieu des binarités disjonctives qui contraignent à choisir entre le pur et l'impur, le vrai et le faux, se met en place le tiers, c'est-à-dire l'autre. La question de l'image se joue à trois et non à deux. L'affaire n'est pas entre l'homme et Dieu, mais dans l'altérité d'un débat qui se noue entre les regards qui commercent. L'image fait office résolutoire entre les propositions contradictoires qu'aucun discours ne peut admettre ensemble et au même moment. Sans image, il n'y a pas d'autre ; en elle se joue la question du partage et de l'échange des regards. Voilà la question que mit en marche l'habitation du Verbe dans la chair visible d'une image. Aussi longtemps que l'on se tient au niveau du discours, la doctrine chrétienne ne peut que heurter la logique élémentaire de toute communication fondée sur la logique du tiers exclu. L'image devra échapper au régime de la communication. Si l'on homonymise le discours et l'image, on maintient la source scripturaire tout en l'éclipsant progressivement au bénéfice d'une visibilité qui résout toutes les contradictions. Quand le visible se présente aux yeux comme une énigme livrée à leur déchiffrement judicatif, la ressemblance n'est plus affaire de référence extérieure à un objet, mais de construction du regard entre des sujets partageant l'espace d'une vie commune. La question n'est plus posée à l'objet sous la forme d'un « que montre-t-il ? », mais elle est posée au sujet sous la forme d'un « que voyons-nous ? » et d'un « qui décide de ce qu'il y a à voir ? ». L'objet attend la réponse car son apparence indéfiniment offerte à la précarité comme à la disparition est là, indécidable, sans autre forme de procès. Le procès du visible commence avec la parole de ceux qui débattent du sens à donner à cette apparition du monde pour des yeux qui ont appris à voir. Il y a trois possibilités devant une image : certains décrètent qu'il n'y a là devant nous rien à voir qui soit digne d'un sens. Ils ordonnent de détruire ce simulacre du néant. D'autres ne l'entendent pas ainsi et s'engouffrent dans la chose vue comme si cette adhésion massive les délivrait d'une angoisse et leur procurait une jouissance. Ils consomment le visible goulûment jusqu'à leur propre engloutissement. Mais voici que d'autres élèvent à leur tour la voix pour modifier le dispositif lui-même et proposer la fragile semblance du visible comme lieu fondateur des pratiques responsables du sens. Les artistes ? Les poètes ? Ces trois postures ne déterminent nullement les choix des iconoclastes, ceux des idolâtres et ceux des iconophiles car, dans tous les camps qui s'affrontent, ces trois régimes furent évoqués, définis et légitimés avec la même force. C'est la structure argumentative qui fit la différence. Tous condamnent l'idolâtrie et tous sont tentés par elle, tous se disent chrétiens et condamnent les infidèles. Tous veulent donner à voir, tous en revendiquent la légitimité.

Décider de ce qu'on voit, de ce que l'on aime voir et de ce qu'on ne veut pas voir, de ce que l'on donne à voir, est affaire de parole partagée dans l'espace commun d'un sens à construire. Vues sous cet angle, les deux positions antagonistes ne sont elles-mêmes que les modalités de cette mobilisation du jugement. Les instances du pouvoir, qu'elles soient divines ou humaines, légifèrent ou décident pour la communauté de ce que l'on peut montrer et de ce que l'on peut voir. Les regards devraient donc se soumettre à la dictature du visible et de l'invisible. En vérité, le procès de l'objet dissimule purement et simplement la violence de ce pouvoir imposé à tous les regards. L'ordre de vomir le visible ou de le dévorer goulûment est structurellement le même : c'est un ordre. Que l'on condamne le visible au nom des idoles ou qu'on le vénère parce qu'il est délicieux d'être idolâtre, cela ne résulte en rien de la nature des objets brisés ou adorés, mais d'un pouvoir qui décide de ce qu'il faut voir ou ne pas voir. C'est pourquoi je dirais volontiers que, s'il existe une dignité du visible, elle ne peut provenir que de ce qu'il ne donne jamais d'ordre. J'appelle image cette offre faite au regard d'une liberté. Tout l'intérêt de la pensée incarnationnelle et de la crise qu'elle provoqua dans le monde philosophique et politique vient de ce qu'elle ne résout pas la question de la définition des objets visuels par des critères objectifs ou objectaux, mais de ce qu'elle déplace totalement la question du visible en la renvoyant à la responsabilité des sujets de la vision. Que voulons-nous voir, que voulons-nous donner à voir, qui en décide et dans quel dessein ? Quand on ne veut plus voir sur ordre, alors commence le libre débat.

Quand Paul, le premier à avoir formulé l'identité de l'image à l'incarnation, déclare que désormais « tout est permis », pourquoi ajoute-t-il aussitôt : « mais tout ne m'est pas profitable » ? Ce qu'on peut ici désigner du nom de crise n'est autre que la tension qui se maintient au cœur de toute image visible parce qu'elle offre deux pouvoirs, celui de donner la parole à qui construira son regard et celui d'imposer le silence à qui hérite d'un sens préconstruit. Que voyons-nous ? Que donnons-nous à voir ? Qu'attendons-nous des figures du visible ? De quelles mains sortent les plaisirs d'art ? Ce qui se met en crise dans le visible et qui constitue le centre vivant des œuvres, c'est une seule même question que tous les gestes d'art perpétuent : comment mettre en œuvre dans le visible, à tel moment précis de l'histoire, la liberté d'un regard non soumis à l'ordre dominant du visible – car toute domination met en place un commerce de l'idolâtrie ? C'est pour dire cette crise au cœur des visibilités, ce paradoxe interne aux œuvres d'un temps, qu'une rhétorique de « l'invisible » est venue se greffer sur le discours critique pour accuser un aveuglement, ou pour plaider au contraire pour lui. L'invisible n'a souvent été qu'un mot pour dire l'insoumission du regard à la saturation et à la goinfrerie des yeux, pour manifester le refus d'être comblé par des objets et d'être englouti par eux. Inversement, l'idolâtrie n'était qu'un autre mot pour dire la soumission aux dictatures de la complétude et de la boulimie visuelle. Le combat au sujet des images commence par être une crise de son lexique, c'est-à-dire des mots qui déterminent la lecture du visible. Mais il y a plus dans le questionnement de l'invisible. Reconnaître que, dans le commerce humain des visibilités, aucun partage n'est possible sans la fusion ou la confusion de ce qui est éprouvé, c'est poser les conditions d'une communauté dans le partage d'un site non visible qui n'est pas plus substantiel que ne le sont les phénomènes visibles. Ce lieu commun que cherchent et construisent les regards, et que la vision ne fournit jamais, est l'objet des créateurs d'images. Ce lieu est produit par la parole qui tisse le plan d'inscription des visibilités. Le plan de l'image n'est jamais visible, mais sans lui rien n'est visible et donc c'en est fini du commerce des regards. L'idole opère comme un point d'engouffrement, l'image comme un plan de déploiement. L'idole est un entonnoir du regard, l'image est évasement du recueil.

2) La crise homonymique

Quand Hannah Arendt aborde la question du jugement dans sa relation à l'opinion, à la *doxa* grecque comme donation d'un sens partagé par la communauté, la situation historique exigeait que l'on décidât de la possibilité compromise ou maintenue de produire des œuvres de goût, c'est-à-dire des objets ayant valeur pour tous. La souffrance, la honte et l'effroi furent si grands en Europe après la dernière guerre qu'il y avait urgence à savoir quel destin accorder aux productions symboliques. Fallait-il sombrer dans le mutisme et l'infigurabilité ou reprendre en leurs bases mêmes les enjeux du visible ? Construire un regard commun, c'est fournir des règles dans le libre déploiement des opinions. La *doxa* pourrait retrouver dans la considération de l'économie patristique sa dignité dialogique et politique car l'opinion dans la communauté, loin d'être frappée d'invalidité, offre l'aire indispensable au déploiement de la pensée critique au sein de la cité. Le visible est par excellence un site opinatif. Lieu d'un débat sur l'enjeu de vérité d'une illusion, il n'est pas sans lien avec la pensée rhétorique. Le travail entrepris par Barbara Cassin est décisif pour qui veut comprendre une autre figure de la crise. Elle ne traite pas d'une crise de l'image au sens où le christianisme se chargea, lui, de la traiter, mais d'une crise touchant à la valeur du discours et de la parole entre des sujets qui veulent partager un espace commun résistant à l'hégémonie répressive d'un seul au nom de la vérité et de l'être. B. Cassin montre clairement que la logologie sophistique se déploie à la fois au cœur de la philosophie et contre elle pour faire valoir une légitimité constructive des débats contradictoires et reconnaître les enjeux de pouvoir liés aux usages argumentatifs et affectifs de la parole. Plus précisément, l'attention qu'elle porte à la *Krisis* permet de retrouver dans l'opposition de Gorgias à Parménide une crise de la pensée disjonctive qui reste propre à l'ontologie et un traitement spécifique de l'homonymie. Or ce qui est proposé ici dans l'ordre du discours se retrouve dans l'ordre du visible. L'image est le lieu critique d'un refus de la disjonction. Résolument duelle et amphibologique, elle repose sur la puissance homonymique. Cette homonymie dans l'icône reste solidaire de la voix qui nomme dans l'inscription du nom. L'épigraphe est phonographique, elle donne à entendre aux yeux qui la lisent l'autodésignation authentifiante[1].

Il faut considérer l'homonymie à plusieurs niveaux. À un premier niveau, elle est au cœur de la réflexion aristotélicienne sur les sophismes, lorsque le philosophe considère toutes les circonstances dans lesquelles un même mot peut avoir des sens différents et, prêtant à confusion, devenir le lieu d'un jeu plus ou moins pervers entre des locuteurs. Depuis le rébus et la charade jusqu'au sophisme le plus insidieux, le travail du philosophe peut consister à mettre en place les garanties d'univocité nécessaire à la communication et à la construction non contradictoire du vrai. Cependant, Aristote est le premier à reconnaître la vitalité homonymique dans toutes les opérations de classification et dans la pensée catégorielle. Le constat de départ est strictement discursif et il s'agit de gérer la disproportion qui existe entre les possibilités langagières et le caractère illimité de l'expérience réelle des choses. Le sensible excède les mots et la parole excède l'expérience sensible. Si le dit et le vu s'excèdent mutuellement, c'est qu'il existe entre eux une relation d'incommensurabilité qui fonde le libre jeu de leurs enchevêtrements sans adéquation.

1. Cf. *IIE*, p. 132 *sq*.

Appeler deux choses ou plus par un même nom est la première opération d'homonymisation par la voix qui dit le nom. Sentir, c'est distinguer et nommer dans l'économie d'un rapport. La voix garde ainsi une fonction centrale dans la doctrine de l'incarnation. Elle est l'opérateur homonymique qui authentifie le lien non accidentel de ce qui est vu et de ce qui ne l'est pas. Cette voix n'est pas vue, et ce qui est lu est le signe de l'invisibilité. L'invisible fonde la vérité du visible dans le seul recours à la voix.

Pour comprendre ce que devinrent les opérations d'homonymisation dans la doctrine chrétienne de l'image, il faut aborder l'homonymisation iconique en relevant les trois étapes de son élaboration doctrinale. Dans les premiers siècles, on assiste à une homonymisation de l'ancien et du nouveau, du profane et du sacré dans un retournement de l'interprétation scripturaire. Il s'agit du passage de la rhétorique païenne à la rhétorique chrétienne. En second lieu, une opération, plus radicale que cette première étape rhétorique, produit une homonymisation du lisible et du visible dans le mouvement qui élabore l'intronisation du visible sous la modalité de l'icône. C'est le moment de l'homonymisation par la voix. La dernière étape est franchie lorsque, toujours en vertu de l'économie, l'image devient l'opérateur unique et le principe d'incarnation de toutes les homonymies. L'économie est homonymique et engendre toutes les opérations de ressemblance et de similitude.

Sur la question rhétorique, le travail d'Alexandre Lepeu[1] est fort précieux puisqu'il analyse l'homonymisation de l'écriture païenne chez Tertullien puis Augustin, au cœur d'une crise qui se maintient jusqu'au Moyen Âge entre l'écriture païenne et l'écriture chrétienne. Il montre parfaitement comment les mêmes mots changent de sens en « changeant de signe » lorsqu'il s'agit d'anéantir l'idolâtre, le docète et l'orateur hellène en inversant systématiquement le vocabulaire propre de l'ennemi à abattre. Mais, avant Tertullien, le modèle est paulinien. Une technique du retournement homonymique est à la base de la rhétorique chrétienne et en constituera l'irréductible tension interne jusqu'au Moyen Âge. Cependant, ce qui manque à cette analyse pour notre enquête sur les visibilités, c'est la considération de l'économie iconique qui n'est rien d'autre qu'un nouveau procès d'homonymisa-

1. *Fiction et incarnation. Littérature et théologie au Moyen Âge*, Paris, Flammarion, 1990, p. 41-86.

tion. L'adaptation rhétorique du discours chrétien résout la butée de son héritage païen en même temps que l'embarras du tiers inclus, en introduisant l'iconicité comme fondement homonymique du visible et de l'invisible. La crise du langage devient crise du regard et cette crise « visuelle » n'a d'autre issue qu'une doctrine du jugement discriminatif des homonymies de l'économie elle-même. Or, en matière de visibilité, l'homonymie sépare la chose de l'image non point comme on sépare la chose du mot, mais dans une relation qui construit l'écart symbolique permettant de penser leur unité indissociable et sans confusion. L'image a une voix. C'est cette voix qui est homonymique et rend nécessaire le tiers qui énonce l'unité dans la distinction. Aucune confusion, aucun sophisme ne peut y avoir sa place quand c'est la voix qui authentifie. La voix authentifiante est iconique puisqu'elle fait l'objet d'une pratique scripturaire dans l'icône et qu'elle a elle-même un modèle, celui de la fécondation de la matière matricielle par la voix annonciatrice, puis par les autres voix qui prendront le relais déictique. L'homonymie est génératrice et produit l'acte de naissance d'une visibilité qui attend des regards portés sur elle la bonne écoute. L'annonciation pourrait se dire : « À bon entendeur salut ! » La voix prend un pouvoir déictique que le mot n'avait pas. Elle n'est pas signe par convention, mais elle n'est pas naturelle non plus, elle est acte énonciateur et annonciateur d'une opération en cours : l'incarnation, c'est-à-dire la gestation et la naissance du visible. Le Verbe se fait chair sans que la définition essentielle du Verbe soit celle de la chair, ni l'inverse. La manifestation visible de l'incarnation est le paradigme fondateur de toute homonymisation.

L'économie iconique semble résoudre dans la simple présence matérielle d'un objet la thèse et l'antithèse qui anéantissent toute prétention du visible à la vérité substantielle. Le fini contient l'infini, le visible, l'invisible, le mortel, l'éternel. C'est un jeu ininterrompu au cœur du discours sur l'icône entre des prédicats contradictoires et simultanément présents dans l'apparition de ce qui disparaît, « lumière qui brille dans les ténèbres », ténèbres qui éclairent, noire illumination, présence kénôtique, absence substantielle… Il y aurait à ce sujet beaucoup à dire sur ce que la théologie négative devra à la sophistique.

L'analyse d'Hannah Arendt permet peut-être de saisir ce qui s'est joué dans le clivage interne de la pensée paulinienne, fondatrice de l'iconicité. Paul hérite de la rhétorique grecque en l'ouvrant à la forme de la pensée politique romaine. Il pense l'Église temporelle en termes de patrie et d'inscription territoriale du pouvoir. La gestion du visible est politique et son enjeu n'est pas la vérité, mais la liberté construite dans la confrontation des sujets parlants que l'on va cependant réduire au silence. Cette « vérité » de la vie politique n'est pas une théorie philosophique et c'est à juste titre que B. Cassin rappelle l'éminence du modèle aristotélicien chez Arendt. C'est sur ce versant qui passe aussi par la lecture arendtienne de la troisième critique de Kant que je développerai ma propre réflexion. Grâce à la pensée sophistique, l'Église a pu construire sa rhétorique et, grâce à l'image, elle se débarrasse de tout ce qui pourrait entraver l'occupation symbolique de l'*oikouméné*. Il s'agit d'une double opération d'homonymisation du monde païen au monde chrétien, puis du monde scripturaire au monde iconique.

Par l'effet d'un clivage entre la vision et le regard, c'est bien sur l'axe même d'une *indécidabilité* de l'objet visuel que surgit l'opération du jugement comme libre décision du regard. L'injonction du visible saisie dans le dynamisme de l'indétermination a été pensée pour la première fois à Byzance lorsque l'objet polémique apparent, l'image, fut haussé à la puissance d'une politique de l'apparent ou, plus précisément, avec la désignation de l'apparence comme spécifique du politique. Parler de « point de vue » et de « perspective » indique bien qu'on se situe dans une confrontation des regards portés sur le monde. Si toute opinion sur ce monde est solidaire de la position du sujet qui parle, on peut en déduire que l'absence de technique perspectiviste dans l'icône ne fait que réaliser dans le monde visible la sommation de tous les points de vue dans un même plan. Le plan d'apparition est donc l'enjeu de l'image. La visibilité des figures n'est que l'occasion économique de la construction du plan d'apparition des perspectives antinomiques. Le jugement porté sur le visible ne peut être que soutenu par la reconnaissance, par le sujet qui voit, du plan d'inscription d'un sens à construire par son regard. L'absence de perspective iconique n'est pas la mise en œuvre d'une vision absolue qui reviendrait à figurer un point de vue de la transcendance, ce qui est une absurdité dans les termes. Il ne saurait y avoir de solution optique à la vision divine. L'icône opère une dissociation du plan de la vision et du plan du regard. L'absence de perspective permet de traiter le passage de l'ombre à la lumière comme une analogie incarnationnelle.

Ainsi ce que j'ajouterai à la pensée politique du *dokein* qui s'établit au croisement de Hannah Arendt avec Protagoras et Socrate, c'est l'*eikôs* et l'*eikôn*, la semblance et l'image qui ressemble. La semblance imaginale vient proposer le plan d'inscription visuel de l'apparence ressemblante, porteuse d'une nouvelle homonymie qui engendre l'activité du jugement. Homonymie du plan de l'icône avec le plan spirituel sur lequel doit se hausser le regard. C'est le plan politique d'un « comme si » qui ne désigne pas une simulation mais instaure l'espace d'un jeu, d'une mobilité incessante entre les signes. Ce qui fait sens n'est pas assignable dans un lieu, substantiel et définitif ; ce qui fait sens, c'est la mobilité elle-même, la puissance de déplacement des signes au-dessus du vide. L'image n'est que l'incarnation visible d'un plan qui couvre l'invisible vacuité de sa propre condition. Il s'agit du plan qui s'offre aux déplacements de la pensée. Voilà pourquoi on ne peut aborder la question de l'image sans aborder les liens irréductibles qui arriment l'émotion – les motions – au jugement. On ne juge pas la nature d'un objet mais le sens d'un mouvement. La motion émotive est une inscription pathique dont le modèle est l'image passionnée, l'image d'une passion.

3) Économie des plans, construction critique du visible

Le fait qu'*oikonomia* ait été traduit par « plan » a donc un sens profond dans la question du lieu d'inscription visible de l'incarnation. Quand Nicéphore reproche à Constantin V de confondre les plans et de ne plus avoir de jugement (*dianoia*), il accuse cette absence de discernement qui conduit le destructeur des images saintes à ne plus distinguer les espaces et les lieux. On pourrait dire que l'iconoclaste manque le site de l'image faute de concevoir l'image comme un site pour la pensée.

Dans la polémique qui opposa les iconophiles aux iconoclastes, la question de l'homonymie eut une fonction singulière pour déterminer l'hétérogénéité des plans où devaient se reconnaître les adversaires. Quand les iconoclastes accusent leurs adversaires d'idolâtrie, ils désignent le mode d'addiction au visible pour des yeux aveugles devant l'invisible. Quand, inversement, les partisans de l'image faite de main d'homme incriminent la pensée de leurs ennemis, ils ne font que dénoncer leur incapacité à se situer sur le plan économique de l'incarnation. Car c'est cela, l'économie, un plan sur lequel peut se concevoir une légitimité des œuvres humaines, qu'il faut distinguer d'un autre plan, celui de la théologie, où la rigueur de la vérité transcendante ne peut participer pathiquement au plan temporel du salut. Ce plan économique, plan providentiel de la rédemption, est aussi nécessairement celui de l'homonymie des plans. Autrement dit, on trouve plusieurs niveaux homonymiques. D'un côté il y a homonymie confusionnelle de celui qui confond idole et icône. Celui-là est pris dans la confusion pathologique de sa propre crise, folie qui lui fait manquer la bonne homonymie de la similitude iconique et la véritable situation de la crise comme instance du jugement, instance de la distinction des plans. Voilà pourquoi l'iconophile est si pressé de qualifier l'iconoclaste de sophiste au sens pervers du terme. Il l'accuse de faire la loi pour soumettre l'image à la lettre. Il y a de bonnes et de mauvaises homonymies, donc finalement une homonymie de l'homonymie elle-même ! La bonne homonymie est celle qui s'inscrit dans et sur le plan économique. L'économie étant simultanément le projet ou le programme providentiel à long terme de l'incarnation rédemptrice, le dessein divin et dans le présent l'inscription visible de la totalité de ce dessein : le dessin iconique. *Graphê* est un geste économique.

Cette construction du visible qui n'est ni physique ni métaphysique mais bien politique, a pour tout l'Occident une importance considérable. Mais encore a-t-il fallu que ceux qui découvraient cette problématique trouvent dans la langue grecque les moyens de sa formulation. La crise de l'image fut d'abord une crise du langage qui commença dès la fondation du christianisme. Que l'on considère la langue de saint Paul ou les débats conciliaires qui se succèdent jusqu'à Nicée II, il ne s'agit que de l'avènement d'une parole qui bouleverse toutes les habitudes de la pensée spéculative. C'est une parole habitée par l'image au sens même où Jean dit que le Verbe est « venu habiter parmi nous ». L'image pose un problème d'habitation, la pensée y prend demeure. L'*oikos* de l'image est le monde lui-même, c'est le sens de l'incarnation. Ce n'est donc pas un hasard si les iconoclastes sont traités d'onomatomaques, batailleurs de mots, et d'iconomaques, c'est-à-dire ennemis de l'économie. Comment légitimer par la parole l'invisibilité qui garantit la rédemption du visible ? La crise du discours s'achève dans l'instauration d'une image iconique qui a pour mission à son tour d'*incarner la crise* en devenant lieu d'habitation du regard pris comme instance du jugement. L'économie a d'abord été la production d'un concept ouvrant l'habitabilité du discours pour l'image, puis celui de l'habitabilité de l'image pour la pensée. La *doxa* change de modalité phénoménologique en venant lentement à la rencontre de l'image. On s'est donc d'abord battu avec les mots :

> À moins que tu ne choisisses de prêter attention à la nature des choses et à la vérité même [...] et que tu ne renonces à t'arrêter à la lettre des expressions et des noms pour n'être pas privé de ton salut. Hélas, tu as envoyé promener tout cela, docile aux vaticinations de tes maîtres et tu as continué de plus belle, loin du sens et de la piété, à mettre en accusation la vérité et l'Économie du Christ. Pour nous, laissons là les onomatomaques persévérer dans leur proclamation du sens univoque des mots, abandonnons-les à leurs joutes syllabiques, à leurs batailles littérales, pour tourner notre regard et nous diriger vers la puissance de la vérité et des réalités elles-mêmes [1].

Le grand argument des iconophiles consiste à réhabiliter les mots en faisant appel aux choses mêmes, *pragmata*. L'icône est une chose, *pragma* ; donc, en tant que chose elle a une réalité supérieure aux mots, mais elle ne doit pas cette supériorité à sa nature de chose, mais de non-chose qui la distingue de l'idole. Cette non-chose iconique la situe au-delà des mots et au-delà des choses ; quoi qu'elle figure, elle se maintient en deçà de la réalité suprême de l'essence aniconique de Dieu. La non-chose iconique rend présente la non-présence de Dieu en elle, son absence réelle sous forme de présence fictive. Une non-chose est un objet économique qui donne au regard ce qui lui manque en inscrivant ce manque comme objet du regard. L'objet manquant mobilise le regard qui désire, par la figure de la vacuité. L'évacuation du divin par lui-même est le modèle de l'icône, ce n'est rien d'autre que l'anéantissement sacrificiel de l'image (*kénôsis*), l'évidement mortel de Dieu dans son image filiale. Le visible n'est jamais plein de Dieu, il n'est plein que de grâce. L'icône n'est donc pas une idole car elle n'est ni une chose animée par la présence d'un dieu, ni une chose

1. *Antirrhétiques*, I, 317 C-D.

inanimée s'offrant au fétichiste dans une occultation scénarisée. Dieu ne se cache pas dans l'icône, il se montre, Dieu ne se voit pas dans l'icône, il la déserte et la creuse comme figure du désir qu'il veut sans fin inspirer. L'icône va mettre fin à la crise du discours en franchissant les obstacles de l'univocité et de l'équivocité et en devenant le lieu d'un consensus homonymique pour le regard, selon lequel je peux donner un même nom à ce que je vois et à ce que je ne vois pas. Voilà la révolution historique de l'économie. La figure sur l'icône et le prototype sont homonymes ; le consensus, entendez l'accord de tous sur la validité universelle du visible, est fondé sur la double appartenance des mots eux-mêmes.

Si les iconoclastes n'avaient représenté qu'une menace matérielle et physique, les iconophiles n'auraient pas eu à se battre si âprement sur le terrain conceptuel. La crise spéculative est devenue une lutte oratoire dont les témoignages prouvent clairement qu'il y eut un débat dans la langue elle-même puisque, dans cette crise grecque, les uns et les autres ne disposaient d'aucun outil adéquat. Comment passer de l'hébreu ou de l'araméen au grec ? Comment passer de l'*eidos* à la chair, comment passer de la caducité à l'éternité ? Tel avait été le souci paulinien, car Paul avait affronté aussitôt, dans la langue qu'il avait choisie pour prêcher, la difficulté induite par les conséquences conceptuelles de l'incarnation. La filiation de la pensée iconique avec Plotin et Philon a été brillamment analysée par Gerardt Ladner, qui a aussi pris en compte dans la constitution du concept d'image tout l'effort des Pères cappadociens[1]. Le travail sémantique opéré sur les termes d'*eikôn*, *prototupon*, *archétupon*, *homoïôma*, *hômoïôsis*, *mimêsis*, *eidos*, *eidôlon*, etc., ne trouve son unité systématique que lorsque le terme d'*oikonomia* utilisé par Paul devient la colonne vertébrale de toute la doctrine de l'icône. Le débat sur la polysémie homonymique du mot *graphê*, sur l'homonymie de l'image et de l'icône, sur la distinction à faire entre inscription et circonscription (*graphê, périgraphê*), sont autant de moments d'extrême tension à l'intérieur de la langue elle-même[2]. L'Économie couvre toutes les opérations historiques de la grâce incarnationnelle déployée par l'image filiale du Christ et elle a agi sur la langue qui, de concile en concile, construit pour l'image sa première demeure dans la pensée.

1. « The Concept of the Images in the Greek Fathers… », *loc. cit.*, p. 1-34.
2. Sur tous ces termes, cf. *IIE*, p. 91-132.

La tension sera maintenue, mais quand éclate la crise, c'est l'objet qui prend le relais de la langue dans la légitimation de son lieu. Le *topos* rhétorique devient *topos* politique, *horos*, *peras* sont les termes de la théologie qui servent aussi à construire le territoire. Accomplir, voilà ce que fait l'économie pour éviter le régime diabolique de la rupture et de l'innovation. Ici prennent place les jeux de mots entre *kainophônia, kakonumia,* kakonymie des néologismes qui ruinent tout l'édifice homonymique de l'équivalence entre l'ancien et le nouveau. Seul l'exercice du jugement permettra de discerner entre la loi nouvelle et l'innovation diabolique, entre les illusions de la vision et la manifestation véritable opérée par la grâce du regard. L'économie subsume la double signification de rupture et d'accomplissement. Il fallait innover tout en présentant chaque innovation comme l'accomplissement d'une tradition. C'est le discours de la Révolution pris dans le lexique de l'Ancien Régime. Cette activité intensive de rabattement de l'ancien sur le nouveau forme une sorte de pliure du temps où le passé est vu en transparence grâce à l'illumination du présent. Les Écritures subissent une véritable « radiographie » qui rend leur sens enfin lisible. La radiation du présent sur la tradition scripturaire agit comme un révélateur photographique au sens étymologique puisque le négatif sort de la chambre noire des écrits bibliques et expose en plein jour la signification millénaire des annonces prophétiques [1]. L'exégèse fonctionne comme le calque sur l'icône qui dépose les traits sombres d'une silhouette avant qu'elle ne reçoive la grâce chromatique. Les épîtres de Paul sont le centre exemplaire de la crise de langage induite par la pensée de l'incarnation, de la passion et de la résurrection. Paul lance le vocable d'« image du Père » pour parler du Fils, donnant dès lors au mot « image » sa vocation prototypique, c'est lui qui use du terme d'*oikonomia* pour parler du plan de l'incarnation, c'est encore lui qui parle de « miroir » et d'« énigme », statuant par là de l'écart entre la ressemblance et la similitude, c'est lui l'énonciateur de la distinction de la chair et du corps. En s'incarnant, le Fils rend visible l'image du Père, mais le Père reste invisible. « Qui m'a vu a vu le Père », Père qui reste invisible dans le miroir énigmatique de la filiation. Je dirai que c'est dans un tel discours que la crise

1. On retrouve ici le lexique de l'authentification du saint suaire de Turin. Cf. *IIE*, p. 235 *sq*.

se déclare. La langue grecque s'est donc mise en crise avant même de se déplacer dans l'image. Ce qui revient à dire que l'économie iconique résout la crise du discours qui, lui, reste soumis à des règles logiques qui ne peuvent assumer la vivante contradiction de notre chair et de notre destin. Cependant, dire que l'image résout la crise du discours nécessite d'ajouter qu'elle va instaurer un nouveau lieu critique. L'image devient à son tour un lieu de crise pour la pensée qui regarde. Celui qui regarde doit juger.

Les iconophiles ont beau jeu de dire que leurs adversaires jouent sur les mots, qu'ils ne respectent pas le principe de non-contradiction, ni, d'une façon plus générale, les règles élémentaires de l'*Organon* aristotélicien, en vérité eux-mêmes ont la plus grande difficulté à faire dire au grec une vérité venue d'abord de la mystique juive sur son versant messianique lui-même pris dans un renversement et, plus encore, de l'irruption déjà moderne de la question de la liberté du jugement chez un sujet qui découvre l'autonomie de son regard. Bien des chrétiens ont une fâcheuse tendance à prendre pour des vérités de la foi contenues dans les évangiles le résultat de plusieurs siècles de mobilisation intellectuelle, de tension spirituelle, de confrontation violente et paradoxale.

Le dénouement de la crise discursive ne suffit donc pas à l'accomplissement du dessein incarnationnel, autrement dit à l'économie, puisqu'elle ne s'accomplit que dans la nature iconique de la naissance elle-même. Il faut en conclure que la constitution d'une doctrine de l'image et de l'icône doit statuer du visible comme lieu de crise et faire appel à la légitimation du visible par le regard critique. Ce que le Christ a incarné, c'est précisément la crise. La personne du Fils est une personne en crise, et cette crise appelée passion concerne l'instauration de l'invisible dans le champ historique des visibilités. La résurrection est une nécessité interne à la tension elle-même instaurant une réapparition de l'image dans une matière transfigurée. Mais qu'on ne s'y trompe pas, le ressuscité établit le champ critique puisque sa visibilité est loin de l'évidence. Les pèlerins d'Emmaüs ne le reconnaissent pas, Thomas ne peut croire à ce qu'il voit, et Jésus, qui interdit à Madeleine de le toucher, s'offre aux mains de Thomas, mais ne lui offre pas le contact de la chair mais l'épreuve des béances laissées par le supplice ; c'est-à-dire qu'il lui propose de toucher des trous ! La nouvelle doctrine ouvre au sujet le champ de son jugement face à l'irrésolution ouverte du visible et à la vacuité où vient s'inscrire le sens.

C'est l'image qui est en crise ou, si l'on préfère, l'image qui met la pensée en crise et qui devient le moteur et le point de fixation d'une élaboration critique dans la conception du regard. Le visible n'est pas donné, il est à charge de chaque sujet qui construit l'objet de son désir de voir.

La puissance de la pensée iconophile vient de sa capacité à maintenir l'image dans la paix tout en la constituant comme un lieu critique, ce qui revient à avoir une conception critique de la paix. La paix des images est inséparable d'une créature douée de liberté, c'est-à-dire disposant de la capacité de faire autorité. Faire autorité, c'est ici aussi bien devenir auteur de visibilité légitime que spectateur témoignant du sens commun de cette visibilité. Faire une image et l'offrir aux regards, c'est pouvoir en répondre. Ainsi se met au travail un regard qui juge, une opération responsable.

Cette idée nous rapproche encore de la méditation de Hannah Arendt sur la troisième Critique de Kant dans les conférences de 1970 à la New School. Il est vrai que Arendt ne considère nullement la spécificité de l'image en dehors de l'intérêt qu'elle porte au rapport de l'imagination avec le schème kantien, mais ce n'est pas tant sur ce versant que je la retrouve ici que sur celui qui fait du jugement de goût le fondement de la communicabilité universelle d'un sens invisible. Je la cite :

> C'est pourquoi la *Critique de la faculté de juger* naît de la Critique du goût. Cette opération de l'imagination prépare l'objet pour l'« opération de la réflexion ». Et cette dernière – l'opération de la réflexion – est très exactement l'activité de juger de quelque chose.
>
> Cette double opération instaure la condition essentielle de tous les jugements, la condition d'impartialité, de « satisfaction désintéressée ». En fermant les yeux, on devient spectateur impartial – non directement affecté – du visible. Le poète aveugle. Et aussi : en transformant ce que percevaient les sens extérieurs en un objet pour les sens intérieurs, on comprime et l'on condense la multiplicité des données sensibles, on est en situation de « voir » avec les yeux de l'esprit […][1].

1. *Juger*, *op. cit.*, Douzième conférence, p. 105.

Sans reprendre en détail le commentaire qu'appelle une telle déclaration[1], je ne puis ici qu'indiquer la filiation évidente de cette interprétation de la pensée kantienne avec la fondation critique du regard dans la pensée patristique : la situation doxologique de l'objet, le désintéressement « aveugle » pour sa visibilité objective, l'universalité subjective de la conscience « élargie ». C'est bien l'avancée opérée par le concept d'économie d'avoir su articuler rigoureusement la légitimité de l'image à la doctrine de l'incarnation sous le régime de la *doxa*. La pensée patristique a donné son unité à ce qui, dans le verbe *dokein* en grec, touche à la fois à l'apparition des visibilités, à leur caractère structurellement indécidable et à la sollicitation d'un regard qui les juge puisque l'objet qui se donne au regard s'offre à la pensée et à elle seule. L'image est indépendante du régime de la vérité. Par là se pose en elle la communauté du jugement esthétique et du jugement politique, car l'un et l'autre ont à voir avec la confrontation critique des opinions et des regards. L'image n'a pas de prétention à l'être, mais elle revendique la relation naturelle avec la vérité invisible en tant qu'elle ne se constitue que du croisement des signes entre sujets parlants. La vérité de l'image n'est pas d'ordre ontologique, mais de l'ordre de la semblance et de la relation, ce que subsume le mot d'*eikôn*, qui opère la jonction de ce qui semble et de ce qui rassemble ; ainsi l'image est-elle plutôt ce qui rassemble que ce qui imite, car elle opère dans l'invisible similitude des hommes qui regardent ensemble (*simul*). Voir ensemble, c'est construire une « similitude », un temps commun pour voir et pour choisir ce que l'on va aimer ou haïr ensemble dans la perlaboration de l'affect. Le commerce des regards n'est que le tissage de ce temps-là. C'est pour cela qu'il était si important dans le collapsus de la crise de nous convaincre que l'ennemi de l'image était inapte à la communication, à la considération du monde comme spectacle, c'est-à-dire à la construction de la communauté en tant qu'elle naît de la construction du plan de la représentation. L'iconoclaste se trompait de spectacle comme de rassemblement. Il a raté son entrée dans l'histoire puisqu'il n'a rien compris à la portée

1. Je renvoie encore à l'essai de Myriam Revault d'Allonnes qui accompagne l'édition citée des conférences de Hannah Arendt.

politique de l'incarnation. L'incarnation est un événement politique qui inaugure une temporalité nouvelle, celle de l'image.

Sembler n'est pas ressembler, n'est pas simuler, n'est pas copier : sembler, c'est manifester l'entrée dans l'histoire de la figure d'un prototype doué d'universalité et le proposer au libre jugement de toute la communauté humaine. Il a fallu qu'un homme qui n'en fut pas simplement un désigne aux yeux de tous les hommes et pour toujours ce que pourrait être la chair imaginale de l'humanité. Le Christ pour la théologie chrétienne n'est pas le concept d'homme, mais son image et seulement son image, projetée sur le plan d'inscription du visible pour manifester l'humanité invisible comme pure visée. D'où l'importance considérable du verbe *homologein* qui revient comme un leitmotiv pour formuler l'accord de tous sur la nature de l'objet iconique. N'est-il pas éminemment moderne que les champions de l'icône, qui ont combattu les partisans d'une christologie réduite à l'état de gnose autour d'un simulacre (les docètes), aient eu recours au concept d'économie pour élaborer une herméneutique de l'apparence, une phénoménologie de la manifestation, une doctrine du consentement général ?

> C'est pourquoi sans ordre, sans réserve et sans respect du sacré, ils partent à l'assaut des claires apparences, de ce qui tombe **sous les yeux de tous**, de tout ce qui fit **notre accord** (*homologein*) dans le visible, si bien qu'ils s'exposent plutôt au rire de ceux qui savent ce qui est vrai[1].

C'est l'un des plus grands défenseurs de l'icône qui, en la personne du patriarche Nicéphore, se permet d'écrire que, « s'il n'y a plus image ni circonscription, ce n'est pas seulement le Christ mais tout (*to Pan*) qui disparaît[2] ». Comment lire sans surprise cette phrase sous la plume d'un patriarche puisque le Christ y figure comme une partie d'un tout plus vaste que lui, c'est-à-dire plus vaste que Dieu ? Il s'agit de rien moins que de la condition imaginale même de toute pensée, de toute idée. Celle de Dieu reste certes la plus élevée, mais devient elle-même impossible si l'on supprime ce qui en est la condition : la circonscription du Fils et son inscription dans l'image sont la condi-

1. *Antirrhétiques*, I, 212 D-213 A.
2. *Ibid.*, 244 D.

tion même de l'existence du Père. En ce sens, l'image excède la parole. L'origine de l'idée que nous pouvons avoir de Dieu est dans l'image elle-même. Contrairement à la méditation cartésienne qui faisait de Dieu la cause de l'idée de la transcendance, ici c'est l'entrée dans la chair de l'histoire et dans l'économie du regard qui est à l'origine de toute pensée. Le Fils occupe une place souveraine parce qu'il donne désormais son sens à l'histoire des hommes en tant qu'histoire d'une communauté universelle.

4) Désir, jugement et tentations

La force de la victoire iconophile lui vient de sa conception critique de l'image. Le visible est venu alors se placer devant l'instance du jugement en demandant à celui qui porte son regard sur lui d'exercer sa liberté. Ce qui frappe dans la lecture des textes, c'est que la question de la liberté fut traitée par les Pères bien avant que n'éclate le conflit sur l'image avec les iconoclastes. Grégoire de Nysse dans le *Traité sur la création de l'homme* aborde explicitement la liberté du désir de l'homme qui fut fait à l'image de son créateur. Sa doctrine de la double création lui permet d'introduire la liberté avec la création de la différence sexuelle. Dans la *Contemplation de la vie de Moïse*, Grégoire se livre à une superbe interprétation de l'invisibilité divine. Si Dieu ne se montre pas à l'homme, c'est pour que son regard se maintienne dans l'infinité de son désir de voir, participant ainsi à la liberté du créateur lui-même :

> [Moïse] brûle encore de désir et il est insatiable d'avoir davantage et il a encore soif de ce dont il s'est gorgé à satiété ; et comme s'il n'en avait pas encore joui, il demande à l'obtenir, suppliant Dieu de se manifester à lui, non dans la mesure où il peut y participer, mais comme il est en lui-même. [...] Et la demande audacieuse et qui dépasse les limites du désir, c'est de ne pas jouir de la beauté par des miroirs et des reflets, mais face à face. La voix divine accorde ce qui est demandé par le fait même qu'elle le refuse, offrant en peu de mots un abîme immense de pensée. [...] Donc ce qu'il désire s'accomplit pour Moïse par là même que son désir demeure inassouvi. [...] C'est là réellement voir Dieu que de ne jamais trouver de satiété à ce désir. Mais il faut, regardant toujours à travers ce qu'il est possible de voir,

> être enflammé du désir de voir davantage par ce qu'il est déjà possible de voir[1].

L'objet du regard n'est autre que l'ardeur passionnée qui l'habite. Dieu n'est que le nom de celui qui n'est que désir d'être vu. Grégoire énonce sans aborder la question de l'icône ce qui en sera le fondement passionnel et insatiable. La frustration du regard coupe désormais tous les chemins de l'idolâtrie, mais exige par là même, puisque Grégoire reconnaît que la voie du visible reste la seule possible, que l'image ne donne jamais rien à voir. Cette vacuité structurale définit le visible comme manque propre à la vie du désir lui-même. L'icône dessaisit la vision de la possession de son objet. L'iconographe construit un non-objet au sens même où Malevitch construit l'autorité de l'objet suprématiste. Les visibilités sensibles sont offertes au travail du regard qui transfigure leur matière pour les donner à la contemplation de l'esprit, car le texte dit aussi que la non-satiété est un don, une offre faite à la pensée. Ce qui donne soif donne plus que ce qui abreuve. Que signifie cette offre, sinon que la pensée ne se meut qu'à partir d'un état passionnel qui n'est que tension vers un voir impossible ? Il n'y a pas là éloge de la cécité, mais invitation à l'exercice sur le monde sensible d'une faculté critique qui discerne la forme pure et vide de l'objet du désir de voir, devenu chair du désir de penser.

Il est clair aujourd'hui, dans tous les débats autour du politique et des visibilités médiatiques, que c'est bien de notre pensée, donc de la liberté de notre jugement, qu'il est question. Dès le moment où les Pères s'interrogent sur la nature de la visibilité de l'image naturelle (entendons, de l'image invisible du Père) dans les visibilités charnelles, la seule réponse possible consiste dans l'élaboration d'un regard qui produise une figure de la non-objectalité spéculaire ou spectaculaire de l'objet. La relation que nous avons avec le visible est le lieu où se joue la liberté du désir. Travail herméneutique où le regard est créateur de la vérité de l'objet, non comme pure construction, mais comme accueil à la donation du sens dispensé par l'objet. Quand Origène, en fidèle platonicien, se trouve conduit à privilégier

1. *Contemplation de la vie de Moïse*, II, 230-239, *op. cit.*, p. 255-271.

l'invisibilité charnelle au profit de la seule visibilité spirituelle de l'objet du regard, il se situe rapidement à la limite spéculative de l'hérésie. Origène, aux yeux de la catholicité orthodoxe, ne déploie pas suffisamment le potentiel phénoménologique de l'économie et professe une sorte de « réductionnisme incarnationnel ». L'incarnation ne serait utile qu'à ceux qui ont encore besoin de leurs yeux pour voir ce que l'esprit peut rencontrer à lui seul. Il s'agit de ce que Jean-Toussaint Desanti appelle « philosophie de l'ex-carnation », d'une pensée sans chair, sans peau et sans corps qui s'enivre de substance noétique. Pensée qui ignore son propre plan ou plutôt son arrimage dogmatique et fantasmatique à une négation du plan. C'est ce qui rend patente la nouveauté de l'économie patristique dans la langue grecque, car elle fait entrer dans l'histoire de notre propre incarnation tout ce que les formes noétiques maintenaient dans l'éternité ontologique propre à la spéculation métaphysique. L'évangile sans la résolution iconique regorge de contradictions, et ces contradictions demeurent et viennent solliciter le regard pour mettre en œuvre le jeu de la pensée. On peut parler d'une responsabilité conjointe de l'œuvre et de l'œil dans l'élaboration de ce qui fait autorité, c'est-à-dire le commerce des regards comme plan de l'œuvre, son lieu d'apparition et son dessein constructif.

Le concept d'économie est libre de toute religiosité et marque du signe d'un paradoxe le domaine non conceptuel qu'il fonde. Ni religieux ni conceptuel, il est l'acte de naissance d'un domaine, celui, critique et politique, qui place la visibilité au seuil indécidable de la présence et de l'absence. Lieu critique, l'image se pose aux confins de la matérialité sans la faire disparaître. L'économie comme principe de distribution et de gestion des visibilités fait appel à l'autorité du regard libre lorsqu'il s'exerce sur le tissu vivant, et labile, de nos sens et de nos productions. C'est celui qui regarde qui fonde la légitimité de l'œuvre. Sans la liberté du regard, l'objet n'est qu'un lieu de rendez-vous pour les yeux prêts à toutes les soumissions, à toutes les démissions. « Économie » fut parfois traduit par « accommodation », par quoi il faut entendre que l'œil accommode sa vision sur l'invisible dans toute opération de jugement.

Ne pouvant fournir conceptuellement l'équivalent d'une méditation kantienne sur le libre jeu de l'imagination dans le fonctionnement esthétique du jugement, les Pères ont mis en scène des *scenari* paradigmatiques qui permettaient d'y faire opérer la liberté d'un discernement. La nécessité se fit sentir d'équiper le regard d'une faculté de distinction entre les visibilités puisque la rédemption du visible dans l'incarnation n'a pas fait disparaître de la surface de la terre le foisonnement des visions diaboliques. Ce n'est pas l'image qui est rédemptrice, mais le regard libre et judicatif qu'elle suscite ou non ; dans l'affrontement des visibilités forgées par le démon, Dieu éprouve la liberté qu'il donne à sa créature en laissant agir son singe. La question critique qui se posait aux iconophiles était bien celle que leurs adversaires avaient repérée : face à un objet sensible et façonné pour enchanter, séduire ou fasciner, quel moyen avons-nous pour déterminer l'origine sainte ou diabolique de ce qui s'offre à l'appétit des yeux ? On connaît l'abondance iconographique des traitements de la tentation. La figuration de la tentation dans l'art est le résultat d'une situation économique, d'une visibilité critique fondée sur le désir de voir. L'objet d'art use de tous les artifices de la représentation séductrice pour retenir les yeux sur le spectacle des choses à éviter ! On voit bien les figures de l'effroi et de la répulsion, mais elles sont là, déployant la puissance de l'œuvre qui s'offre à la contemplation et à la jouissance. Plutôt que de voir ici la duplicité d'un art tentateur, mieux vaut y reconnaître la manifestation d'une autonomie du regard face au spectacle visuel. La nature morale des choix n'est pas en question, mais seulement l'avènement d'un regard capable de choix. L'image peut indifféremment montrer l'enfer ou le paradis, la fiction picturale ne demande pas au spectateur d'effectuer un choix moral. L'image de l'enfer n'est pas là pour nous dégoûter de l'enfer, mais à l'égal de l'image du paradis, elle opère à un autre niveau qui est celui de la mobilisation du désir de voir qui incarne l'offre d'une liberté. C'est cette liberté qui rend à tout spectateur doué de parole son pouvoir de ne plus fusionner avec ce qu'il voit. Dans l'œuvre d'art qui figure la tentation, l'enfer nous fait défaut tout autant que le paradis. La vision de la luxure ne rend pas luxurieux, ni celle du crime, criminel, non plus que vertueux. L'image n'a pas d'autorité morale. L'imitation du vrai ne rend pas savant, non plus que celle du réel, réaliste. L'image n'a pas d'autorité épistémique. Elle incarne la réalité d'un désir qu'elle n'a pas pour mission de combler, mais de réanimer sans fin. Je cite encore Grégoire :

> L'ardent amant de la Beauté, recevant ce qui lui apparaît continuellement comme une image de ce qu'il désire, aspire à se rassasier de la figure même de l'archétype[1].

Ainsi Satan devenu image est-il pris à son tour au piège de notre liberté, car la vision d'art ne nous rend pas esclaves du démon même si le démon est un artiste, même si l'artiste est un démon. En 1572, Thérèse d'Avila note dans le traité des *Faveurs de Dieu* :

> J'avais lu dans un livre que c'est une imperfection d'avoir des images artistiques, je ne voulais donc pas garder dans ma cellule celle qui y était. Avant même d'avoir lu cela, il m'avait semblé conforme à la pauvreté de n'avoir que des images de papier, et lorsque j'eus lu ce que je viens de citer, je décidai de ne pas en conserver d'autres. Lorsque j'y pensais le moins j'entendis : « Ce n'est pas une bonne mortification ; que doit-on préférer, la pauvreté ou la charité ? Puisque l'amour est préférable, je devais ne renoncer à rien de ce qui l'éveille, ni y faire renoncer mes religieuses, car le livre parlait de l'abondance des moulures et de choses artistiques autour des images, non de l'image elle-même. Le démon, pour perdre les luthériens, leur retire tous les moyens de mieux éveiller l'amour. Mes chrétiens, ma fille, doivent aujourd'hui plus que jamais faire le contraire de ce qu'ils font »[2].

Dans le *Livre des fondations*, Thérèse écrit encore ceci :

> Je connais une personne que les confesseurs ont beaucoup tourmentée pour des révélations, et pourtant les grands effets et les œuvres excellentes qui s'en sont suivis prouvent qu'elles venaient de Dieu. [...] Car où que nous voyions l'image de Notre-Seigneur, on fait bien de la révérer, même si c'est le démon qui l'a peinte ; il est un grand peintre, et il fait œuvre pie tout en voulant nous nuire lorsqu'il peint pour nous un crucifix, ou toute autre image, avec tant de vérité que notre cœur en garde l'empreinte. Cette explication me plut beaucoup car nous n'aurions pas une moindre estime pour une très belle image si nous apprenions qu'elle est l'œuvre d'un méchant homme, le peu de cas que nous ferions du peintre n'entamerait pas notre dévotion. Le bien et le mal ne sont pas dans la vision, mais en celui qui reçoit sans humi-

1. *Contemplation de la vie de Moïse*, II, 231, *op. cit.*, p. 265
2. In *Œuvres complètes*, Paris, Desclée de Brouwer, 1964, p. 552.

> lité ce qu'il voit. Là où il y a de l'humilité, nul ne peut nuire, même pas le démon ; mais lorsqu'elle fait défaut, rien ne profite, la vision fût-elle de Dieu[1].

L'enjeu de l'art n'est pas dans la visibilité du récit qu'il peut à l'occasion illustrer ni dans l'exactitude de son information, mais dans les effets médiateurs de l'objet, entre le regard du spectateur et celui du créateur. Hannah Arendt écrivait que l'artiste n'est contraint par rien, pas même par la vérité[2]. Un art libre induit un regard libre, un art créateur induit un regard créateur. Ces deux propositions sont synonymes. La puissance critique de l'image lui vient de la création d'un jugement libre sur l'existence tout court. Contre toute propagande, l'image libre ne propage rien. Je pense au cri que la légende prête au Corrège contemplant une œuvre de Raphaël : « *Anch' io sono pittore !* » (« Moi aussi je suis peintre ! »). Voir c'est désirer voir, voir une peinture c'est désirer être peintre. La liberté n'a d'autre existence que poétique.

Comment se doit d'être un objet qui se donne une si noble tâche : nous rendre libre ? Que veut dire Arendt lorsqu'elle parle de préparation de l'objet pour l'opération du jugement ? Elle ne répond pas vraiment à la question des critères de la forme. Les Pères, eux, répondent car ils ont un modèle : l'annonciation qui féconde la chair par la parole, l'incarnation qui légitime le trait, la passion qui fonde l'opacité, et la résurrection qui inscrit la transparence. Il faut considérer précisément qu'une icône est ce dans quoi le visible s'efface devant l'image pour ouvrir sa demeure à la pensée. Rien ne ressemble autant qu'une icône à une idole, c'est-à-dire à un objet destructible et destructeur dans la piété productrice de « bondieuseries ». Lesdites « bondieuseries » ne désignent pas tant ici les objets misérables qui depuis le XIXe siècle ont peuplé les églises, mais plus significativement l'ensemble de tous les objets de culte, profanes ou non, liés à la communication et à la consommation de la goinfrerie générale. La

1. Chap. VIII, 3, *ibid.*, p. 651-652.
2. *La Crise de la culture*, 6, « La crise de la culture : sa portée sociale et politique », Paris, Gallimard, 1975, p. 288 : « Cicéron dit : en ce qui concerne mes liens avec les hommes et les choses, je refuse d'être contraint même par la vérité, même par la beauté. »

nouvelle idolâtrie n'a rien à envier aux idoles païennes dont les païens proprement dits ne furent jamais les dupes. Bondieuseries publicitaires, propagande saint-sulpicienne des dictateurs de tout poil, tout cela compose le nouveau « marketing » de la satiété. Les images sont obèses, les spectateurs boulimiques, les producteurs gaveurs, tout est bon pour exténuer le désir, et avec lui la pensée.

Face à ce jeu de massacre, chaque œuvre éclôt comme un événement imprévisible. L'induction du regard créateur est opérée par l'objet, non pas par sa matérialité de chose, mais par la forme qu'il a reçue des gestes qui ont présidé à sa création, dont il manifeste la trace et devient le vestige positif. Si le modèle légendaire de l'icône est dit achiropoïète, ce n'est que pour rendre plus déterminante l'humaine chiropoïèse de tout objet. La liberté du regard sort de nos mains. La sainte Face est une icône qui a inventé son modèle improbable et qui provient de mains pensantes. En d'autres termes, on aboutit à un principe de circulation qui est l'essence même de l'économie. Ainsi se constitue le commerce en vertu duquel le geste créateur humain devient origine du regard divin. C'est de l'autorité du geste dans l'œuvre qu'il s'agit et cette autorité ne peut s'instaurer que dans le plein exercice d'une liberté qui répond de ce qu'elle accomplit en assumant sa situation d'auteur autodéterminé. Quand un homme va de son plein gré à la rencontre des hallucinations tentatrices qui promettent de combler tous ses désirs, viennent-elles, se demande-t-il, du ciel ou des enfers ? La réponse n'est pas dans l'objet de la vision, mais dans le sujet qui en est la source et qui se met en demeure d'agir et de parler, de lier commerce avec lui. À quel travail l'œil et la main vont-ils se livrer pour devenir maîtres de ce qui nous assaille ? Bataille du désir au cœur des images. Les Pères ont ainsi formulé que la pire de toutes les tentations, celle qui témoigne de la plus absolue perversité du démon, était celle qui, à midi, fait sombrer le saint homme dans l'acédie. *Akédia*, c'est l'extinction de tout désir, l'ennui radicalement indifférent à Dieu et au diable lui-même. Mort du désir, mort des images, coma dépassé de toutes les visions. Mieux vaut se battre avec le visible, réel ou fantasmé, que s'anéantir dans une solitude sans commerce fût-ce avec le démon. Crise, combat, bataille sont les états de la vie indissociables de la vie du désir lui-même.

L'événement exemplaire est la naissance dit encore Arendt, et de façon plus déployée tout commencement. L'homme est un être qui commence, et il tient à l'usage qu'il fait de sa pensée de commencer : « C'est parce qu'il est un commencement que l'homme peut commencer[1]. » C'est ainsi qu'elle déploie la liberté contenue dans l'*archein* grec. L'œuvre d'art est le paradigme de la pensée qui prend forme, s'incarne dans l'avènement de sa propre apparition. L'incarnation est un événement natif. Tout objet se donne à voir dans la brèche où le jugement se donne la tâche constitutive de l'événement lui-même. Le regard de l'homme est toujours naissant quand il donne naissance à du sens. Le jaillissement de la vie est conjoint au jaillissement du sens. Ce jugement natif ne peut être que cette disposition du regard sur le visible produite par les mains humaines. On peut encore écouter en écho ces mots d'Hannah Arendt :

> En esthétique, non moins que dans les jugements politiques, une décision est prise, et bien que cette décision soit toujours déterminée par une certaine subjectivité, du simple fait que chaque personne occupe une place à elle d'où elle regarde et juge le monde, elle tient aussi au fait que le monde lui-même est un *datum* objectif, quelque chose de commun pour tous ses habitants. L'activité du goût décide comment voir et entendre le monde, indépendamment de l'utilité et des intérêts vitaux qu'il a pour nous, décide de ce que les hommes y verront et y entendront. Le goût juge le monde en son apparition et en sa mondanité[2].

Quand voir c'est juger, chaque spectateur se met en demeure de décider et de donner naissance au visage de son désir. Je terminerai en laissant une fois de plus la parole à Hannah Arendt, qui écrit :

> Ce qui d'ordinaire demeure intact dans les périodes de pétrification et de fatale prédestination est la faculté de liberté elle-même, la pure capacité de commencer qui anime et inspire toutes les activités humaines et qui est la source cachée de la production de toutes les grandes et belles choses [...].

1. *La Crise de la culture*, *op. cit.*, 6, p. 284.
2. *Ibid.*, 4, « Qu'est-ce que la liberté ? », p. 217.

> S'il est vrai que l'action et le commencement sont essentiellement la même chose, il faut en conclure qu'une capacité d'accomplir des miracles compte aussi au nombre des facultés humaines. Cela paraît plus étrange que ça ne l'est en fait. Il est de la nature même de tout nouveau commencement qu'il fasse irruption dans le monde comme une « improbabilité infinie », mais c'est précisément cet infiniment improbable qui constitue en fait la texture même de tout ce que nous disons réel[1].

L'image semble ainsi se définir comme figure sensible de la liberté elle-même, elle convoque en son intimité charnelle l'autorité de la pensée au plus haut de ses opérations critiques. Dans notre relation à l'image se joue notre responsabilité en tant que nous maintenons ou non l'exigence d'un face-à-face avec l'invisible objet de tout regard. Dans notre monde, il y a de moins en moins d'images car leur miraculeuse naissance est menacée par la poussée démographique des visibilités. La surpopulation visuelle exige un travail considérable de la pensée. Les empereurs et les Pères de l'Église, dans leur lutte pour le pouvoir temporel, ont pensé qu'il y avait un monopole à prendre, un contrôle à maîtriser. Pensons au contraire que les conflits suscités par ce qu'on nous montre, ce qu'on nous cache, ce qu'on nous oblige à croire ou à oublier, tout cela nous permet plus que jamais aujourd'hui de défendre une indécidabilité du visible et la pleine souveraineté de nos commencements.

Si la crise de l'image produit une tourmente des corps et des esprits alors peut-être faut-il plutôt adopter un autre mot pour en résumer le combat. Ce mot pourrait être celui que l'iconoclasme des pays du Nord a fourni : *Beeldenstorm*, « tempête d'images » ou « tempête des images ». C'est ainsi que fut traduit le titre du film de Van der Keuken en 1983. « Tempête de l'image » qui dit bien le cataclysme induit par la violence d'un flux. Le film de Van der Keuken rassemble une multitude d'images prises dans une communauté d'étrangers à Amsterdam. Le montage construit une anarchie fictive où se disent simultanément la solitude, la pauvreté et la vitalité créatrice. Les corps qui jouent, chantent, lisent des poèmes, ne produisent pas des images militantes, mais une sorte d'hymne syncopé où ils incarnent leur résistance à l'ordre général. À l'image

1. *Ibid.*, p. 205.

du souffle des vents et à l'image des gouttes de pluie, la vie de ces hommes et de ces femmes aux marges de la ville font déferler une vague de liberté à la fois fragile et tenace. Le spectateur n'est pas pris en otage dans le flot d'une démonstration. Il reste lui aussi libre sur le frêle esquif de son regard sur la vie. Voilà ce que peut être l'idoloclasme moderne lorsqu'il ne renonce pas aux pouvoirs de l'image.

Chapitre 4

De quelques rois nus

> Je serai moi la vérité, contre vous, la grande trompeuse, puisque ce n'est pas seulement par la fausseté que passent mes voies, mais par la faille trop étroite à trouver au défaut de la feinte, et par là nuée sans accès du rêve, la fascination sans motif du médiocre et l'impasse séduisante de l'absurdité.
>
> J. Lacan,
> *Écrits*, « La chose freudienne »

Ce dernier chapitre a fonction d'ouverture conclusive car, sous forme de parcours à travers quelques textes, il n'est que le développement consécutif de tous les thèmes précédemment abordés : la construction symbolique du regard par la parole, l'engagement pathique des corps dans leur relation au visible et aux images, la responsabilité politique des producteurs de visibilités. Si cette étape a valeur de conclusion, ce n'est pas tant parce qu'elle met un terme à la réflexion que parce qu'elle retrouve les éléments constituants dont ce travail est parti, à savoir les principes de l'interdiction de toute fabrication d'artefact dans la tradition biblique. La souveraineté de la parole qui fait voir est devenue aujourd'hui l'objet d'un débat majeur sur la critique. On entend tour à tour trois discours. Pour les uns, la critique est décisive pour la reconnaissance et la diffusion d'une œuvre et se doit donc d'informer sur tout ce qui se fait sans émettre le moindre jugement pour donner ses chances égales à chacun. Pour les autres, il faut demander à la critique de faire voir les qualités et les défauts d'une production en produisant un jugement, sans complaisance ni indulgence, dans l'engagement du goût de celui qui s'exprime. Enfin se fait entendre l'opinion selon laquelle le contact direct et personnel de chacun avec les œuvres est la seule instance qui décide de la valeur d'une création. Si la fonction critique n'est que le reflet des pressions ambiantes ou des choix subjectifs sans universalité, mieux vaut s'en passer. Dans les trois cas, le problème est mal posé puisque tout repose sur l'hypothèse que les œuvres possèdent une vérité substantielle devant laquelle on ne fait que varier les méthodes d'approche. Ce que les textes que je propose d'analyser rendent manifeste, c'est qu'il en va tout autrement de la circulation des signes et de leur lecture dans une communauté. Faire voir et voir ensemble n'est pas le résultat naturel de fonctions organiques sur des objets perçus sans équivocité. Personne ne pourra jamais se vanter de savoir ce que l'autre voit ou ressent devant le spectacle du monde, et cependant une communauté ne peut se maintenir dans le partage de ce monde qu'en se donnant les moyens d'y constituer des réseaux de signes qui circulent entre les corps et produisent une sociabilité politique des émotions. Le visible se choisit et se construit ensemble. Le destin politique du *pathos* détermine les figures de la cohabitation. La « vérité » d'un objet visuel dépend entièrement de la place faite à la parole dans le hors-champ de sa simple perception.

1) Faire voir

Revenant sur le texte qui raconte l'ivresse de Noé et la faute de Cham, faute qui entraîna sa malédiction, on se souvient d'avoir vu plus haut que ce récit constitue peut-être, dans notre monde, la tradition la plus ancienne évoquant les effets du regard et de la parole sur la nudité d'un père souverain. Cham a fait état de la nudité de son père et la Bible semble condamner ce regard et, surtout, une parole qui n'a sans doute rien fait d'autre que constater un état des choses, *ea quae sunt sicut sunt*. Ce roi nu dont la dignité est atteinte par l'attitude d'un fils irrespectueux m'a conduite à considérer le cas de Cham comme scénario fondateur du rapport à l'image dans ses liens archaïques avec l'interdiction de l'inceste et la construction d'un écart symbolique. La malédiction du père, surpris dans l'indignité de son sommeil d'homme ivre par un regard incestueux, brandit en retour comme une menace de castration. L'accomplissement de la malédiction fut inséparable de ce qui conditionna l'entrée dans la terre promise, la terre des contrats symboliques où la descendance de Cham aura la double charge de faire régner la loi et de lutter contre la proposition fusionnelle des idoles. L'interprétation que j'en ai proposée permet-elle d'établir un lien entre la nudité de ce père et ce que devint la fiction du « roi nu » telle qu'on la trouve, récurrente, dans des textes ultérieurs ? Sous forme de fable instructive et humoristique, une même forme narrative se répète : on construit une scène qui est un lieu social où des étrangers surviennent ; ils proposent à grand prix de faire voir des merveilles mais dont la visibilité est conditionnée de façon si menaçante que chacun préfère simuler la vision et dire qu'il voit plutôt que de se découvrir. Tant et si bien que la nudité réelle fait l'objet d'une « cécité verbale » et d'une inversion des visibilités dont personne ne sort indemne. Voir est alors indissociable de dire que l'on voit et de décrire ce que l'on voit. L'ensemble de ces textes renvoie à un réseau cohérent de questions puisqu'elles s'enchaînent les unes aux autres dès les versions médiévales. Une façon de concaténation narrative produit une cascade de réponses fausses et cependant éclairantes à des questions portant sur la vérité elle-même. Qui montre quoi et à qui ? Qui dit ce qu'il y a à voir ? Quelle est la nature du discours qui fait voir ? Qui feint de voir ? Qui croit voir ? Qui ose dire qu'il ne voit rien quand il n'y a rien à voir ? Quelles conditions faut-il remplir pour voir, puisqu'il semble qu'on puisse avoir des yeux et ne pas voir ? Comment la capacité de voir renvoie-t-elle à la question des origines ? Qui paye pour voir ? Qui paye pour croire ? Qui se fait payer pour montrer ? Pourquoi les dupes sont-ils souvent des princes, des empereurs et des rois ? Pourquoi les dupeurs comme leurs démystificateurs n'ont-ils qu'un seul pouvoir : celui de la parole ? C'est bien de ce pouvoir de faire voir avec des mots qu'il est question.

L'interdit n'est pas l'enjeu explicite de ces textes, pourtant il y est bien question d'une sacralité menacée. Quels sont les régimes de sacralité qui sont profanés par ces contes : celui de la visibilité du pouvoir ou celui de la liturgie qui transforme le regard ? En effet n'est-ce pas le prêtre dans le monde chrétien qui opère une mutation de la vision, lui qui n'a qu'à dire une parole pour modifier la substance des choses. Une assemblée ferme les yeux. « *Hoc est Corpus* », dit une voix en prenant du pain. – « Je ne vois toujours là que du pain », dit une autre voix. Il y a entre tous ces récits une filiation souterraine et continue constituée par le désenchantement du regard sur la transsubstantiation eucharistique opérée par une parole magique.

Ce qui est terrifiant dans ces petits récits, c'est qu'ils fonctionnent comme des tests sans appel et que les menteurs y sont les véritables opérateurs de vérité. Toutes les interrogations prennent soudain une ampleur inattendue car elles touchent le champ philosophique et le champ politique, là où ils constituent un même champ : celui où se jouent la liberté et la servitude de la parole face au visible. Qu'est-ce qui nous fait voir ? Les yeux sans doute, mais font-ils réellement quelque chose ? Ils n'agissent pas, ils réagissent à l'action de la lumière. Faire voir en tant qu'acte qui détermine l'apparition d'un monde distinct pour un sujet qui dit ce qu'il voit, voilà qui engage, bien plus qu'un organe ou une réalité physique, la détermination d'une visibilité par des gestes qui situent, qui cadrent, qui nomment, qui mettent en scène un monde face à nous. Faire voir est donc un acte à la fois philosophique et politique puisqu'il construit le regard d'un sujet parlant dans l'espace où il entre en relation avec d'autres sujets parlants. Faire voir est plus que montrer, plus qu'exhiber, puisque cela implique le partage d'un espace et d'une parole. Il en résulte que faire voir peut aussi bien produire une occultation, une cécité opportune chaque fois que celui qui fait voir veut se rendre maître du regard des autres pour les tenir à sa merci. Cette situation décisive et violente du faire voir ne peut que nous ramener au questionnement platonicien et son inquiétude politique à l'égard des sophistes. Platon n'a cessé d'aborder la difficulté fondamentale posée par le visible : comment ramener à un discours vrai le contact intuitif que nous avons avec le monde ? Nous croyons avant de savoir et, quand nous savons, il n'est pas si sûr que nous ne croyions plus, ne serait-ce que parce que nous croyons savoir.

Quand il écrivit le *Sophiste*, Platon mit au jour la tension la plus vive : découvrir la liberté de la parole dans sa fonction constitutive de l'être qui ne pourrait se déployer sans la puissance du non-être, c'est-à-dire à la fois de l'autre et du pouvoir mensonger. En effet, si d'un côté le non-être trouve sa dignité en tant que genre de l'être sous le signe de l'autre, d'un autre côté il est le mode sous lequel le faux et la tromperie entrent dans la cité. C'est parce que cette aporie est intimement mêlée à la question du visible et de l'image qu'il vaut la peine de faire un détour platonicien pour mieux comprendre ce qu'il advint des mots mensongers qui faisaient voir la nudité des rois. Car ce sont bien les mots qui habillent et déshabillent dans les fictions. J'ai cité dans l'introduction à ce travail le passage où Desanti parle du trompe-l'œil[1]. Il évoque la fin du leurre comme effet du déplacement du corps qui, découvrant son site dans le face-à-face avec ce qu'il voit, éprouve à la fois la circulation des signes et leur recouvrement par nappes successives sans jamais combler ni abolir le vide constitutif. Le leurre fondateur de tous les fantômes est celui de la continuité et de la complétude d'un espace où s'anéantit l'écart irréductible d'où naît le sens. Voilà pourquoi reprendre avec Platon le chemin philosophique et politique qui analyse le « faire voir » par la voie de la parole constitue la meilleure façon de construire la méditation pour une déontologie des écarts dans ce « faire voir ».

2) Détour platonicien[2]

Pour bien prendre la mesure de la gravité des fabulettes ou des fictions autour du roi nu, il me semble important d'en saisir l'enjeu philosophique dans des textes qui se donnent au départ comme purement spéculatifs. En vérité, ces textes touchent au cœur de la vie puisqu'ils traitent des conditions de possibilité de la parole et des exigences requises par le discours vrai.

Dans le *Sophiste*, dialogue éminemment dramatique et énigmatique, Platon construit une scène fictive où, par un jeu critique de prosopopées et de citations, il donne la parole à des absents dont on sait que les uns et les autres ont pris position pour dire ce que signifie parler, dire, voir, faire voir, croire sur parole, aveugler… Là aussi l'enchaînement des questions est si serré que Platon les aborde en termes de chasse à l'homme et de poursuite sans répit. Explicitement, il s'agit de capturer le sophiste, lui-même désigné comme expert en « chasse à l'homme » (*anthrôpothêria*) (223b 2). Dès le départ donc, s'annonce une symétrie apparente qui doit cependant éviter toute réversibilité. Chasseur et gibier devront impérativement ne jamais se confondre. Mais la chose est loin d'être simple puisque le philosophe et le sophiste partagent un même pouvoir, celui de la parole, dans un même espace, celui de la cité.

1. Voir *supra*, Introduction, p. 26.
2. Tout le développement qui suit résulte d'un travail de relecture du *Sophiste* mené en compagnie de Jean-Toussaint Desanti. Je dois infiniment à sa profondeur et à son écoute. C'est en lisant ensemble que nous sont apparus les enjeux partagés par tous les textes que peu à peu je rassemblais autour du thème du roi nu.

Dans cette chasse où le gibier est lui-même chasseur, le seul meurtre directement évoqué est le meurtre du père (*patraloian*). Il va falloir tuer le père, dit l'Étranger à Théétète (241d 2). Ce père, c'est Parménide, ce qui est pour le moins inattendu dans une chasse au sophiste. L'affaire est donc hautement dramatique et surprenante et personne ne sortira indemne puisque, il faudra bien se rendre à l'évidence, l'ennemi ne vient pas de dehors, mais se dissimule dans le tissu vivant de la parole où chacun doit apprendre à répondre de ce qu'il dit, de ce qu'il dit qu'il voit, de ce qu'il fait voir. Tous sans exception doivent reconnaître qu'il est impossible de s'exclure du parler et que le parler qui exclut fait sombrer dans les ténèbres et le silence dont précisément on ne saurait parler. Dans le discours parménidien se cache le piège même qui donne des armes au sophiste puisque, à suivre Parménide, la disjonction exclusive de l'être et du non-être, ne laissant aucune place réelle à ce qui n'est pas, au cœur même de la parole, conduit au mutisme le plus absurde comme au bavardage contradictoire le plus infantile. La parole oraculaire de Parménide est devenue la tanière du sophiste. Mais il y a plus : le parricide nous dit encore autre chose – que la liberté du regard exige un double sacrifice, l'un du côté des mots, l'autre du côté des choses, afin qu'advienne un ajustement complexe et rigoureux de l'entrelacs (*sumplôké*) du visible et des mots. Ce sacrifice est à la fois deuil de la substance des choses et deuil de la consubstantialité des signes aux choses. Dans ce dispositif critique, il n'est point de lieu isolé pour l'image, point d'espace autonome où elle pourrait faire l'économie du travail philosophique qui seul lui donne la parole et détermine sa dette envers les mots qui définissent et déterminent. Ainsi se constitue une sorte de récit œdipien au sujet du visible : l'image est un carrefour, lieu d'un parricide aveugle où le voile qui tombe sur les yeux s'offre comme lieu d'inscription d'une parole vraie sur le monde visible auquel Platon étrangement voudrait ne plus croire (*pistis*) pour ne plus s'en méfier (*apistia*). Le lieu de l'image est produit par les mots dont s'éclairent les choses qui brillent sous le soleil. Nous partageons leur clarté et leur nuit, jamais leur clarté sans leur nuit. Mais, pour cela, il faut accepter que ces mots gardent pour toujours leur puissance menaçante d'occultation. La vérité ne donne jamais à voir comme totalité ni comme unité, mais elle se donne à dire sur le fond irréductible du non-être.

Le jeu des questions énumérées plus haut, concernant la discursivité du « faire voir », ne cesse de se retrouver au fil du dialogue où le sophiste absent est recherché, traqué, trouvé et condamné par contumace, alors que les questions qu'il oblige à se poser sont les vraies questions qui forment le cœur de la pensée au travail (*phronêsis*). Comme dans les contes que l'on va examiner plus loin, c'est le dupeur qui sert de révélateur. Platon prend en chasse un chasseur d'hommes dont les discours prétendent faire voir tout sur tout, c'est-à-dire rien, y compris ce qui n'existe nulle part. On le paye cher pour cela, trop cher pour que ses victimes avouent sans honte qu'elles ont été dupées, ou assez cher pour qu'elles profitent d'un « art » qui leur permettra de tromper à leur tour. Mais, on le sait, les choses ne sont pas si simples car celui qui veut démystifier les charlatans doit lui-même user d'une rhétorique chargée elle aussi d'ouvrir les yeux sur la vérité, de faire voir quelque chose qui n'est pas donné par les seuls yeux. Où est le pervers, où est le juste ? Qui dit ce qu'il y a à voir et le fait en toute légitimité ? Qu'est-ce que voir ce qui n'a pas d'être ? En quel sens peut-on dire d'une chose que *c'est réellement qu'elle n'est pas* ? Étrange turbulence du discours, débordant sur lui-même puisqu'il peut dire le faux *vraiment*. Que serait la puissance de la parole si elle était dépossédée de son propre débordement, du souffle intempestif de la négativité qui fait de la potentialité du faux le principe de toute détermination du vrai ?

Dans le *Sophiste*, c'est l'Étranger qui fait voir en parlant, qui le fait gratuitement et sans menace, en traitant méthodiquement du problème que posent les relations du visible avec la parole face à la manifestation de l'être et du non-être construite par les mots ou saisie par les yeux. En ce temps-là de l'écriture platonicienne, Platon habite la voix de l'Étranger dans un écart définitif avec Socrate, avec Parménide et les amis des Formes, dans une sorte d'écart avec lui-même, en ce sens qu'il fait découvrir à Théétète que l'écart est à l'intérieur du parler. Il donne la parole à des adversaires absents et il chasse le sophiste comme un gibier introuvable dehors. Il trouve finalement l'objet de sa chasse en lui-même, dans la possibilité même de la parole sur le monde. Le philosophe construit un sentier difficile et sans cesse menacé par la tentation de combler le vide qui le sépare de lui-même et des choses. Or cet abîme est constitutif, il est l'écart qui fonde la condition de possibilité et du souffle et du sens. Plus qu'un chemin, c'est une zone liminale qui ne laisse aucun corps parlant en repos.

Pour ne s'en tenir ici qu'à ce qui touche à la question de l'image dans le *Sophiste*, il faut s'arrêter aux propositions fondamentales de Platon sur l'*eikôn* et sur l'*eidôlon* dans ce dialogue. J'en reprendrai ici trois points : la définition de l'image en tant qu'elle échappe aux rigueurs aporétiques de l'ontologie parménidienne ; la condamnation des discours qui font voir ce qui n'existe pas (*eidôla*, *legomena*), la distinction entre des mimétiques savantes et des mimétiques ignorantes, donc mensongères.

Le premier passage que j'analyserai a fait l'objet de débats philologiques savants tant le texte platonicien se déploie au cœur d'une double aporie : celle de l'existence réelle du non-être et celle de la localisation de la cachette du sophiste, qui existe bel et bien, mais hors la vue. L'édition des Belles Lettres propose la traduction de Diès, que Nestor Cordero dans une nouvelle version remet largement en question à la lecture comparée des manuscrits. Il s'agit de définir le mot *eikôn* dont Diès fait un « irréel non-être », ce qui, il est vrai, ne veut rien dire, sauf peut-être aujourd'hui pour les rhéteurs contemporains des images virtuelles ! Devant cette aporie philosophique que pose l'expression « *ouk ontôs ouk on ara* » que Platon reprend à l'inverse quelques lignes plus loin sous la forme « *ouk on ara ouk ontôs* », Cordero décide qu'il s'agit d'une dittographie. La question qui est au cœur de ce développement est celle de l'existence d'objets réels qui peuvent être non vrais. Tel est le cas de l'*eikôn*. Que dit le texte que Proclus, lui, a accepté ?

> L'ÉTRANGER : Tu dis que le semblant (*eoikos*) n'est donc pas réellement un non-être, quoique tu dises qu'il n'est pas véritable. (*Ouk ontôs ouk on ara legeis to eoikos, eiper auto ge mê alêthinon ereis.*)
> THÉÉTÈTE : Mais c'est qu'il existe quand même d'une certaine façon.
> L'ÉTRANGER : Donc non de manière vraie (*alêthôs*), dis-tu.
> THÉÉTÈTE : Non en effet, sauf qu'elle est semblance (*eikôn*) réellement (*ontôs*).
> L'ÉTRANGER : Donc ce qui n'est pas réellement un non-être est réellement ce que nous appelons une semblance. (*Ouk on ara ouk ontôs estin ontôs hên legomen eikona*) (240b 6-13).

Mot à mot il est écrit une première fois : « le non réellement non étant donc, tu l'appelles le semblant », et la seconde fois : « le non étant donc non réellement, est réellement ce que nous appelons semblance ». Le traducteur prétend que le copiste, comme il arrive parfois en cas de divergence, aurait recopié côte à côte deux lectures pour ne pas imposer son interprétation au lecteur. On ne comprend pas pourquoi, dans ce cas, il aurait pris soin de changer l'ordre des mots… Cordero supprime donc l'un des deux membres et traduit :

> – Tu dis donc que ce qui est semblable n'existe pas, si tu affirmes qu'il n'est pas vrai. Mais il existe.
> – De quelle façon ?
> – Eh bien donc, tu diras qu'il existe véritablement.
> – Certes non, excepté qu'il est réellement une copie.
> – Ainsi donc, ce que nous disons être réellement une copie n'existe pas réellement.

Cordero, pour rendre plausible son remaniement du texte, n'hésite pas à le couper autrement, prêtant à l'Étranger une réplique de Théétète, puis, modifiant l'accentuation de *oukoun*, transforme une négation en affirmation. Autant de manipulations qui aboutissent à une contradiction : quand Platon se met en marche pour prouver que l'image existe dans l'entrelacs de l'être et du non-être, car le non-être existe, Cordero, lui, conclut que l'image n'existe pas réellement. Toute l'entreprise du dialogue s'effondre puisqu'il s'agit justement de démontrer l'existence du non-être en tant qu'autre (*heteron*) et non point en tant que contraire (*enantion*) de l'être.

Pour se justifier, Cordero invoque l'indécision d'un copiste devant des lectures divergentes. Où est la divergence ? Il propose une traduction unique en interprétant la prétendue dittographie comme une redondance, donc sans avoir à faire de choix. Autrement dit, la philologie se charge d'éliminer le problème philosophique propre au *Sophiste*, à savoir qu'il y a une aporie intrinsèque dont l'Étranger fait part à Théétète. La question qui est au cœur de ce développement est celle de l'existence d'objets réels qui peuvent être non vrais. Tel est le cas de l'*eikôn*. Platon ne dit jamais que l'image n'existe pas !

Entre la première proposition qui énonce que ce qui semble (*eoikos*) n'est pas réellement un non-être, même s'il n'est pas vrai, et la seconde qui définit l'image, la semblance (*eikôn*) proprement dite, comme une réalité qui n'est donc pas vraiment un non-être, il y a une avancée que marque la non-identité du réel et du vrai dans l'ordre du semblant, d'où il s'ensuit que la semblance (iconique) existe réellement sans être vraie, donc sans être un non-être « parménidien ».

Eoikos désigne toute figure semblante ou semblable, alors qu'*eikôn* spécifie l'objet de l'enquête qui concerne le peintre et le sophiste, c'est-à-dire les artefacts qui imitent. C'est le régime de l'*eoikos* qui nécessitera qu'on distingue entre les mimétiques à la fin du dialogue. *Eoikos* peut englober l'opinion, *doxa*, comme ce sera le cas plus loin lorsque le dialogue aborde pour finir la question du vrai et du faux, tandis qu'*eikôn* est un objet spécifique qui se donne à la vision. Quand Théétète scande ses réponses d'un *eoika* (« il me semble bien »), il fait part d'un état de sa pensée lorsqu'elle a des chances d'être dans le vrai, mais qu'elle n'a pas encore démontré et confirmé ce qui ne lui semble encore que probable. En revanche, quand les conclusions sont assurées, il est heureux de les accueillir d'un *saphestata* ou d'un *alêthêstata* qui en exprime la clarté et la vérité. Mais le dialogue se tient justement en un lieu de crise discursive où l'on ne se débarrassera jamais des turbulences de l'incertitude. Les derniers mots de l'Étranger qui bouclent la quête obsédante de la proie et capturent le sophiste dans la définition finale, sont : « *talêthestata hôs eoikèn* », c'est-à-dire : « c'est absolument vrai, me semble-t-il ». À quoi Théétète répond pour conclure : « *pantapasin mén oun* », « tout à fait ». Devons-nous comprendre que la conclusion est certaine ou semble seulement vraie ?

Mais l'Étranger cherche, sinon la vérité, du moins les conditions dans lesquelles on peut distinguer le vrai du faux. C'est bien pour cela qu'il enchaîne sur la possibilité même du faux (*pseudês*) au cœur de la *doxa*. L'*eoikos*, le semblant, concerne ensemble la parole et le visible dans leur vivante et incertaine appréhension. Le semblant ne tient pas sa vérité de sa réalité, mais de ce dont le *Sophiste* traite fondamentalement, de l'enchevêtrement discursif de l'être et du non-être. Il en est de l'image comme de la parole ; il en existe de deux sortes, les unes sont vraies parce qu'elles sont produites par le savoir, les autres fausses ou trompeuses. Les unes et les autres existent réellement. Ne pas respecter l'aporie qui naît de la contradiction apparente que génère la double négation, c'est manquer l'essentiel dans ce qui constitue ensemble les signes iconiques et les signes discursifs. Leur lieu est l'entrelacs de l'être et du non-être sans lesquels il n'y a ni vision ni parole. Le principe de division qui régit tout le dialogue vient justement de ce qu'il se meut d'un bout à l'autre dans ce qui est par définition double. C'est cela l'image.

La rigueur exclusive de l'être pour Parménide, dans la lecture qu'en fait ici Platon, devient l'abri le plus assuré pour le sophiste. Voilà pourquoi le terme d'*atopon* qui qualifie les difficultés de cet entrelacs ne désigne ni une bizarrerie (Diès) ni l'insolite (Cordero), mais l'aporie même de la localisation du site où les signes s'enchevêtrent et où peut-être le sophiste a trouvé moyen de s'embusquer. Ce lieu aporétique est la condition de possibilité de toute parole échangée puisque le non-être n'est que la figure de l'altérité.

Platon n'a jamais approché à ce point la semblance iconique comme réalité double, en dissociant ce qui est vrai (*alêthôs*) et ce qui est réel (*ontôs*). Autrement dit, il existe réellement quelque chose qui n'est pas vrai. Le dessein de la démonstration vise finalement le mode d'existence du non-être pour constituer l'altérité comme un genre de l'être. Or c'est à ce moment de la démonstration que l'Étranger inscrit l'existence de l'image. L'image n'appartient ni à l'être ni au non-être, ni à l'Un ni au Tout. Elle se tient comme la parole dans une participation des genres de l'être dont l'examen est justement l'objet de la suite du dialogue. Elle doit à la seule parole qui l'énonce et la définit son mode singulier d'existence, vrai ou non vrai. Sa réalité tient donc à sa place discursive. L'image est à l'image de la parole qui ne saurait se produire ni produire le moindre sens sans recours à la négation. Sans existence réelle du non-être, tout ne serait que silence et ténèbres dans la paralysie de la langue et des yeux.

L'image se situe donc à cette crête aiguë où le visible et les mots produisent une égalité fugitive et instable à laquelle on ne peut attribuer ni substance ni compacité. Elle est le lieu d'un entrelacs (*sumplôkê*) où le visible croisant à la fois le silence et les mots, il revient à la parole philosophique de séparer et d'articuler pour produire le lieu où le visible naît de la parole et renvoie l'invisible au silence. Le Tout et l'être ne désigneraient plus rien du tout sans cet entrelacs du réel et des mots dans un monde vivant. Le multiple est composé des participations (*koinônia, meixis*) et des altérités (*heteron*) énonçables au cœur de leur face-à-face (*antithesis*). Le faux est une puissance de la parole sans laquelle la parole n'est plus possible. C'est donc en elle que se joue le travail de discrimination du vrai et du faux à l'aide de la négation qui permet de déterminer les étants. Platon n'ira guère au-delà au sujet de l'*eikôn*, car son souci est la vérité du discours et c'est dans l'arrimage au langage qu'il veut déjouer les pièges inhérents à l'incommensurabilité de la langue et du visible. Ce problème est déontologique. Que faut-il savoir pour que, sur ce qui existe, soit formulé un discours vrai ? Il faut avoir la science de ce dont on parle, comme on doit avoir la science de ce que l'on imite, pour produire du discours vrai et des images qui se donnent vraiment pour des images. L'écart interne au domaine de l'*eoikos* permet de comprendre à la fois la possibilité du mensonge et de l'erreur et la possibilité pour ce qui n'est que probable de devenir certain. Le non-être repose sur le libre jeu du langage et l'on ne peut que retrouver cette ambivalence du côté de la semblance iconique (*eikôn*) :

> L'ÉTRANGER : Nous avons distingué deux formes visibles de la production des images (*tês eidôlopoiikês duo eidê*), l'iconique (*eikastikên*) et la fantastique (*phantastikên*) (264c 4-5).

Entendons par là celle qui est fidèle à un modèle établi et celle qui crée des apparitions de simulacres. Mais est-ce si clair ? car Platon a bien opéré la distinction entre le non-être comme altérité (*heteron*), qui conviendrait donc à l'*eikôn*, et le non-être comme faux (*pseudos*), qui caractériserait le simulacre… Mais ce n'est pas encore satisfaisant. Ce qui est fascinant dans le *Sophiste*, c'est l'obsession finalement presque compulsive à produire des divisions de divisions comme à l'infini. Sous prétexte de traquer un sophiste, c'est l'image elle-même qui impose un principe vertigineux de division sans fin. Comme si l'*eoikos* ne pouvait jamais laisser en repos la parole qui divise et sépare, dans le rêve irréalisable d'arriver à un terme où, d'un côté, on tiendrait fermement le sophiste comme une proie compacte et sûre et, de l'autre, on définirait le philosophe avec la même assurance. Or il n'en est rien. L'image semble assumer une fonction indéfiniment déceptive. La condamnation de la « fantastique mensongère » ne vient pas au bout de l'*eoikos* puisqu'il existe une production non fausse d'images :

> L'ÉTRANGER : […] Il y a selon notre discours deux genres de productions, l'une est humaine, l'autre est divine (265e 4-5).

Du côté des humains comme du côté des dieux, il y a les choses et leurs images ; du côté des images, il y a celles qui imitent en ressemblant à leur modèle et celles qui ne sont que simulacres ; il y a deux sortes de simulacres, ceux produits par les mimes, ceux produits par des instruments ; dans ceux que produisent des instruments, il y a deux sortes de mimétiques, celle qui sait et celle qui est ignorante, la première est investigation faite avec science, la seconde, mimétique approximative fondée sur l'opinion ; mais dans cette doxomimétique, il faut encore distinguer celle de celui qui croit savoir, et celle de celui qui doute de tout et affirme quand même ; dans ce dernier type, il faut encore distinguer deux sortes, ceux qui agissent en public et ceux qui agissent en privé… Finalement, le sophiste est un « doxomiméticien » public et privé qui manipule la crédulité des auditeurs avec des simulacres (*eidôlopoiikê*).

Si l'on suit pas à pas les distinctions, il devient clair que l'Étranger essaye de sortir des pièges non pas du sophiste mais des apories platoniciennes de l'image. Il n'y parvient pas car ce qu'il a découvert plus haut, à savoir que la recherche de la vérité s'opère sur le fond irréductible du néant et non de l'être, met en crise l'ensemble de la doctrine des idées et du projet politique. La communauté politique construit son accord et sa vérité au cœur du régime de la *doxa* et de l'image et c'est pour cette raison même que la philosophie doit produire des règles en termes d'exigence et non en termes de nature.

Mais quand Platon a mis en lumière l'irréductibilité de l'ombre, l'iconicité d'un « intermonde », il revient au lexique du vrai et du faux. Il n'en reste pas moins que désormais le sophiste est repéré comme l'homme qui par la langue peut faire voir, tel un magicien ou un charlatan qui a l'art du mensonge (*têchnêtôn pseudourgôn kai goêtôn*), l'art de faire voir *ta mêonta*, ce qui n'existe pas, ce qui n'a pas d'être (241b). Il ressemble en tout point à ces charlatans médiévaux et renaissants que l'on retrouvera plus loin, qui trompent la vision et aveuglent leur auditoire avec des mots.

Si l'on s'en tient aux conclusions du *Sophiste*, on peut dire que la découverte du semblant fait basculer toute la méditation sur l'*eikôn* dans une condamnation de toutes les impostures discursives que peuvent devenir les *phantasmata*, les *eidôla*. Ce n'est pas l'œil qui trompe, mais la parole. En effet, le problème pour Platon est celui de la fondation du discours vrai qui conditionne la vérité du visible et du regard que nous posons sur lui. Les sophistes en effet sont pires que les artistes qui copient le réel et peuvent leurrer les yeux, car c'est avec leurs paroles d'hommes feignant de ne rien voir qu'ils font voir ce qui n'existe pas à ceux qu'ils privent à leur tour de leurs propres yeux. Ce prodigieux détour de la cécité organisée par les mots d'un pseudo-aveugle fait courir un risque considérable aux jeunes gens qui sont privés de vision par ces virtuoses du discours :

> L'ÉTRANGER : Chaque fois que nous nommerons [le sophiste] un faiseur d'images (*eidôlopoion*) il nous demandera ce que nous appelons absolument image […] (239d 1-4).

Théétète, naïf, répond qu'il entend par là ce qu'il voit dans l'eau, dans les miroirs, dans les dessins, les peintures, et toutes choses du même genre.

> On voit bien – lui répond l'Étranger – que tu n'as jamais vu de sophiste ! Il t'apparaîtra comme un aveugle ou comme quelqu'un qui n'a pas d'yeux du tout [...] et quand tu répondras par les exemples que tu as donnés, il éclatera de rire : quand tu lui parles comme s'il voyait, feignant de ne rien savoir des miroirs, de l'eau et de toute vision (*opsin*), il te posera des questions seulement à partir des mots (*ek tôn logôn erôtêsei se monon*) (239e 1-10).

Ces grands moments de la pensée platonicienne sur le visible et sur les mots qui le construisent permettent de comprendre ce qui s'est dit plus tôt au cours du même dialogue, lorsque l'Étranger veut mettre Théétète en garde contre les magiciens faiseurs d'homonymies et de copies illusoires. C'est alors qu'il emploie une expression bien remarquable pour qui veut distinguer entre l'image et les visibilités. Car Platon ne dit pas de toutes les images ce qu'il a découvert sur l'*eikôn* et que nous avons analysé plus haut. Les *eidôla* sont justement les objets d'un discours qui les montre pour ce qu'elles ne sont pas en les présentant comme des étants. La tromperie est toujours dans les mots.

Que font les sophistes ?

> Ils vaticinent en usant de paroles qui s'adressent aux oreilles, montrant des *eidôla legomena* [mot à mot : des images dites] pour produire l'apparence du vrai dans ce qui est dit et pour avoir l'air de l'orateur le plus savant en toutes choses (234c).

Il ne s'agit pas, avec ces *eidôla legomena*, de paroles trompeuses, mais de simulacres énoncés ; ces « idoles dites » sont donc des paroles qui, au lieu de faire voir des réalités, font voir des simulacres, ce que Jean-Toussaint Desanti appelle des « semblants solides », pour les opposer à des signes de renvoi constituant des « nappes » de sens que ne soutient aucune réalité substantielle telle qu'un *hupokeimenon*. Les *eidôla legoména* sont des images dont la parole produit la substance factice, sans écart, compacte et suturante, là où le sens exige au contraire que l'on fasse le deuil de la consistance substantielle d'une réalité qui sous-tende, qui comble et qui soit à son tour comblée. Le mensonge de l'idole, c'est la tentation d'une parole substantialiste ; la vérité de l'image est soutenue par la vacuité du site où elle ouvre la circulation des regards qui construisent son sens à chaque instant.

Un constat se dégage de la lecture du texte platonicien : la semblance-*eikôn* n'est pas condamnée, mais *située* dans le champ de la parole comme une chose réellement existante et non vraie ; l'image-*eidôlon* relève d'un usage trompeur de la parole. D'un côté, des hommes parlent et trompent en produisant un discours aveuglant et avantageux pour leur « image » d'expert ; de l'autre, une réalité existentielle confère un statut singulier à des objets qui ne sont ni dans l'être ni dans le non-être. L'image est le nom de l'autre du discours à l'intérieur du discours lui-même. La difficulté de la position de Platon réside dans la discontinuité de ces deux propositions lorsqu'il les ramène finalement à une seule. Au lieu de maintenir l'ambivalence fondamentale de l'image comme semblance, *eikôn*, et comme simulacre, *eidôlon*, il choisit de tout rassembler et reconduire dans la problématique unique du vrai et du faux en vertu de deux usages foncièrement différents de la parole, car c'est là le terrain sur lequel l'Étranger veut venir à bout du sophiste. Cette ambivalence retentit sur l'usage même des mots car tantôt l'*eikôn* est vraiment distincte du faux, tantôt le vocabulaire perd les claires limites de la distinction et toute semblance bascule dans les terres incertaines des fantômes et des simulacres.

> L'ÉTRANGER : Quand nous disons que cet homme trompe dans le domaine du simulacre et que son art est un art de tromperie dirons-nous que notre esprit se fait des opinions fausses par l'effet de son art ou dirons-nous autre chose ? (240d 1-4).

Et un peu plus loin :

> L'ÉTRANGER : Est-ce que tu dis que l'opinion fausse porte sur ce qui n'existe pas ?
> THÉÉTÈTE : Nécessairement (240d 6-7).

Le dialogue repart sur la question de l'être et du non-être, non plus relativement à l'image, mais relativement aux conditions de possibilité de la parole elle-même. La problématique de la participation mutuelle des différents genres de l'être déborde celle de l'image. Cependant, l'Étranger y reviendra inévitablement quand il approche enfin la tanière où sa proie sophistique sera enfin saisie. Il s'agit de distinguer dans la production des réalités celles qui sont « divines » et celles qui sont humaines. Divines sont les choses de la nature et leurs images qu'on pourrait dire « naturelles » puisqu'elles résultent de la nature même de la lumière et des songes (266b 9).

Mais que produisent les hommes ? Des mots et des images qui enlacent les choses dans une relation de désignation ou de mimétique. Les productions humaines sont donc toujours dans un écart avec la nature divine du monde qu'elles nomment et reproduisent. C'est à leur sujet que se pose la question du vrai et du faux. Le sophiste est dans l'usage mensonger et du discours et de la mimétique. C'est tout un dans une même inconnaissance (*agnôsia*) qui mime les réalités et manipule les mots (*ergois te kai logois mimoumenoi*) (267c 5-6). Faire semblant est une affaire d'actes et de paroles, tous capables de produire des impostures.

La question reste donc pour nous toujours ouverte et vive de savoir dans quelles conditions on peut distinguer et préserver le statut iconique en se protégeant du discours magique des imposteurs, faiseurs des « idoles dites ». Il reste de la découverte platonicienne un effet lumineux : il ne tient qu'à l'usage de la parole de voir ou de ne pas voir. La vérité de l'image est en crise au cœur de tout sujet parlant au même titre que tout autre effet de sens surgissant au contact de réalités hétérogènes.

L'Étranger énonce à sa façon que le roi est nu, non point pour faire toucher la vérité substantielle d'un corps débarrassé de tout voile, mais pour faire découvrir que, lorsque disparaît le voile qui nous sépare des choses et sur lequel vient s'inscrire la parole qui donne sens, alors il n'y a rien à voir parce qu'on ne peut plus parler. Le visible n'est pas dévoilement mais vérité signifiante du voile lui-même. La question autour de laquelle se noue le destin politique du regard est donc bien d'ordre philosophique. Comment tomber d'accord, à deux ou à plus, sur ce qui est intuitionné dans le visible ? En effet, la régulation de la parole par les règles du langage et celles du raisonnement permet de contrôler les effets d'un discours mensonger ou erroné aussi longtemps que cette parole ne se réfère qu'à elle-même. Mais, sur les données des sens, comment construire un sens commun ? Platon répond : encore par la parole. Le sophiste en fournit la preuve négative puisque, pour mieux tromper, il simule de n'avoir point d'yeux et produit des simulacres. La parole se trouve ainsi menacée dans toutes ses opérations positives de tissage d'une relation au monde avec un autre que soi.

Si j'ai voulu faire ce détour par le *Sophiste* avant d'analyser les occurrences du « roi nu », c'est, on le voit bien, parce que les acteurs du scénario sont déjà là. Les rôles sont clairement distribués entre ceux qui parlent pour aveugler et ceux qui parlent pour que l'image puisse vivre son existence étrange et insaisissable qui, donnant à la vérité son tissu « réellement fictionnel », permet de penser ensemble le réel et la liberté dans le tissu de l'altérité. Comment ne pas entendre cet entrelacs de l'être et du non-être comme une annonce de cette autre figure du nouage du visible et de l'invisible que fut l'*oikonomia*, où les Pères repéraient le plan d'inscription où le sujet de la parole construit les visibilités et même les légitime ? Le détour platonicien permet ainsi de saisir ce que le terme d'invisible (*aoraton*) a désigné comme non-être et comme vide dans la détermination du plan d'inscription iconique. La littérature apologétique et l'éloquence des orateurs chrétiens ont souvent fait perdre de vue la vacuité fondamentale de son objet, alors même que l'incarnation inscrite comme kénôse, c'est-à-dire comme évidement, acte producteur de vacuité, indiquait que le visible se déployait sur fond de mort et d'absence. Plaider en faveur de l'icône contre l'idole ne pouvait se faire qu'en respectant l'écart irréductible qui constitue l'image et sa nature non substantielle[1]. Cependant, plus que jamais, le « faire voir » du parler s'est mis au service d'une pieuse cécité dans une rhétorique de la continuité. Il n'en reste pas moins que l'« économie » iconique entre complètement dans le dispositif qui inquiétait tant Platon : dans l'entrelacs de l'être et du non-être, la semblance (*eoikos*, *eikôn*) et l'intuitionné sans preuve (*doxa*) deviennent les enjeux constituants du terrain partagé par la communauté.

C'est là le lieu de l'héritage platonicien du christianisme. Non pas, comme on l'a cru, dans un idéalisme des figures noétiques identifiées aux images spirituelles, mais dans la mise en crise du pouvoir de la parole lorsqu'elle prend en main sérieusement sa capacité de montrer ou d'aveugler. Donc cet héritage est du côté du *Sophiste* sur son versant critique, lorsque Platon dans la chasse politique au sophiste met

1. Je renvoie ici à l'analyse de la différence entre image naturelle et image artificielle dans *IIE*, deuxième partie, « L'économie iconique », p. 25-206.

en cause la responsabilité de la parole qui fait voir. Mais là où le philosophe conclut à la déontologie de la parole qui discrimine et construit le vrai, l'institution ecclésiastique, dénonçant un excès des mots sur la vérité, ramène au tissu contrôlé d'une continuité visible la seule puissance d'un « faire voir » sans parole. Elle opte pour une conception stratégique du visible afin de devenir maître du destin historique des sujets qui assistent au spectacle qu'elle organise.

Il est temps à présent de revenir vers les contes et fabulettes qui prirent en charge la crise philosophique du « faire voir » dans ses liens avec l'espace social de l'« être vu ». Cette crise est celle où s'affrontent sans appel le monde juif et le monde chrétien.

3) Autour de quelques contes

Comme à l'opposé du récit biblique de l'ivresse de Noé, apparaissent des contes savants et populaires qui semblent, à première lecture, inverser le scénario fondateur de la Genèse, puisque ne pas dire ce que l'on voit, c'est mentir et vouloir tromper. C'est à Andersen que l'on doit l'expression aphoristique : « le roi est nu », qui devint emblématique pour désigner la parole démystifiante de qui ne craint pas de dire et ce qu'il voit et ce qu'il ne voit pas. Ce n'est pourtant pas la version d'Andersen que j'analyserai ici pour deux raisons : la première est que je l'ai déjà fait ailleurs en l'articulant au thème du double corps du roi [1], la seconde est qu'il est bien plus intéressant dans la perspective qui est la mienne de revenir aux versions médiévales qui ont inspiré Andersen et surtout au traitement qu'en donna plus tard Cervantès au XVIIe siècle.

Tout un corpus de récits décline de cent façons un schéma narratif identique. De quoi s'agit-il ?

Il semblerait qu'avant de venir en Europe une tradition orientale ou indienne ait pu répandre le schéma narratif d'une farce où tantôt de faux tailleurs tantôt de faux artistes peintres abusent des naïfs et des vaniteux en promettant à prix d'or des merveilles visibles aux seuls yeux, disent-ils, de ceux qui en sont dignes. Or, dès que ces contes

1. M.-J. Mondzain, « Le roi nu », *Le Nouveau Commerce*, n° 86-87, 1993, p. 88-112.

arrivent en Europe, la condition posée aux spectateurs des merveilles est ni plus ni moins de n'avoir aucune trace de sang juif dans les veines, par voie de conséquence de ne pas être bâtard puisque le doute sur la filiation fait courir un plus grand soupçon sur une origine juive ignorée. Tout le monde simule et prétend voir ce qu'il faut voir à tout prix sous peine de honte et de disqualification publique. Seule s'élève à chaque fois une voix qui dit soudain haut et clair : je ne vois rien, point de tableau, point d'habits sur le corps nu du notable, bref une voix qui dit ce qu'elle voit et ce qu'elle ne voit pas. Il est souvent trop tard et les coquins échappent à leurs dupes, disparaissent avec leur butin et le scénario n'a pas de fin !

Il n'est pas indifférent que ces contes traitent tantôt de nudité tantôt d'un textile inexistant. La version danoise a d'autant plus valorisé la nudité que la voix qui démystifie est celle d'un enfant, comme si la non-pudeur des enfants les libérait de la honte d'énoncer et de montrer la nudité. Freud, dans la *Traumdeutung*, s'est spécialement intéressé à cette version dont il semble ignorer les sources. Il traite la thématique comme un rêve et écrit ceci :

> L'imposteur c'est le rêve, l'empereur est le rêveur lui-même, et la tendance moralisatrice trahit une obscure notion qu'il y a, dans le contenu latent du rêve, des désirs non permis, victimes du refoulement. Les associations que j'ai retrouvées, en analysant ces sortes de rêves chez les névrotiques, me permettent d'affirmer qu'il y a là, à la base, un souvenir de notre première enfance. Ce n'est que dans notre enfance que nous avons pu nous trouver en costume sommaire face à nos parents et à des étrangers : domestiques, personnes en visite ; en ce temps-là nous n'avions pas honte d'être nus[1].

Il poursuit sa réflexion pour conclure que la nudité sans honte renvoie au paradis d'une enfance sans pudeur et, plus largement, aux fantasmes d'exhibition. Il pense reconnaître ce qui ferait le fond du conte d'Andersen : l'ambivalence entre la honte et le désir d'exhibition :

> Le rêve s'en sert pour indiquer le conflit des volontés, le non. Selon nos projets inconscients, l'exhibition doit être continuée, selon les exigences de la censure, elle doit être interrompue[2].

1. *L'Interprétation des rêves*, Paris, PUF, 1967, p. 212.
2. *Ibid.*, p. 216.

La plus grande différence entre les rêves en question et les fictions littéraires dont il s'agit ici vient de ce qu'il n'y a dans ces derniers, contrairement aux remarques de Freud, aucune indifférence des spectateurs au spectacle de la nudité parce que ce spectacle fait se croiser dans l'espace public l'ordre intime du fantasme avec l'ordre de la loi dans la filiation. L'écriture fictionnelle ne transcrit pas poétiquement un rêve, mais interprète directement et crûment une réalité qui n'a pas tant à voir avec un désir d'exhibition qu'avec le nouage du désir au pouvoir du regard de l'autre et de son discours. Il faut au contraire cacher, mentir, faire peur. Il faut à tout prix convaincre de la visibilité du néant. Andersen reste fidèle au désir de l'empereur de ne pas être vu dans sa nudité déficiente, mais dans l'apparat le plus éblouissant qui légitime la place qu'il occupe. C'est le désir de faire illusion qui le conduit à être dupe et victime de son rêve. Cet enjeu apparaît avec plus de clarté et bien plus violemment dans les sources médiévales, italiennes, espagnoles et saxonnes.

En Europe, les contes les plus anciens datent du XIIIe siècle. Tous tendent à montrer la fatuité et l'imposture des grands, la naïveté des maris trompés, la bêtise et la couardise de tous. Bref une fabulette humaniste semble vouloir ramener les hommes au constat de leur faiblesse et à l'importance pour chacun de préserver son image sociale et ses privilèges dans le regard des autres. Ces farces ont une saveur subversive et un dessein moral. Mais ce qui est frappant, c'est que cette mise à l'épreuve du regard social passe dans tous les récits d'une part par la peinture ou le tissage des vêtements, c'est-à-dire par la commune texture du plan d'inscription visuelle produite par la parole, d'autre part et surtout par l'impossibilité de voir quand on est juif. Ces fables sont ravageantes dans la scénarisation du conflit qui oppose le corps des juifs à la chair des chrétiens. La ruse est matérialisée par une toile où le visible et l'invisible sont tissés ensemble par la parole comme si l'on assistait à une véritable incarnation iconique de l'*oikonomia* dans l'espace social. C'est bien parce que la construction de nos images est tributaire de la doctrine de l'incarnation que la cécité est le lot du peuple déicide. Les regards et les mots se croisent dans un entrelacs qui fait piège avec le projet d'exclure et de tuer. C'est par l'effet d'un discours que les voleurs manipulent le regard et parviennent à leurs fins. Ce sont des tours de rhétorique flatteuse et des promesses magiques, énoncées sur le ton sentencieux des philosophes moralistes, qui mettent en échec le simple bon sens, incapable de résister à la peur. En effet, comment les auditeurs peuvent-ils admettre sans sourciller des présupposés aussi invraisemblables que les conditions qui sont données à la vision ? On pourrait nous répondre que la raison vient de ce qu'on est dans les conventions d'une fiction. Or c'est précisément le contraire : c'est sur la réalité d'un dispositif déjà existant que les fraudeurs peuvent bâtir leur stratagème et se rendre crédibles. C'est que le corps juif ne se donne pas à déchiffrer ! Le corps chrétien peut dissimuler un corps juif ! Donc il faut un test qui dévoile et provoque simultanément le flagrant délit et l'aveu. Ces contes défont un fantasme par une fiction comme en abyme puisque la démystification met la vérité attendue dans la situation d'un mensonge salvateur. Rien n'est magique, rien n'est fantastique, tout est logique puisqu'il s'agit d'inscrire le corps du délit dans le tissu des raisons pour lesquelles on croit à la magie. Ce sont, sous l'Inquisition, d'excellentes raisons. La réalité collective se réduit à des réseaux de convictions intersubjectives et à la théâtralisation d'une cohésion sociale terriblement fragile et nourrie par des principes d'exclusion, d'excommunication et de damnation. En fait de rêve, c'est une démonstration machiavélique et lapidaire.

C'est sur fond de semblance que se construit la consistance du croisement des regards et des corps. Ceux qui ne sont pas dupes vivent dans le courage de leurs incertitudes, mais ils sont justement sans place sociale et sans lieu propre. Les dupés, eux, veulent à n'importe quel prix s'assurer de l'illusion qu'ils tissent en acceptant l'entrelacs de leur image avec la rhétorique des dupeurs. Les dupeurs ne font que suivre docilement l'itinéraire tracé par les fils qui mettent les enfants de l'errance à l'abri de l'angoisse et du vide. Ils ont parfaitement compris que le courage du regard et des mots est articulé au plus près à l'angoisse des origines et ils en exploitent le filon. C'est pourquoi les coquins médiévaux, comme ceux de Cervantès d'ailleurs, menacent de mettre au jour la bâtardise, l'adultère, l'impureté du sang… Tous parlent des mères et du doute des pères, donc de la confiance en la parole des géniteurs. Voir, nous disent ces contes, suppose que l'on soit à l'abri du doute quant à son origine. Les coquins provoquent un doute, pis, un soupçon intolérable quant à la fidélité des mères. Ne pas savoir qui est le père, voilà l'origine de la cécité. Est-on si loin de Cham ? Est-on si loin d'Œdipe ? Il semble bien que les simulacres aient toujours à voir avec l'inceste. Ceux qui font apparaître des *eidôla legoména* sont de véritables réveilleurs de fantasmes, des manipulateurs de la vision par la voie des oreilles. Chacun de nous est bien réduit à croire en l'authenticité d'un scénario qui fut sa cause en son absence et, dès la naissance, nous sommes pris dans le tissage d'une langue. Cette langue compose un récit qui nous accueille, nous nomme et nous compose notre place. Les mots qui trompent touchent donc au fantasme de la scène primitive dans une société chrétienne qui conjure la sexualité des mères avec les soupçons et les risques d'impureté qu'elle induit. La violence des contes dénonce l'effet pervers de la croyance chrétienne sur la liberté du regard. En effet, voici que ceux qui refusent l'image pour en conjurer la menace incestueuse et idolâtre se trouvent désignés et condamnés comme étant les enfants de l'adultère et de l'inceste !

Si les voleurs s'enrichissent sur le dos de ceux qui sont terrifiés par les conditions imposées pour être en mesure de voir l'invisible, c'est bien qu'ils agissent comme le sophiste, accusé plus haut de profiter de la fragilité infantile de ses victimes pour les faire adhérer à des simulacres. Quelle parole construire sur le visible qui ne soit plus habitée par la peur de voir un père humilié, par la terreur devant le courroux d'un père, époux d'une mère adultère ? Aucun discours n'opérant un dévoilement ultime du vrai, la ruse consiste à faire croire par un discours que c'est le visible lui-même qui se charge de faire éclater la vérité. Incarnation oblige. Mais c'est en retournant l'argument contre lui-même que les rhéteurs font éclater la vérité au grand jour en ne montrant rien. Ainsi, puisque la peur de cette vérité trahit ceux qui ne voient rien en les faisant mentir, on peut en conclure que les sophistes des contes sont les serviteurs les plus scrupuleux de la vérité. Les faux spectateurs d'une apparition inexistante ne veulent pas accepter de faire le deuil d'un savoir originaire sur le fondement substantiel de leur assise de sujet-enfant. Voir et dire ce que l'on voit suppose une appropriation incessante de la puissance de la parole qui ne se tient que dans l'engagement vivant de chaque sujet parlant au moment où il parle et dit ce qu'il voit. Philosopher, ne serait-ce alors rien d'autre que parler sans peur, qu'affronter, sans craindre le vertige et en y tramant du sens, un vide que rien jamais ne comblera ? Les contes dont nous allons parler traitent d'un même mouvement de la vision et du courage. C'est qu'il faut du courage pour dire : « Le roi est nu ! »

Il s'agit bien de ce qui se joue au croisement de l'image et des mots, c'est-à-dire dans les nouages topologiques du réel, de l'imaginaire et du symbolique. Je renvoie ici aux textes de Lacan qui jettent sur ce dispositif leur fulgurance propre[1]. Je citerai simplement les passages du Séminaire où Lacan désigne, me semble-t-il, les trois pôles que voudraient se partager les trois instances subjectives qui animent les personnages des contes : la dupe, le non-dupe et le dupeur :

> Il y a quelque chose dans l'idée de la duperie, c'est qu'elle a un support : c'est la dupe.
>
> Il y a quelque chose d'absolument magnifique dans cette histoire de la dupe, c'est que la dupe [...] est considérée comme stupide. On se demande vraiment pourquoi... – La dupe c'est l'oiseau, paraît-il, qu'on prend au piège justement de ce qu'elle soit « stupide »...
>
> J'ai parlé de non-dupe. Et je semble l'avoir marqué, enfin, d'une irrémédiable faiblesse, en disant que ça erre. Seulement il faudrait bien savoir ce que ça veut dire : « ça erre »... C'est que, exactement comme dans mon titre, les Non-dupes errent et les noms du Père, hein, c'est exactement la même chose pour le mot « erre » ou plus exactement pour le mot « errer »... Si les non-dupes sont ceux ou celles qui se refusent à la capture de l'espace de l'être parlant, si ce sont ceux qui en gardent, si je puis dire, les coudées franches, il y a quelque chose qu'il faut savoir imaginer, c'est l'absolue nécessité qui en résulte, d'une non pas errance, mais erreur.
>
> [...] [Les non-dupes] qui dans ce bas-monde – comme ils disent – sont comme à l'étranger.
>
> La seule chose dont ils ne s'aperçoivent pas, c'est que rien qu'à faire resurgir cette fonction de l'étranger, ils font surgir du même coup le tiers terme, la troisième dimension, celle grâce à quoi, des rapports de cette vie, ils ne sortiront jamais, si ce n'est d'être alors plus dupes que les autres, de ce lieu de l'autre, pourtant qu'avec leur Imaginaire ils constituent comme tel[2].

Ainsi la dupe et le non-dupe, saisis dans l'entrelacs de leur coappartenance imaginaire au lieu que leur assigne l'échange de leurs paroles, ne peuvent pas plus l'un que l'autre se réclamer d'une vérité autre que celle de leur désir. Quant au dupeur, il est immédiatement identifié par Lacan du côté de Dieu :

1. Séminaire 1973-1974, « Les Noms du Père (les non-dupes errent) », polycopié.
2. Séminaire du 13 novembre 1973.

> Je ne voudrais pas compromettre Dieu, trop, dans cette affaire car chacun sait que je considère que… il est plutôt de l'ordre du super-chéri ; alors pourquoi est-ce qu'il dirait toujours la vérité, alors que ça va aussi bien s'il est totalement trompeur, hein ? En admettant qu'il ait totalement fait le Réel, il y est d'autant plus soumis que justement, si c'est lui qui l'a fait, alors, pourquoi pas ?
>
> Je crois que c'est en fin de compte comme ça qu'il faut interpréter la fameuse histoire de Descartes, n'est-ce pas, le malin Génie, c'est lui, et ça marche comme ça, plus il sera malin et plus ça ira. C'est même pour ça qu'il faut être dupe [1].

Je n'irai pas au-delà dans la citation ni ne m'aventurerai dans le commentaire au-delà de ce qui est pertinent à mon propos ici. L'impasse où se trouve celui qui voudrait naïvement ne pas être dupe est claire. Il ne sortira jamais de la vie où son espace imaginaire est irrémédiablement noué au lieu de l'autre qu'il constitue. Le dupeur est vraiment dans les fables un opérateur de vérité qui se prend un instant pour Dieu. Il est cependant capital de saisir que, dans les textes que nous examinons, la dupe est une fonction en continuel déplacement sur une scène partagée par des êtres parlant et vivant en société. L'économie du discours les conduit tous à un déniaisement qui les laisse sans voix et sans lieu. Mais là où Platon fait finalement crédit à la parole du vrai philosophe (*ho mala philosophos*), c'est-à-dire à celui qui se consacre en principe à la tâche de ne duper personne et de mettre chacun en présence de son désir de vérité, le psychanalyste fait entendre à sa façon l'aporie où se trouve l'Étranger dans sa démystification du mystificateur. Il n'a d'autre recours que de construire politiquement la légitimité de sa propre fiction L'articulation lacanienne du trompeur à l'hypothèse du malin Génie permet justement de saisir que le *deus ex machina* qui dénoue les contes par l'effet d'une voix véridique fait partie de la machine à broyer le faux pour conjuguer la nudité et la mort, les deux butées du figurable. Voilà ce que la version cervantine a génialement saisi en attribuant finalement la fonction du réel à un soldat inaccessible à la fiction, qui rappelle la mort et qui la distribue.

La violence a le dernier mot puisque, devant ce carnage, les dupeurs se félicitent de leur succès. S'il n'y a pas de survivant, ils n'y a pas de témoin, alors ils peuvent continuer ! Dieu est dans leur

1. Tout ceci s'inscrit dans la ligne de ce qui s'ouvrait dans le Séminaire de 1971, « D'un discours qui ne serait pas du semblant ».

camp. Les dupes sont mortels, les dupeurs ne meurent jamais ! C'est pourquoi dans le sillage de ces textes il faudra dire un mot de la question du témoin.

Ces histoires de « malins » prennent un tour singulier dans le monde chrétien où, depuis des siècles, le discours est systématiquement au service de la révélation, du mystère et du miracle, dans un enchevêtrement inextricable du visible et de l'invisible. Dans la société chrétienne, l'image est venue déployer sa puissance de persuasion contre les exigences logiques du discours, et la doctrine impose de croire aveuglément à l'invisible dans le spectacle du monde lui-même. Parce que Jésus aurait dit que l'on peut avoir des yeux sans voir et des oreilles sans entendre, la doctrine chrétienne en a conclu que la foi exige une démission de la raison et la mutation de la vision afin de saisir l'invisible avec un nouvel organe. Si cet organe n'est autre que la parole, alors il faut bien admettre que l'usage que l'on en fait détermine la construction de la scène où se laisse voir l'incarnation des figures du désir. Ainsi sommes-nous ramenés au problème politique que pose le pouvoir que prennent ceux qui « savent » parler. Mais que savent-ils ? Rien de plus que les autres…

Les villes et les cours du Moyen Âge sont dociles aux récits qui transforment l'eau en vin, le vin en sang, le pain en corps, aux récits qui font naître un enfant d'une vierge, qui font ressusciter les morts, qui nourrissent une foule avec un seul pain, etc. Non que la pensée chrétienne ait inventé ces ressorts de l'émerveillement, mais elle les a constitués en doctrine exigeant la soumission de tout homme qui en attend l'immortalité et le salut. C'est sur ce trône de convictions, tour à tour salvatrices et menaçantes, que les puissants et les monarques ont installé leur légitimité. Seuls les pauvres, les faibles, les marginaux, n'attendent rien de ce montage thaumaturgique. Ces contes surgissent donc dans les milieux populaires qui se régalent de leur propre insolence sur une scène fictive et, quand c'est à la cour qu'elles sont transmises, ce sont les bouffons qui gardent dans l'impunité leur bon sens et leur lucidité, car ils n'attendent rien de plus de quelques balivernes, pas plus le pouvoir, la richesse que la vie éternelle. Dès lors, pourquoi s'étonner que des hommes, venus d'on ne sait où, se présentent comme des thaumaturges, doués de pouvoirs magiques qui concernent la mutation du vide en plein pour délivrer la vérité originaire et intime des grands de ce monde, démystifiés par les plus petits. L'invraisemblable est au fondement de l'ordre social que soutient l'économie du discours ecclésiastique. Les contes du « roi nu » sont donc blasphématoires, car ils ne se contentent pas de porter atteinte à la dignité des souverains, ils portent aussi un coup impitoyable contre l'état d'assoupissement de la conscience rationnelle dans un monde enchanté par sa propre cécité, un monde où l'asservissement des corps s'appuie sur celui des esprits. Cette léthargie du jugement critique et du courage individuel, cette violence faite à la liberté des yeux et de la parole sont largement organisées par l'institution qui fait vivre la communauté des fidèles dans la crédulité, le silence et la peur. Quand vient le temps de l'Inquisition, celui des tortures et des bûchers pour toute forme d'écart, pour toute incrédulité, il en faudra peu pour obtenir de tous les aveux qui sauvent non plus l'honneur mais la vie elle-même. Le moindre privilège est accompagné de l'effroi de le perdre, la moindre faveur peut basculer dans la disgrâce et précipiter en enfer. Au moindre soupçon, c'est la mort. Le Saint-Office et les statuts de la pureté du sang ont achevé de mettre en crise toute visibilité. Une pureté fantasmée et toujours hors de vue devient le seul réquisit d'une fiction du visible. Une impureté inévitable condamnée à l'invisibilité fait basculer avec elle tout ancrage dans une réalité. L'aveuglement et le silence sont un impératif socio-politique.

Quelque chose se dit-il vraiment d'une vérité toute nue qui nécessite liberté et courage quand elle est dévoilée ? Il faut examiner la chose de plus près. Il est bien dit dans ces contes que c'est pour échapper à une menace que l'on ne doit pas dire ce que l'on voit. C'est donc que l'inversion est plus complexe qu'il n'y paraît car la menace en question porte justement sur les certitudes et les incertitudes de la filiation. Après tout, comme on l'a déjà noté, nous nous donnons pour père et pour mère ceux qui s'autodésignent comme tels auprès de nous, et plus encore : les pères étaient bien réduits à la parole de leurs femmes pour s'attribuer la paternité biologique de leurs enfants. Œdipe se trouve ainsi confronté à l'énigme de sa naissance jusqu'au moment où le doute fait place à l'effroi tragique qu'inspire après coup la « vision » du parricide et de l'inceste. Il est certain que les fabulettes auxquelles je me réfère, jusqu'à Andersen compris, semblent éviter toute tonalité tragique pour tirer l'auditoire vers le comique, la satire sociale et le conte moralisateur. Mais ce n'est qu'une apparence car, lorsqu'on aborde la comédie cervantine, les enjeux sont beaucoup plus graves qu'il n'y paraît et la fiction se hausse à une méditation sur la complexité des trames imaginaires. La différence avec la situation de Cham vient de ce que la menace convoque les regards intersubjectifs de toute la communauté chrétienne, alors que dans la Bible il s'agit strictement de la construction symbolique dans la filiation sous le signe de la loi. D'un côté, les chrétiens sont terrifiés de se savoir et d'être vus juifs, car cette découverte les voue à la disparition, alors que, de l'autre, c'était la loi juive qui mettait à l'abri de la malédiction ! Chez les chrétiens l'ordre est sauf grâce au voile du mensonge, chez les juifs il n'y a de vérité que symbolique donc voilée. On retrouve bien le retournement des signes auquel s'est exercée la rhétorique chrétienne à partir des textes bibliques. La formulation pourrait en être : le mensonge juif et la vérité chrétienne sont une seule et même chose, donc la mort du juif fonde la vie du chrétien et tout juif doit se faire chrétien pour accéder à sa vérité et avoir droit à la vie comme au salut. On comprend alors que, s'il apparaît qu'un tel est vrai juif, cela revient à découvrir en lui un faux chrétien qui n'a plus droit à la vie. Il y avait de quoi avoir vraiment très peur.

Ce qui est remarquable, c'est que l'image et la filiation n'ont cessé d'être indissolublement liées. Et pour cause. La doctrine chrétienne ayant institué l'ordre de toute visibilité sous le signe de la filiation imaginale dans l'incarnation et puisque la légitimité du fils de Dieu est opérée par la voix du père qui nomme et désigne son fils, le monde chrétien est totalement tributaire de ce baptême de l'image qui rend visible par la voix. La voix qui au Jourdain dit : « Celui-ci est mon fils bien-aimé » fait sortir simultanément le fils de la bâtardise et de l'invisibilité mosaïque. Il est donc inévitable que le « test » de la légitimité filiale par l'accès au visible soit la conséquence de ce dispositif, et il en résulte que ceux qui refusent l'incarnation sont comme des enfants sans père, sans nom et sans regard.

Dans le monde chrétien, le dévoilement authentifie et il faut de l'art et de la fiction pour conjurer le désordre engendré par la nudité d'une parole vraie sur une image fausse. C'est la poétique qui prend en charge les pouvoirs révélateurs de la mystification. Dans la Bible, le regard fait au contraire le deuil commun et de la nudité et des simulacres. C'est alors la parole qui prend en charge la dignité de chacun. Inversement, dans tous les récits médiévaux, il semble bien que tout regard implique l'inscription d'une place qu'il faut construire, et tenir coûte que coûte. L'image est un enjeu existentiel lié au pouvoir de façon si vitale qu'en croyant éviter l'enfer on démontre que l'on ne croit nullement au paradis.

C'est dans la version cervantine qui sera examinée plus loin qu'il n'y a de place pour personne. Est-ce parce que Cervantès est lui-même peut-être marrane ? Tout n'y est que déplacement des mots et des yeux qui s'ouvrent et se ferment tantôt sur le vrai tantôt sur le faux au rythme des émotions, des plaisirs et des peurs, entre des sujets qui ne cessent d'échanger des signes de connivence, de délation et de haine. Le dramaturge fait tourner et vaciller toute certitude qui donnerait une assise assurée à nos raisons d'être ici plutôt qu'ailleurs. Il n'est pas étonnant qu'un thème folklorique aussi courant ait pu devenir un objet baroque par excellence du fait des mutations et des métamorphoses du regard qui acheminent la pensée vers sa posture critique dans un mouvement tourbillonnaire. Comme dans l'ensemble de son œuvre, Cervantès joue de toutes les torsions de la parole et des regards pour donner aux ruses de l'anamorphose la figure littérale et spectaculaire d'un face-à-face scénique avec le néant.

4) Retour au schème de l'intrigue

Les rois et les puissants de notre monde font par leur mensonge la preuve de leur peur et de leur faiblesse, tant et si bien que le conte décrit une tromperie efficace qui ébranle les codes qui soutiennent la communauté. Ces fables posent une grave question : celle de la compatibilité de la liberté avec la cohésion sociale et l'ordre régnant. La réponse est à la fois cruelle et révolutionnaire puisque l'ordre de la raison et de la vérité semble ne pouvoir sortir que de la bouche de ceux qui n'ont rien à perdre. La chose est claire, le thème du roi nu parle du rapport de trois termes entre eux : le regard, la parole et la vérité, et de leur rapport avec un quatrième : la liberté. Les trois premiers termes sont indissociables sur le plan éthique quand il s'agit de construire la légitimité d'une autorité symbolique dans une société d'hommes libres. Les renards de cette fable ont bien mérité leur fromage, puisqu'ils laissent derrière eux une communauté traumatisée par le spectacle de sa propre lâcheté et par l'imposture de ses princes. Toutes les versions, même les plus comiques, du Moyen Âge à nos jours ont une tonalité sarcastique quant au courage et à la liberté de chacun.

La mystification comique fonctionne de fait comme une mise à l'épreuve et comme un double piège puisque, quoi qu'il arrive, c'est toujours un effet de dévoilement qui s'ensuit. Si le sujet qu'on veut tromper dit la vérité, il prend le risque de se déconsidérer et de se trouver banni de la communauté en assumant un secret qu'il cachait ou qu'il ignorait. Si, inversement, il est pris en flagrant délit de mensonge, le voilà également mis à nu dans le seul vêtement de son imposture et de sa lâcheté. Quelque chose d'une partie de poker ou d'un pari a lieu, qui fait appel cependant non point au goût du jeu, mais au registre éthique de chacun face à la peur de perdre sa place dans l'espace public. Le ressort comique vient de ce que les pseudo-spectateurs des prodiges voient tout ce qu'on leur demande de voir et plus encore, pourvu qu'ils échappent à la honte et à la dégradation publique. Le spectateur de ce scénario rit de bon cœur puisqu'il se sent, lui qui connaît la supercherie, à l'abri du ridicule, prompt à oublier qu'il n'est pas aussi protégé qu'il le croit du piège dont il rit. Les mystificateurs ont rendu publique la fragilité frauduleuse sur laquelle repose la place de chacun dans l'ordre social. Leur mensonge a dévoilé la vérité en laissant face à sa cour un souverain nu et convaincu publiquement de son imposture. Les mensonges opèrent comme des révélateurs. Tout semble concourir plutôt à rendre le mensonge impossible et la vérité inévitable puisque même les coquins sont démasqués par ceux qu'ils ont démasqués et ne trouvent l'impunité que dans la fuite. La différence vient de ce que les uns tirent profit de l'imposture des autres. On pourrait dire aussi bien : tout le monde ment et la seule vérité n'est autre que le profit qu'on en tire – ici l'argent, là le pouvoir. Les lecteurs et les spectateurs de ce scénario jubilent d'être du côté des rieurs à qui « on ne la fait pas », sans s'apercevoir que cette trame n'est que la révélation des tissus quotidiens.

a) Dupeurs et dupés : les images logopoïètes

Qu'il s'agisse de tableau ou de tissage, c'est bien de la même chose que l'on parle, à savoir de la texture des images qui constituent la légitimité et la consistance symboliques de ce que nous fabriquons avec nos mains et que nous désignons avec nos mots. Or les mystificateurs produisent justement une image achiropoïète, non faite par des mains d'homme, puisque, avec leurs mains, ils ne font strictement rien et que les autres voient ce qu'on leur dit de voir sans qu'aucun geste n'ait touché la moindre matière réelle. Les images « non faites de main d'homme » ne sont tissées que par les mots. Se laisse entendre ici un grand éclat de rire face à toutes les « véroniques » et autres linceuls dont seule la corrida admet et transmet encore la fonction de leurre au cœur même d'une épreuve de vérité[1]. Ce sont donc des narrations violemment désacralisantes, visant ce que le pouvoir religieux exige de voir quand les yeux affrontent les choses mêmes ou bien le néant. On peut évoquer ici toute la rhétorique des apparitions miraculeuses. En tant que phénomènes collectifs elles ne tiennent que sur le seul crédit de la parole. Les contes que j'évoque ont la même date que l'« invention » du saint suaire, c'est-à-dire à la fin du XIIIe siècle. C'est le temps des tissus merveilleux où il fallait voir tant de traces miraculeuses de la substance divine que l'Église préféra garder le silence et les mettre à l'abri des yeux. On connaît la suite et le destin encore vivace de cette fabrication « achiropoïète » devant laquelle on a le plus grand mal à faire admettre qu'il n'y a rien à voir de ce qu'on dit qu'il faut voir[2]. On peut noter à quel point cette structure perdure lorsque, à l'occasion de la « révélation » de photos des camps, on mit récemment les visiteurs d'une exposition en demeure de voir les traces « véridiques » du génocide, qui plus est, comme preuve de son existence. La religiosité de l'ostension d'empreintes illisibles s'accompagnait d'une rhétorique qui condamnait d'avance pour négationnisme celui qui oserait dire que dans cette exposition il n'y avait rien à voir[3].

Mais le temps de ces récits est aussi celui où se construit, sur les bases séculaires de la tradition romaine des deux corps de l'empereur, le double corps du roi. Sa nudité mortelle et corruptible permet d'isoler et de promouvoir l'incorruptibilité du corps souverain. Ces rois sans insignes, nus dans leur suaire, ont droit à l'immortalité de leur image qui assure la légitimité impérissable de leur place[4].

1. Je renvoie ici au beau texte de José Bergamin, *La Solitude sonore du torero*, trad. Florence Delay, Paris, Éd. du Seuil, 1989.

2. Voir dans *IIE*, p. 235 *sq*.

3. À ce sujet, je renvoie à l'analyse de Gérard Wajcman dans *Les Temps modernes*, printemps 2001, « De la croyance photographique », p. 47-83.

4. Florence Dupont, « L'autre corps de l'empereur-Dieu », *Le Temps de la réflexion, Le Corps des dieux*, Paris, Gallimard, 1985, p. 235 *sq*.

Je ne puis que renvoyer le lecteur aux études magistrales de Kantorowicz[1].

Il n'est pas inutile de rappeler ce que fut, en ces temps de construction territoriale et monarchique, le paradigme visuel de Jeanne d'Arc. Elle eut des visions et ces apparitions ont fondé la légitimité et la sacralité d'une stupéfiante biographie. Elle qui disait voir ce que personne ne voyait fit la preuve de son rapport à l'invisibilité de la transcendance en déjouant justement le piège que lui tendait la « nudité » visible d'un roi sans royaume. Comment la croire ? Le roi Charles VII qui est directement concerné met Jeanne à l'épreuve : si elle a eu véritablement la grâce d'entendre ce que d'autres n'entendent pas, de voir ce que d'autres ne voient pas, elle devra en faire la preuve en témoignant de la grâce qui lui est accordée de voir ce qu'on lui cache alors que d'autres ne pourraient dans les mêmes conditions rien discerner :

> Lors Jeanne venue devant le roi fit les inclinaisons et les révérences accoutumées de faire au roi comme si elle eût été nourrie à la Cour et, la salutation faite, dit en adressant la parole au roi : « Dieu vous donne vie, gentil roi » alors qu'elle ne le connaissait pas et qu'elle ne l'avait jamais vu ; et il y avait plusieurs seigneurs, pompeusement vêtus et richement et plus que ne l'était le roi. Pourquoi il répondit à la dite Jeanne : « Ce ne suis-je pas le roi, Jeanne. » Et en lui montrant l'un des seigneurs, dit : « Voilà le roi. » À quoi elle répondit : « En nom de Dieu, gentil prince, c'êtes vous et non autre »[2].

Le roi donc se dissimule parmi ses sujets en étant dévêtu de ses insignes royaux. Or Jeanne, qui ne l'a jamais vu, le reconnaît sans hésitation dans sa « nudité » et ajoute à sa reconnaissance la preuve exigée par le souverain : elle partage avec lui un secret que nul ne peut lui avoir confié. Jeanne sait voir, au-delà du visible, la majesté du roi. Pour elle, le roi, celui qu'elle veut rétablir dans sa majesté et son royaume, n'est jamais nu. Choisi par Dieu pour être roi, il est revêtu par lui d'une tunique de majesté, celle même dont le conte d'Andersen fait le double deuil puisque le roi y est victime de sa

1. *The King's Two Bodies*, Princeton University Press, 1957 ; trad. fr., *Les Deux Corps du roi*, Paris, Gallimard, 1989.

2. Chronique de Jean Chartier, citée par Régine Pernoud in *Jeanne d'Arc*, Paris, Fayard, 1986, p. 41.

peur de faire la preuve de son incapacité, et donc de sa disgrâce aux yeux de Dieu. La chronique de Jeanne d'Arc sépare le dispositif chrétien de la tradition hébraïque. Le visible est déchiffrable parce que pris dans le champ de la rédemption. La chronique retrouve la question du regard des fils de Noé sur leur père puisque le spectacle de la nudité ne saurait atteindre un vrai regard porté sur la dignité symbolique de celui qui est dévêtu. Mais plus encore, contrairement à Sem et Japhet qui doivent se voiler la face, marcher à reculons et recouvrir le corps endormi de Noé, Jeanne avance frontalement, les yeux grands ouverts, et porte sur son roi un regard éclairé par la grâce de la double élection, la sienne et celle du roi qu'elle doit rétablir dans la dignité et la légitimité de sa charge. Cette frontalité est héritière de la tradition chrétienne qui a fondé une nouvelle économie du dévoilement. C'est à elle que reviennent l'audace et le courage de dire que le roi n'est jamais nu, définissant ainsi sa mission de le recouvrir symboliquement, de lui rendre la visibilité de ses emblèmes et de ses droits.

Ce récit hagiographique sous le couvert de chronique prend encore plus de saveur et de complexité quand on sait que les origines de Jeanne la Pucelle ont fait l'objet de débats houleux entre les partisans de l'hagiographie et ceux du récit rationalisant[1]. Georges Duby évoque avec netteté l'obscurité sanctifiée dont jouit la légende :

> Il convenait de ne rien faire qui pût ébranler les institutions de l'Église établie [...].
>
> Survécut le souvenir. Tenace. Mais dont la tonalité, l'intensité varièrent au cours des âges. Longtemps, semble-t-il, il resta frêle et la montée des Lumières vint encore l'estomper[2].

Plus loin il ajoute que le comte de Boulainvilliers, en 1733, dans son abrégé chronologique de l'Histoire de France, « s'attarde sur cette autre fille guerrière et adroite aux armes qui parut peu après en

1. Gérard Pesme, *Jehanne des Armoises, vraie pucelle d'Orléans*, Angoulême, Éd. Balzac, 1960 ; M.-D. Darnac, *Le Dossier de Jehanne*, Paris, Pauvert, 1968 ; Henri Guillemin, *Jehanne dite Jeanne d'Arc*, Paris, Gallimard, 1970 ; Jean Bancal, *Jeanne d'Arc princesse royale*, Paris, Robert Laffont, 1971 ; Nora Wooster, *La Vraie Jehanne d'Arc*, Doncaster, Angleterre, 1993 ; Éliane Le Rolland-Lenoir, *Pourquoi Jeanne d'Arc*, L'Isle-sur-la-Sorgue, 1994.

2. *Le Moyen Âge (987-1460)*, Paris, Hachette, 1986, chap. XV, p. 460 *sq.*

Lorraine, se dit être la Pucelle et qui se maria à Metz où sa postérité subsiste encore ».

Les bénéfices historiques tirés de l'histoire sainte de Jeanne furent si grands et si variés au fil des siècles qu'il semble difficile de faire admettre que la bergère visitée par les anges aurait pu être une fille illégitime d'Isabeau de Bavière et de Louis d'Orléans, destinée à jouer un rôle politique sur une scène familiale fort complexe. Les bénéfices de cette version étant plus satisfaisants pour les protestants ou les partisans des Lumières, l'Église ne laissa aucune chance à ses partisans d'avoir accès au moindre document qui ferait vaciller la sainte thèse. Ce fut pourtant là, malgré les obstacles, l'objet d'un autre récit qui prétend que Jeanne sous ses habits de bergère était de sang royal mais illégitime. Déjà dotée de manières de cour et entraînée à l'exercice des armes, elle aurait agi dans le sens des fins calculs politiques de Yolande d'Aragon, qui voulait mettre son gendre Charles, demi-frère de Jeanne, sur le trône de France. Voilà, selon cette saisissante version, la Pucelle prise dans une histoire de famille où la bâtardise se trouve singulièrement douée d'acuité dans le regard et de puissance politique. Il y a fort peu de versions françaises de la fable du « roi nu », mais celle-ci pourrait y figurer qui, à sa façon, remplit de grâce et de vérité les visions d'une bâtarde lorsqu'elle se met au service du pouvoir. N'ayant rien à elle et rien à perdre, pas même son pucelage puisque les partisans de cette version font de Jeanne une « gynandre » que la virginité ne concernait pas vraiment. Point de menace du côté d'une judéité, mais on maintient le seul critère positif, la lucidité des bâtards de sang royal. Ce qui est ici intéressant n'est naturellement pas la question de la réalité historique de Jeanne, mais la façon dont les récits qui la concernent en font un opérateur de vérité sur la scène publique. Elle détient un secret sur les origines, les siennes ou celles du dauphin qui, à la faveur de sa propre destitution, la rend toute-puissante. Cette fable « rationaliste » aurait été aussitôt engloutie par la piété du récit consacré et disparaît sous la tradition chrétienne et monarchique de la légitimation. Ainsi une tradition hagiographique donna-t-elle courage et acuité du regard à une campagnarde illettrée qui, n'ayant rien à perdre, gagnera toutes les batailles et même la guerre en voyant ce que les autres ne voient pas, en entendant ce que les autres n'entendent pas. Étrange retournement et belle symétrie quand on les mesure à la structure des contes et des récits que nous analysons. Œil du simple ou œil du bâtard, l'œil de Jeanne voit la vérité et accomplit sa mission : revêtir le roi des insignes et de la dignité qu'il a perdus. Jeanne fait partie des tisserands de l'invisible, elle qui selon les uns a payé de sa vie son accès à la vérité, et selon les autres a négocié « économiquement » la scénographie de son action politique et a laissé mourir à sa place une autre victime !

Reste qu'on ne peut fonder sa relation au monde que dans la fiabilité et le respect des contrats. Il ne saurait être question de défendre une vérité autonome, transcendante, qui devrait tôt ou tard confondre toutes les dupes et tous les dupeurs. Bien au contraire, ce que ces contes montrent avec plus ou moins de force, c'est que les engouffrements imaginaires sont inévitables et que la question éthique et politique est la suivante : que choisissons-nous de croire, à qui choisissons nous d'être fidèle, puisqu'il n'existe pas de communauté humaine qui ne repose sur un crédit ? Chacun joue sa place et, comme dit Godard : « On ne veut pas voir quand on a peur de perdre sa place[1]. » Le visible n'impose rien, seule la force impose la lecture univoque du visible, et seule la liberté peut construire la lecture qu'elle se choisit. Encore faut-il ne plus craindre d'être juif ou bâtard !

Il y a plusieurs niveaux opératoires de la voix qui dit vrai dans ces contes, car ceux qui disent ce qu'ils voient sont de deux sortes. On trouve d'un côté ceux qui n'ont rien à perdre par le ridicule et l'indignité, parce qu'ils ne possèdent rien, et que leur condition les rend d'emblée indifférents aux fictions du pouvoir et aux regards des autres. Mais il y a par ailleurs ceux qui n'ont pas peur de perdre parce qu'ils ont placé leur foi ailleurs. Non qu'ils ne croient à rien, mais au contraire c'est parce qu'ils croient en quelque chose qu'ils ne croient pas à tout. Ils croient en leur propre assise. Ils ne dépendent plus, dans leur rapport à la vie, d'un autre héritage que la possession de leur parole ; ils peuvent dire leur confiance (en leur mère, en leur femme, en l'autre) et, de ce fait, jouissent d'une liberté. Finalement, la question de la duperie pourrait tourner en plate leçon de méfiance. Or ce n'est pas du tout le propos. Il ne s'agit pas de faire de la méfiance une vertu supérieure au crédit, mais de se situer différemment face à l'autre. Ces deux niveaux sont intéressants et fort distincts puisque le

1. Cité par Alain Bergala dans *Nul mieux que Godard*, Paris, Éd. des Cahiers du cinéma, 1999, p. 29.

premier a une sorte de force révolutionnaire alors que le second est marqué par la puissance inébranlable d'une adhésion symbolique. Les uns bougent sans crainte, les autres sans incertitude. Pour les premiers, rien n'a de prix, pour les seconds, une seule chose a un prix, faire de la confiance un enjeu de liberté. Ce n'est pas le méfiant, non plus que le sceptique, qui triomphe, mais, à ce jeu de qui perd gagne, gagne qui n'a rien à perdre, soit qu'il n'ait rien à lui, soit qu'il joue ce qui n'est pas à lui. Ce sont là deux formes distinctes du jeu.

b) Sur quelques traditions médiévales[1]

Andersen, en 1840, s'est directement inspiré des contes espagnols de l'infant Don Juan Manuel dans *El Conde Lucanor*, qui venaient d'être traduits en allemand[2].

On peut constater que ce conte moral, dont un nègre est la *bocca della verità*, est centré sur la légitimité de la naissance et sur le profit que l'on peut tirer d'une peur. Qui est le père ? Le contrepoint de ce doute est fourni par les récits qui couronnent les divins bâtards dont le père nourricier est aussi chaste que Joseph, quand le vrai père est Dieu lui-même. L'*exemplo* de Lucanor est construit comme une leçon de morale et de politique au sujet du secret. Un secret ne cache jamais une vérité, mais dissimule un mensonge, et la stratégie du secret repose sur la volonté de tromper l'autre. La vie des puissants doit pouvoir être éclairée de tous les feux de la dignité et sans secret. L'espace public n'autorise aucune dissimulation. Cette fable fait donc autant partie des fictions savantes destinées à l'éducation des princes que des farces populaires qui se moquent des gens d'Église et de leurs fidèles terrorisés[3]. C'est dans un autre esprit qu'est construit l'*exemplum* latin d'origine franciscaine cité par Maurizio Molho : le démystificateur est ici un homme noble au cœur noble, et non un fou ou un

1. Les textes des contes sont reportés en annexe du livre. Les textes d'Andersen et de Cervantès peuvent être aisément consultés dans les éditions accessibles. Les contes d'Andersen existent en édition française intégrale au Mercure de France, 1964 et les intermèdes de Cervantès figurent dans le volume de la Pléiade consacré au théâtre espagnol du XVIe siècle, Gallimard, 1983.

2. *Der Graf Lucanor*, trad. Elchendorf, Berlin, 1840 d'après l'édition sévillane de 1575. Voir en annexe le texte traduit par Maya Colombon.

3. Voir en annexe la version du conte de Pistoia traduite par Maya Colombon.

bouffon, qui ne peut se résoudre à perdre confiance en ses proches[1]. Le ton moral domine.

Au contraire du cas précédent, la version saxonne de Till Eulenspiegel[2], antérieure à celle du *Conde Lucanor*, va dans le même sens que lui. Le rôle du nègre est tenu par la bouffonne. Lorsque l'histoire est proposée à la transmission populaire, elle cherche à s'amuser et à rire du ridicule et de la lâcheté des maîtres et de toute autorité. Les versions folkloriques sont intéressantes car elles rendent plus limpides la responsabilité et le courage du regard face au souci de s'enrichir et de maintenir la légitimité des privilèges, fût-ce au prix d'une imposture.

Ce sont donc des contes savants ou populaires qui, en fonction de leur milieu d'origine, situent la parole de vérité du côté du courage des âmes nobles ou bien du côté de l'impertinence des bouffons. La légitimité de la naissance est un souci de notables qui rougissent d'être bâtards, alors que le peuple est prompt à rire des cocus. Mais tous redoutent d'être juifs car l'Église n'a garde de vouer aux flammes quiconque a du sang de Judas. La peur est partout et elle augmente avec les privilèges menacés par la révélation honteuse.

5) Cervantès, *Le Retable des merveilles* (1615)[3]

Parmi ces traditions narratives, la place d'honneur revient à l'œuvre de Cervantès. À la fin de sa vie, l'auteur du *Quichotte* écrivit un ensemble de comédies et intermèdes qui ont fait l'objet d'études savantes et remarquables. L'une des plus profondes analyses est sans conteste celle de Maurizio Molho, qui a examiné ces textes sous l'angle littéraire, métapsychologique et philosophique. La plupart des autres études se sont attachées à situer l'écriture de ces pièces dans

1. Voir en annexe le texte de l'*exemplum* franciscain traduit par Maya Colombon.

2. « Comment Eulenspiegel exécuta une peinture pour le Landgrave de Hesse, en lui faisant croire que les bâtards ne pouvaient la voir », farce attribuée au clerc Amis, éd. J.M. Lappenberg, Leipzig, 1854 ; trad. Maurizio Molho, *Cervantès : raices folkloricas*, Madrid, Editorial Grisdos, 1976, p. 63 *sq*.

3. *Le Retable des merveilles*, présenté, traduit et annoté par Robert Marrast, in *Théâtre espagnol du XVIe siècle*, Paris, Gallimard, coll. « Bibl. de la Pléiade », 1983. Sur ce texte, la référence majeure est l'étude magistrale qu'en a faite Maurizio Molho, *Cervantès : raices folkloricas*, *op. cit.* Pour une étude générale du théâtre de Cervantès, voir Jean Canavaggio, *Cervantès dramaturge, un théâtre à naître*, Paris, PUF, 1977.

l'ensemble de l'œuvre cervantine, et surtout à analyser leur place dans la production théâtrale baroque post-tridentine. Quoique nourri de ces lectures, mon angle d'approche se limitera à la problématique philosophique et politique des tissages du « faire voir ».

Le Retable des merveilles fut écrit aux alentours de 1615 [1]. Cervantès reprend le thème folklorique d'une *burla*, d'une farce démystificatrice, pour en faire un objet théâtral, donc un spectacle qui convoque les yeux et les oreilles. Des paysans voient se jouer une scène fictive de théâtre sur la scène réelle d'un théâtre dans une inclusion d'illusions scéniques dont l'enjeu est la vérité de la parole sur le visible. Le dispositif est d'une extrême complexité puisque Cervantès ne cesse de faire permuter les lieux qui soutiennent tantôt les voix et tantôt les regards, les figures vues aussi bien que non vues, visibles ou invisibles. L'invisible est l'objet du spectacle.

L'histoire est écrite sous la forme d'un intermède, c'est-à-dire qu'il s'agit d'un petit divertissement que l'on jouait en deux actes. L'intermède de la « scène vide » se situe à la croisée des deux traditions populaire et savante. La menace qui pèse sur les spectateurs du retable est complexe car elle concerne à la fois la légitimité de la naissance et l'absence de sang juif dans une société tout entière baignée dans la consanguinité des différentes communautés et surtout dans la dissimulation des origines juives. Les marranes se cachent et veulent oublier et faire oublier l'indignité et la menace qui pèsent sur leur vie

1. En 1935, Jacques Prévert écrivit une pièce de théâtre intitulée *Le Tableau des merveilles*, qui est une interprétation libre de l'intermède de Cervantès. La pièce fut montée par Jean-Louis Barrault puis reprise en 1936 par le groupe Octobre. Il fut montré au Palais de la Mutualité, pendant les grèves, au rayon « communiantes » des Magasins du Louvre, aux dépôts de la Samaritaine, aux studios Francœur, à la mairie de Montreuil. Voir Jacques Prévert, *Spectacle*, Paris, Gallimard, 1949, p. 266-303. Marrast dans l'édition de la Pléiade (« Mise en scène ») mentionne ceci : « En 1937, la revue *Hora de España* de Valence publia dans son numéro 1 de janvier 1937, le *Nuevo retablo de las maravillas* du Galicien Rafael Dieste [...] dans lequel seuls pourront voir le spectacle ceux qui ne sont ni syndicalistes, ni marxistes, ni anarchistes. Les baladins les persuadent qu'ils font apparaître un taureau, des souris, puis une armée d'Allemands et d'Italiens et un escadron de soldats républicains mis en fuite grâce à une cigogne magnétique. [...] Mais les paysans surviennent et chassent tous les notables, et l'un des baladins annonce : "Voici que commencent les vraies merveilles, celles que l'on voit lorsque les yeux sont clairs et libres" et la pièce s'achève sur *L'Internationale* reprise en chœur. » Marrast évoque également la mise en scène de la pièce en 1932 par Federico García Lorca et Eduardo Ugarte, ainsi que celle de la Compagnie du Grenier de Toulouse dirigée par Maurice Sarrazin en 1959-1960. En 1983, Jean Jourdheuil réalisa la mise en scène de quatre intermèdes dont le *Retable*.

dès que plane un soupçon sur la « pureté » de leurs origines. Le risque d'être juif augmente avec l'incertitude de la naissance, mais on ne saurait dire si ceux qui dissimulaient et reniaient leurs origines cachaient leur noblesse ou bien leur indignité. Les choses sont loin d'être simples précisément parce que la peur, justifiée par les crimes de l'Inquisition, paralyse la mémoire et inverse les signes de la dignité. Le retable n'est pas un tableau, mais une scène théâtrale où interviennent des marionnettes. Cervantès joue à la fois de l'inclusion du théâtre dans le théâtre et de la métaphore de la marionnette puisque ceux dont on tire les ficelles, c'est aussi, dans cette Espagne inquisitoriale, le public lui-même.

Qui sont les protagonistes ? Les dupeurs sont un couple, Chanfalla et Chirinos, qui s'adjoignent l'aide d'un musicien, Rabelin. C'est que Chanfalla préfère mettre le public en conditions « sonores » avant de produire les « apparitions miraculeuses ». Il faut dompter les oreilles pour se rendre maître des yeux. Chirinos dit bien que la véritable merveille sera de ne pas se faire prendre. À chacun son site d'émerveillement ! Les dupeurs sont donc aussi candidats à leur propre émerveillement devant la force de leur pouvoir. Quant à Rabelin, le musicien, c'est un vilain petit homme (un enfant ?), dont Chirinos se gausse en lui disant que son rôle comme sa taille le destinent à être invisible. La farce commence donc par un entrelacs de plaisanteries sur l'invisibilité du sonore et la magie du verbe. Entre alors le gouverneur sur qui roulent aussitôt des propos flatteurs quant à son lignage :

> Puisse votre honneur vivre d'honorables jours afin de nous honorer aussi, car enfin le chêne donne des glands, le poirier des poires, la treille des raisins et l'homme honorable de l'honneur, il n'y a rien à faire là contre.

Ainsi se trouve introduit le lexique de la génération dont le corollaire non énoncé pourrait être celui-ci : les juifs donnent des menteurs à moins que les chrétiens menteurs ne soient eux-mêmes les vrais juifs…

Est alors annoncé le spectacle prodigieux :

> LE GOUVERNEUR : Que veut dire Retable des merveilles ?
> CHANFALLA : Ce sont les merveilleuses choses que l'on y montre et fait voir qui le font appeler Retable des merveilles ; lequel fut fabriqué par

> le savant Tontonelo selon de tels parallèles, rhumbs, astres et étoiles, conformément à telle position d'astres, signes et observations, que nul ne peut voir les choses qu'on y montre pour peu qu'il soit de la race des juifs convertis, ou encore s'il n'a pas été conçu et procréé par ses père et mère en légitime mariage. Et celui qui serait porteur de ces germes de ces deux maladies si répandues, qu'il renonce à voir les choses jamais vues ni entendues de mon retable.

On entend d'emblée que la science des coquins est aussi ferme que celle des astrologues. Les conditions sont de nature à terrifier les spectateurs et la rhétorique mensongère de Chanfalla est truffée de vérité puisqu'il trompe en annonçant à haute et intelligible voix qu'il va montrer du jamais vu, du jamais entendu, ce qui est on ne peut plus vrai et qui, de plus, le restera ! Entrent ensuite en scène des personnages dont les noms ne peuvent que faire sourire et éclairer tout autrement les enjeux de désir, puisqu'ils relèvent du vocabulaire sexuel dont je transcris les interprétations données par Marrast à partir de l'analyse de Molho :

> *Capacho* désigne un cabas ou un oiseau nocturne ; le verbe *capar* (châtrer) a donné *capon* (chapon) dont *capacho* peut être considéré comme un augmentatif. *Repollo* est le nom du chou pommé et l'adjectif *repolludo* s'applique à une personne grosse. À ce propos, Maurizio Molho remarque (p. 181-185) que l'identification métaphorique entre le chou et le sexe féminin apparaît souvent dans les proverbes espagnols ; il rapproche également le nom de *Repolla* de *polla*, poulette et familièrement pénis. [...] Quant à *Castrado* et *Castrada*, leur unique sens est châtré.

Ainsi se trouve clairement posée la connotation du jeu et l'étrange circulation des signes entre ceux qui « en » ont et ceux qui n'« en » ont pas et qui se préparent à voir et ne pas voir. Les yeux sont un organe sexuel fragile et menacé. Ils opèrent au gré de la puissance et de l'impuissance imaginaires des deux sexes. Chacun viendra inscrire sur scène par la voie des mots ce à quoi tient sa jouissance. Car, si nous savons ce qu'ils voient, c'est parce que tous sans exception parlent. Aucun rôle n'incarne le silence. Tous ceux qui sont conviés à voir les merveilles portent un nom qui les désigne déjà comme victimes d'une perte. Tous ces « castrats » se mettent à « chanter », puisqu'un chantage leur promet de récupérer dans le retable quelque chose qui leur manque et dont nous entendons qu'ils sont nommément marqués. Pour s'emparer d'un tel trésor, il faut payer :

> CHIRINOS : L'inconvénient qui pourrait survenir, c'est que, si vous ne payez pas d'avance notre travail, vous ne verrez rien du tout.

Les coquins font payer d'avance sans doute pour s'assurer de leur gain ; mais si leurs victimes y consentent, c'est parce qu'elles ont déjà commencé à « voir ». Autrement dit, l'aveuglement commence aussitôt que l'on a payé. La partie est forcément gagnée par les compères puisqu'il faut à n'importe quel prix montrer que l'on est sûr de soi. Qui refuserait de payer serait bien sûr soupçonné d'être juif, c'est-à-dire méfiant, avare et lâche, mais aussi se dévoilerait encore plus tôt que les autres ! Tant et si bien que les lascars trompeurs n'ont plus aucun effort à faire pour évoquer avec luxe de détails tout ce qui apparaît sur la scène toujours vide. La machine s'emballe toute seule, et les « idoles dites » prolifèrent et envahissent la scène fictive énoncée sur la scène réelle, engloutissant la totalité de l'espace et des personnes présentes. La chose se corse lorsque les femmes disent éprouver au plus intime de leur corps des sensations véritables, telle une montée de souris irrésistibles sous leurs jupes. Cervantès aborde joyeusement l'érotisation des visions, et la jouissance transforme la peur d'être juif en délicieux effroi d'être lutinée. Pour la première fois, la nudité féminine est évoquée dans le « déshabillage » général. Le mensonge né de la terreur devient une véritable hallucination collective qui lâche la bride aux fantasmes de chacun. Cervantès expose clairement ce qu'il en est du désir et de la jouissance dans un scénario dont le dupeur lui-même perd la maîtrise.

Chanfalla s'adresse au maître inventeur du retable comme à une puissance occulte douée d'oreilles pour accueillir sa prière. Le ton est solennel, sacramentel même, comme dans la liturgie :

> Ô toi quel que tu aies été qui fabriquas ce retable avec un art si merveilleux qui lui valut le nom de Retable des merveilles pour la vertu qui est en lui, je te conjure, je te presse, je t'ordonne de montrer sur-le-champ et sans retard à ces dames et messieurs quelques-unes de tes merveilleuses merveilles [...].

À la fois implorant et impératif, Chanfalla implore le ciel de l'aider et ordonne au public de le suivre. Les visions arrivent. En premier, Samson « Embrassant les colonnes du Temple pour les jeter bas et tirer vengeance de ses ennemis ».

Cette puissante figure tirée du livre des Juges est celle d'un juif aux yeux énucléés, à la chevelure rasée, ridiculisé par ses ennemis et qui pourtant, avec l'aide de Dieu, va détruire la maison où il comparaît.

> Il se tend avec force et la maison s'écroule sur les tyrans et sur tout le peuple qui s'y trouvait (Jug 16,31-32).

Comment ne pas frémir devant un tel rappel des Écritures ? Clin d'œil à l'enchevêtrement de la judéité, de la cécité, de l'impuissance se retournant soudain en force divine et mortifère. Chanfalla lui donne aussitôt l'ordre de s'arrêter pour ne pas écraser l'assistance. Le public s'engouffre sans hésitation dans la scène, qui n'est plus un spectacle mais une présence active dans l'espace même des assistants. Cette indistinction des espaces entre les spectateurs et le spectacle est le ressort essentiel de la duperie, car les personnages ne font pas semblant de voir mais vivent intimement ce qu'ils voient dans leur corps, sans écart. Tel le trompe-l'œil qui naît de la continuité fictive des plans de la vision.

> REPOLLO : Tout beau, monsieur Samson, je vous en conjure, toutes ces bonnes gens vous en supplient !

Capacho s'inquiète en aparté de ne rien voir alors qu'il est fils légitime et vieux chrétien. Il mettra seulement un peu plus de temps que les autres à entrer dans la danse. Les visions bibliques ne sont pas finies, mais elles sont entrecoupées d'hallucinations profanes. Chirinos prend la relève et c'est un taureau qui surgit et tous s'aplatissent au sol. Castrado terrifié a peur de la charge du taureau sur sa fille Juana Castrada qui se fait encorner pour le plus grand soulagement du père qui voit là le signe de la fidélité de sa femme ! Chacun trouve son compte sauf le gouverneur qui, conscient de sa « cécité » à son tour, se sent obligé de simuler. Mais le temps manque et ce sont des milliers de souris sorties de l'Arche de Noé qui arrivent, multicolores, envahissantes, et qui se glissent sous les jupes, prêtes à mordre. Les dames se trémoussent et Chanfalla en profite pour les arroser d'une liqueur qui les replonge tous dans la Bible puisqu'il s'agit des eaux du Jourdain (cf. 2 Rs 5,9-15) où chacun peut recouvrer jeunesse et pureté ! Juana Castrada jouit de ce flux sans ambiguïté :

> Découvre ton visage, mon amie – dit-elle à Teresa –, profite de la bonne occasion. Oh la délectable liqueur. Couvrez-vous mon père, n'allez pas vous mouiller.
> CASTRADO : Nous nous couvrons tous, ma fille.
> REPOLLO : L'eau m'a coulé le long du dos jusqu'au bas du tuyau de descente.

Capacho et le gouverneur sont de plus en plus inquiets en aparté de ne rien voir, puisqu'ils ne suspectent pas la supercherie mais s'affolent de leur bâtardise et de leur juiverie. Il n'en faudra pas plus pour que Capacho se sente les moustaches humides et « blondes comme l'or ». Repollo, lui, est soudain incommodé par la musique tant ses yeux sont pleins du spectacle… C'est à nouveau le tour de Chirinos qui fait apparaître des ours et des lions, chimères voraces et combatives. Elle crie de prendre garde devant ce danger plein de sauvagerie. Les hommes tremblent, mais Juana, elle, qui n'est que jouissance depuis le passage des souris s'écrie :

> Laissez venir ces ours et ces lions, au moins pour nous, cela nous fera grand plaisir !

Ne serait-ce pas l'indice que dans cette affaire les femmes sont bien moins inquiètes que les hommes et que la fiction magique est d'emblée pour elles une occasion de jouir quand, autour d'elles, pères et maris s'affolent de plus en plus ? C'est sans doute pour cela que Chirinos offre à présent aux mâles une gracieuse compensation biblique : Hérodiade, si belle et si parée qui danse pour obtenir la tête de saint Jean-Baptiste. Chaque sexe reçoit son lot de mensonges et de plaisirs.

> Fils de putain, comme elle se trémousse, la fillette ! Repollo, mon neveu, toi qui t'y connais en castagnettes, vas-y, et la fête sera complète.
> […] Montre-lui ce que tu sais faire, à cette coquine de juive ! Au fait, si elle est juive, comment se fait-il qu'elle voie ces merveilles.

Ces répliques de Repollo font basculer le spectacle sur lui-même par l'effet de renversements en chaîne : à présent les hommes jouissent à leur tour de leur « cécité ». Au cri de « fils de putain », les voilà séduits par une juive tueuse de chrétien. Ils « perçoivent » la danseuse comme une spectatrice juive des merveilles qu'elle incarne elle-même et ils s'en étonnent ! La juive devrait être invisible pour elle-même… Quant à la séductrice qui veut la tête du prophète, dans le livre de Matthieu, elle s'appelle Salomé, alors qu'ici elle porte le nom de sa mère : Hérodiade. La confusion est totale et rien n'est innocent ni hasardeux. Cervantès prend plaisir à bouleverser dans tous les détails les points de repère de la filiation que la duperie était censée préserver et glorifier. L'illumination des merveilles plonge tout le monde dans l'obscurité et la confusion lubrique. On se croirait aux mascarades de Pourim !

C'est à cet instant paroxystique qu'entre le fourrier et que l'hallucination se retourne sur les dupeurs. En effet, quand entre le soldat réel, Chanfalla affirme avec force et conviction que c'est bien une véritable compagnie de véritables cavaliers qui arrive. Or Repollo fait basculer la présence du fourrier dans les effets de son propre discours. La seconde partie du spectacle commence par capturer tous les personnages dans un piège dont ils sont les artisans-orateurs. Plus personne ne croit personne, et surtout pas les dupés quand les dupeurs disent la vérité sur la réalité du nouvel arrivant :

> REPOLLO : Je commence à le connaître, Tontonelo, et je sais que vous et lui n'êtes tous que de grandissimes coquins, et le musicien aussi. Et je vous ordonne d'ordonner à Tontonelo de ne pas avoir l'audace de nous envoyer de cavaliers, ou je lui ferai donner sur le dos deux cents coups de fouet, ni plus ni moins.
> CHANFALLA : Je vous dis, monsieur l'alcade, que ce n'est pas Tontonelo qui les envoie.
> REPOLLO : Et moi je dis que c'est Tontonelo qui les envoie, comme il a envoyé les autres bestioles que j'ai vues.
> CAPACHO : Que nous avons tous vues, monsieur Benito Repollo.

Le ton monte et la question est bien celle de savoir qui a le pouvoir de dire vrai et de faire croire le faux. Au moment où les coquins énoncent la réalité et renoncent à la maîtrise du spectacle, les dupés prennent en main l'illusion elle-même pour rester maîtres de leur plaisir. Les dupeurs sortent un instant du spectacle avec un opportunisme prudent :

> CHANFALLA : Je vous prends à témoin que l'alcade me menace.
> CHIRINOS : Je vous prends à témoin que l'alcade dit que les ordres de sa majesté sont les ordres du savant Tontonelo.

Qui est pris à témoin sinon nous-mêmes, les spectateurs de l'intermède ? Ils nous demandent de sauver leur peau au moment où, dans l'entonnoir tourbillonnant des adhésions, nous voyons s'engouffrer massivement toute parole vraie ou fausse. C'est au public de prendre la relève du réel mais cela ne saurait se faire sans une nouvelle duperie puisqu'il faudrait que nous nous croyions à notre tour inclus dans la fiction du faux spectacle. Prendre à témoin est effectivement l'enjeu des entrelacs de la parole sociale. Les spectateurs que nous sommes deviennent les garants d'une discontinuité au risque de perdre leur autonomie par la distance.

Le gouverneur qui, plus qu'un autre, joue sa place quand il s'agit des ordres du roi, se laisse gagner par le doute :

> LE GOUVERNEUR : Moi, je commence à croire que, vraiment, ces cavaliers ne sont pas des soldats pour rire.
> LE FOURRIER : Pour rire, monsieur le gouverneur ? Est-il possible ? Avez-vous perdu votre bon sens ?

C'est plus qu'un appel au bon sens, car nous ne voyons pas plus de cavaliers que nous ne voyons d'Hérodiade puisqu'ils sont seulement annoncés par le fourrier et que Chanfalla semble savoir qu'ils sont logés à deux lieues du spectacle. À quoi tient la crédibilité à ce moment-là, quand tout le monde raisonne *in absentia* ? C'est en ce sens que la double réplique des dupeurs citée plus haut pose la question singulière du témoin. Qu'est-ce qu'un témoin ? Celui qui dit qu'il ne voit rien devient le témoin embarrassant de toutes les inclusions successives des mensonges, de ceux des dupeurs comme de ceux des dupés. À cette question, Cervantès répond de façon drastique et même violente. Tout d'abord il laisse Castrado s'enfoncer dans le déni de réalité et ordonner au dupeur de faire disparaître le fourrier. Le maître du visible par ses formules magiques doit pouvoir faire apparaître et disparaître tout ce qu'il veut à volonté. Voir, ne pas voir, montrer, cacher, tout n'est qu'une question de commandement impératif, quel que soit le côté vers lequel on se tourne. Le dupé demande au dupeur de le duper encore :

> CASTRADO : Parbleu, monsieur le directeur, faites paraître à nouveau la jeune Hérodiade, afin que ce monsieur voie ce qu'il n'a jamais vu. Peut-être comme cela pourrons-nous le circonvenir et lui faire quitter le village.

Chanfalla, soudain investi d'un nouveau pouvoir, celui à présent de rendre invisible ce qui gêne la vue, saisit vite l'intérêt de la proposition car ce fourrier risque de devenir embarrassant pour sa propre entreprise :

> CHANFALLA : C'est une bonne idée. Tenez, voyez-la qui revient et qui fait signe à son danseur pour qu'il l'accompagne à nouveau !

Et aussitôt les Repollo, oncle et neveu, entrent dans la danse. Le retable est reconstruit un bref instant pour mettre à son tour le fourrier à l'épreuve des merveilles du retable. Bien entendu, le fourrier ne voit rien et le dit bien haut en les traitant tous de fous. Et les voilà qui s'exclament en chœur, qui plus est, en latin : *Ex illis es !* Il ne s'agit de rien de moins que la parole de la servante de Caïphe dénonçant Pierre qui vient par trois fois de renier Jésus (cf. Mc 14,69 ; Jn 18,25). L'allusion est forte puisqu'il s'agit du reniement d'un juif et de la voix qui le dénonce et dit la vérité. Dans cette atmosphère évangélique de reniement et de délation, si forte en temps d'Inquisition, le fourrier explose de colère et les renvoie, si je puis dire, *ad matres* :

> De la male putain qui vous a mis au monde, je suis ! Et par le Dieu vivant, si je tire mon épée, vous allez sortir par les fenêtres, et non par la porte.

Cette « male putain » permet au fourrier de renvoyer les protagonistes à leurs origines sous une forme insultante. Les voilà aussitôt surenchérissant le soupçon de judéité chez le fourrier :

> CAPACHO : Suffit ! *Ex illis es !*
> REPOLLO : Suffit, il est de ces gens-là puisqu'il ne voit rien.
> LE FOURRIER : Canaille de juiverie, si vous me dites encore que j'en suis, je ne vous laisse pas un os entier.
> REPOLLO : Les juifs convertis et les bâtards ne sont jamais courageux, aussi nous ne pouvons que répéter : il est de ces gens-là, il en est !

Dénoncé, repéré comme juif du fait de sa cécité aux merveilles, le fourrier retourne l'accusation contre ses accusateurs. En un mot, les juifs sont partout. Toute cacophonie perverse est indice de « juiverie ». Sur une scène où sont perdus tous les ancrages des fictions identitaires, il n'y a plus que des rapports de force. La confusion est totale et c'est le moment où le retable opère véritablement pour tous sans exception. Ils vont passer par l'épée. La dupeuse Chirinos ne peut s'empêcher de comparer ce fourrier au cavalier d'une apocalypse diabolique faisant sonner les trompettes du Jugement dernier :

> C'est le diable qui a sonné la trompette et fait venir les cavaliers. À croire qu'on les avait appelés !

Serait-elle soudain à son tour troublée par les effets de ses affabulations sur la réalité elle-même ou, pis encore, sur des puissances occultes ? La dupeuse va croire. Les repères sont anéantis pour tous. Et pourtant, Chanfalla s'en sortira avec un cynisme digne de celui que Platon dans le *Sophiste* appelle le « doxomiméticien ironique », le vrai sophiste, le menteur social et prédateur qui, conscient de sa propre ignorance et de ses incertitudes, fait métier de manipuler toutes les faiblesses des autres :

> CHANFALLA : L'affaire a fort bien tourné. La vertu du retable est intacte, et demain nous pourrons le montrer à tout le village. En nous-mêmes nous pouvons chanter notre triomphe dans cette bataille en criant : Vivent Chirinos et Chanfalla !

L'intermède se finit sur un sarcasme. En quelques pages Cervantès a parcouru toutes les strates sans cesse croisées du vrai et du faux, du vu et du non-vu, de la croyance et de la peur. L'invisible n'est autre que le site de la voix. Le poète a mené tout son monde de vie à trépas et n'a laissé la vie sauve qu'au dupeur et au soldat. C'est une grande et terrible leçon de politique, fondée sur l'économie du visible en sa définition toute byzantine. Les adhésions collectives prises dans la manipulation pathique des regards sont sous l'emprise de la seule parole. Qu'avons-nous vu ? En un sens, rien, et c'est sur ce rien que se fonde l'imaginaire d'une communauté qui choisit ses mots et ses spectacles pour mettre en place le pouvoir qu'elle construit. Nous n'avons rien vu, pas même le régiment annoncé, mais nous avons entendu ce que les promesses de l'invisible peuvent faire voir et la façon dont la violence vient seule à bout des impostures. Qu'est-ce qu'une communauté choisit ensemble de croire et pour construire quoi ? La servitude des uns sous la violence des autres ou bien la liberté de tous dans la dignité des signes en continuel déplacement ?

Le pouvoir des armes est ici le dernier recours contre le pouvoir des images. Le fourrier pourrait-il faire penser à un Constantin militaire et iconoclaste qui voulut mettre un terme aux abus délirants des idolâtres ? Mais ne l'a-t-il pas fait pour construire les assises de son propre pouvoir ?

C'est un vrai retournement du processus de l'Inquisition puisque les coquins ont agi comme les inquisiteurs qui exigent des aveux et causent la mort. Scénographie totalement blasphématoire et insolente du martyre puisqu'on y est prêt à mourir pour un mensonge. Le fourrier, lui, n'entre même pas dans une rhétorique de la réfutation, il agit sans phrase ou presque. Il est témoin et son geste témoigne pour une réalité dont il n'est que l'émissaire ou le représentant. La mort frappe tout le monde sans que l'exécuteur ait le moindre souci de ce qui met les uns et les autres dans cet état.

Le Retable est une danse macabre où le comique est l'essence du vrai tragique dans la mesure où chacun se méprend sur la seule chose vraiment inconnue, non pas son origine mais son inévitable destination. Les coquins n'ont cessé de manipuler la crainte et le plaisir en prenant soin d'établir un tempo haletant. Jamais ils ne laissent le regard se poser, il leur faut rester maître de la respiration même en passant sans transition d'une vision à une autre. Ils n'ont cessé de faire appel au registre émotionnel et à sa vulnérabilité face au pouvoir. La parole de vérité n'est pas ici une parole plus libre que les autres, elle a seulement fait valoir en force un autre pouvoir, celui de tuer. La conclusion est donc complexe puisque l'enjeu d'un bout à l'autre n'est autre que la survie. Nul n'échappe au pouvoir de l'image puisque l'ensemble de l'intermède est un spectacle qui offre aux spectateurs que nous sommes la fiction d'un choix non pas entre vérité et mensonge mais entre la vie et la mort. L'intermède est donc bâti comme un modèle politique de la gestion des passions dans une communauté. Il en résulte que chacun choisit son régime de vérité dans une dépendance totale de l'image de soi au regard de l'autre, et dans une construction purement verbale des visibilités qui feront l'accord de tous.

Cervantès nous prend à témoin d'un dispositif où nous sommes à la fois juge et partie. Serait-il donc impossible de construire la place d'un témoin authentifiant les signes qui constituent une réalité ? Ce que l'on nomme à juste titre un témoin « digne de foi » est donc bien le sujet d'une relation de crédit qui ne doit sa force qu'à sa liberté.

6) D'autres témoins de l'invisible

Dans les visions organisées par Chanfalla, rien n'est laissé au hasard sous la plume de Cervantès. Si les eaux du Jourdain apparaissent, versant leur liqueur sur les visages qui vont s'enivrer de la danse d'une Hérodiade, c'est qu'il nous fait signe en direction de Jean-Baptiste, celui qui témoigna de la vérité d'une image. Renversons donc le scénario pour jeter un regard sur le dispositif inverse et tout aussi chrétien que ces récits mettent en crise. Je veux évoquer le cas de la voix johannique qui témoigne pour un autre que lui et demande à ceux qui l'écoutent de détourner leurs regards de lui pour scruter la vérité dans le bruit du vent au désert :

> Et voici quel fut le témoignage (*marturia*) de Jean lorsque, de Jérusalem, les juifs envoyèrent vers lui des prêtres et des lévites pour lui poser la question : « Qui es-tu ? » Il fit une déclaration sans restriction, il déclara : « Je ne suis pas le Christ. » Et ils lui demandèrent : « Qui es-tu ? Es-tu Élie ? » Il répondit : « Je ne le suis pas. » [...] « Que dis-tu de toi-même ? » (*Ti legeis peri seautou ?*) Il affirma : « Je suis la voix de celui qui crie dans le désert » (Jn 1,19-23).

Le cas de Jean a ceci d'intéressant qu'il demande de croire à l'invisible divinité d'un Messie désormais visible. Il est dans les écritures néo-testamentaires le premier constructeur du regard. Il diffère de Paul en ce qu'il ne se place absolument pas dans la duplicité économique d'une stratégie des visibilités. Jean place sa voix pour énoncer et pour annoncer en désignant un espace vide. Il dit à ceux qui le voient, et qui sont prêts à le prendre pour celui qu'il n'est pas, qu'il n'est que la voix qui montre et qui témoigne pour un autre, pour un ailleurs. L'iconographie illustre cette voix par l'index qui pointe vers le ciel, c'est-à-dire vers un site vide de toute figure. Or cette voix est celle qui baptise, donc la voix qui annonce une autre voix, celle qui au baptême de Jésus dans les eaux du Jourdain attestera de la légitimité filiale du messie : « Celui-ci est mon fils bien-aimé » (Mt 4,16-17 ; Jn 1,32-34). Donner son nom à l'image, c'est donc bien construire la filiation du visible et de l'invisible. C'est bien cette filiation que les contes précédents mettaient en crise en posant la judéité comme une atteinte à cette filiation et, par voie de conséquence, à toute légitimité filiale.

C'est ainsi que ceux qui refusent l'incarnation n'ont aucun accès à l'image, donc sont exempts de rédemption par leur « bâtardise ». Jean fonde cette légitimité du visible, mais la construit sans obturer le regard par sa présence. Il exerce une parole de retrait, d'absence, laissant tout l'espace se creuser sans fin et sans suture entre ce qu'il dit et ce qu'il montre. Il veut ouvrir les yeux de ses interlocuteurs sur l'invisible, non pas dans une visée magique, un dispositif fantastique. Point de ruse dans cette voix qui dit ce qu'il faut voir. Or, dans le texte de Matthieu, c'est Jésus qui parlant de Jean dit à la foule :

> Qu'êtes-vous allés voir dans le désert ? Un roseau agité par le vent ? Alors qu'êtes-vous allés voir ? Un homme vêtu d'habits élégants ? Mais ceux qui portent des habits élégants sont dans les demeures des rois (Mt 11,7-8).

Ne dirait-on pas que le vrai témoin est nu ? La nudité de Jean conforme aux Écritures le montre dans l'iconographie, vêtu de poil de chameau avec une ceinture de cuir autour des reins, ne se nourrissant que de sauterelles et de miel sauvage (cf. Mt. 3,4). Ainsi la voix qui dit la vérité sort-elle d'un corps qui porte les signes de son exil social. Dans un lieu de sécheresse et de vacuité où les images sont appelées mirages et les visions des apparitions diaboliques, la voix interroge, elle demande ce qu'on a vu dans ce vide. Le déchiffrage du vide qu'exige l'image demande plus que les yeux. Le problème est donc encore posé dans un retournement du regard. En grec les témoins s'appellent des martyrs – *martures* –, c'est-à-dire des hommes prêts à répondre de leur parole jusqu'à la mort. Plutôt mourir, estimaient-ils, que renoncer à témoigner de ce que l'on a vu, à attester ce que l'on a entendu. La figure de Jean est là comme une voix imaginale, en creux, invisible. Le témoin répond de ce dont il témoigne. Jean témoigne pour le Messie, le Messie témoigne pour le Père. Toujours l'index pointe un autre lieu où, d'abord invisible, disons invue, une chose à voir s'offre au déchiffrement du regard par la médiation d'une voix. Le scénario johannique est une indication précieuse pour prendre en retour la mesure de la manipulation économique de la voix qui « montre la vérité » dans le sillage de la rhétorique paulinienne. On assiste, dans deux programmes distincts de la parole, à ce qui, dans un cas, construit le regard dans la parole du témoin et, dans un autre, manipule la vision dans la puissance du discours. C'est que Paul n'a été témoin de rien, et c'est même en perdant la vue qu'il a eu la révélation du Messie et de sa propre élection. Il en résulte deux postures radicalement contraires dans la gestion de la voix qui montre. L'une indique sans montrer, l'autre impose en aveuglant. La pensée ecclésiastique se réclame des deux traditions, que son économie doctrinale veut rendre à tout prix compatibles et complémentaires. On rencontre ainsi à tous les niveaux l'ambivalence des choix de pensée et des choix de stratégie.

Cette situation de la voix qui témoigne en posant des questions donne une valeur fondatrice au témoignage et à la requête des témoins qui demandent qu'on les croie, car que faire d'autre que de croire sur parole ? Le témoin de la révélation doit plus que tout autre être crédible ; celui qui l'écoute croit que l'autre sait. Le témoin de la foi exige la foi. Le témoin n'est pas nécessairement quelqu'un qui a vu ce que les autres n'ont pas vu, mais plutôt quelqu'un qui a cru avant les autres. Le témoin a une avance sur celui devant qui il témoigne. Il est en position d'anticipateur, quelque chose comme une avant-garde ou une sentinelle. Ainsi Jean porte-t-il dans la tradition le nom de prodrome ou précurseur, lui qui dit qu'il devance celui qui est avant lui !

Témoigner, c'est donc répondre de sa voix et construire l'entrelacs où la parole qui témoigne prend à témoin ceux qui l'écoutent.

C'est justement parce que le témoignage engage la parole avant même d'engager les yeux que le film de Claude Lanzmann *Un vivant qui passe* a une valeur paradigmatique. Un homme, médecin suisse de la Croix-Rouge pendant la dernière guerre, se fait envoyer à Berlin d'où il doit se rendre à Auschwitz et à Teresienstadt pour en ramener des informations sur les camps. Lanzmann pendant plus d'une heure a fait parler cet homme pour lui faire dire ce qu'il a vu et pour nous faire entendre qu'il n'a rien vu. Il recueille le témoignage de ce Dr Rossel qui fut nécessairement témoin de l'horreur absolue. La voix de Rossel, lente et distincte, dit non seulement qu'il n'a rien vu mais, pis encore, qu'il n'y avait rien à voir. La chose est si stupéfiante que l'on serait presque tenté, à l'écouter, d'être les dupes de ce dupeur dupé. Rossel tend de façon subreptice et perverse à faire partager son propre étonnement. N'est-il pas incroyable que rien ne fût visible ! Lanzmann, bien sûr, ne tombe pas dans le piège de la stupéfaction et, imperturbablement, conduit le témoin à témoigner des vraies raisons de sa cécité. Le médecin suisse, paisible et confortablement installé dans son absence de souvenir, laisse peu à peu apparaître son antisémitisme et sa démission devant la peur. Comment une telle chose fut-elle possible sinon parce que cet homme ne voulait pas voir et laisse lentement exsuder au fil de l'entretien sa « complicité » d'honnête homme avec le plus grand des crimes ? Chaque étape du film déploie toutes les strates de la cécité. Or Lanzmann ne montre jamais à l'écran ce que Rossel n'a pas vu pour nous le faire voir, comme si le visible était la seule preuve irréfutable. C'est justement parce que le visible est réfutable que l'engagement du témoin dans la parole ne laisse aucun doute sur les raisons de son aveuglement. Comme chez Cervantès, l'objet qui démonte la duperie est un spectacle où le cinéaste nous fait voir son hors-champ, c'est-à-dire la réalité des camps et l'antisémitisme aveugle de son interlocuteur. Ce qu'il met en place, c'est la place du spectateur comme témoin, notre place de témoin. Il ne s'agit plus d'une fiction baroque où la scène et la salle échangent leurs vertiges. Nous sommes convoqués pour faire face à l'Histoire telle que la parole la tisse et la défait au gré des courages et des lâchetés. Dire que le spectateur est pris à témoin, cela signifie qu'il est mis en position d'entendre et de prendre en charge ce que les yeux d'un autre ont refusé de voir, préféré ne pas voir. Les débats interminables sur la Shoah pour savoir si l'on savait ou pas sont réduits de ce fait à cette simple affirmation : on savait ce qu'on voulait savoir, on voyait ce que l'on voulait voir. Oui, répliquera-t-on, mais que faites-vous de ceux à qui l'on cache la vérité et qui, de ce fait, sont dans l'impuissance de savoir ou de voir ? Rien de plus spécieux car, partout où l'on cache, on sait que l'on cache, et de ce fait la responsabilité de chacun reste entière, qui se soumet ou non à cette stratégie du secret et du mensonge. L'une des versions des contes l'énonce clairement : la stratégie du secret fait partie du scénario de la cécité sur fond de menaces et de terreur. Finalement, mentent tous ceux qui savent déjà qu'on les a trompés. Dire que les nazis avançaient à visage découvert vient ajouter à ces raisonnements une torsion supplémentaire : les nazis ne se cachaient pas pour mentir ; ils exposaient leurs thèses pour dissimuler leurs crimes, tout comme les dupeurs des fables. C'est la stratégie meurtrière du hors-champ qui décide des crimes de l'image. Comment, dès lors, savoir gré aux nazis de leur « sincérité » en osant reprocher aux staliniens d'avoir été plus dissimulateurs et plus menteurs qu'eux ! Les « vrais » dupeurs n'avancent jamais masqués. La visibilité du « Tout montrer » est même devenue aujourd'hui leur royaume. Les totalitarismes montrent le Tout et dissimulent le Rien. Le visible et l'invisible sont leurs outils indissociables l'un de l'autre. Ils ont tous l'image en horreur parce qu'elle seule est soutenue par le hors-champ de la parole chaque fois qu'elle fait voir simplement « quelque chose ».

Quand viennent s'ajouter, en termes de « réalités », les arguments tirés de l'absence d'images destinées à prouver, on a pu croire que la « révélation » des images devait être accueillie comme une preuve irréfutable. Les images témoigneraient ! Pas davantage. L'image, même photographique, ne peut valoir que par l'émotion qu'elle suscite et jamais pour la vérité qu'elle prouve. La gestion de l'image ne relève que de la gestion pathique des émotions collectives et une même image peut à notre gré dire une chose et son contraire. C'est la parole qui prend en charge le hors-champ d'une image, qui décide de la nature du jugement que l'on va porter sur elle. Le hors-champ de l'image inscrit la nature politique de son site. Une véritable image n'est pas l'image du vrai, mais inscrit la vérité de son hors-champ. Peut-être comme l'index johannique voulait diriger le regard ailleurs pour indiquer précisément que ce n'est pas ce que l'on voit qui est la source de ce que le visible fait entendre. Celui qui choisit de montrer doit répondre de ce qu'il ne montre pas au cœur de ce qu'il montre. C'est en ce sens qu'il construit ou non la place d'un spectateur libre. Seule cette conviction mérite d'être une passion.

* *
*

Je voudrais évoquer la situation moderne de la critique devant les œuvres telle que je l'évoquais en ouverture de ce chapitre. Les visibilités étant devenues le flux océanique des propositions quotidiennes de notre temps, il faut évoquer la mise en crise du discours critique face aux objets offerts à la contemplation et à la jouissance des yeux. Que dire de la fiction de cette autre célèbre figure de la cécité et du dévoilement, celle que met en scène *Le Chef-d'œuvre inconnu* de Balzac dont on ne compte plus les gloses ? Dans ce texte se déploie plus près de nous le destin moderne des voix qui disent ce qu'il y a à voir dans un réseau social désormais décisif : le discours sur les images et sur l'art. Comme dans le cas de Cervantès, je me garderai bien d'en proposer une lecture singulière ou qui viendrait contredire toutes celles qui existent. Je veux seulement pointer dans ce conte philosophique ce qui est pertinent à mon présent propos, à savoir : qui montre ? qui cache ? qui dit qu'il y a quelque chose à voir quand d'autres voix s'élèvent pour énoncer un néant ?

L*e Chef-d'œuvre inconnu* de Balzac[1] fait disparaître une œuvre sous les gestes d'un artiste fou qui meurt en soutenant que son tableau existe encore, quand tous ceux qui l'entourent disent, eux, qu'ils ne voient rien, qu'il n'y a plus rien à voir. Que s'agissait-il de voir ? Une peinture de nu, le corps parfait d'une femme. Cette nudité qui fait la joie et le désespoir du peintre n'est pas visible, elle a disparu sous l'amas des traits qui ont dressé une « muraille » entre les regards et la beauté nue. Cela signifierait-il que le pouvoir de faire voir a déserté les mains de l'artiste, ou bien a-t-il inversé la structure qui soutient le visible ? La nudité en tant qu'image vraie disparaît sous un voile de gestes, apparaît sur un voile de paroles. L'effondrement du visible devient le signe de la folie qui habite toute construction substantialiste du regard. L'apparition du monde n'est possible que sur le fond infini du non-être qui à sa bordure, invisible, est son hors-champ constitutif et infini. À partir du moment où l'artiste veut faire voir ce hors-champ, il se met dans la situation paradoxale de montrer encore quelque chose et de découvrir que ce « quelque chose » n'est rien, ou qu'il n'est pas tout. Ce qui explique qu'un pied soit encore là, qui signale l'exclusion réciproque du visible et du tout. L'art doit faire le deuil des visibilités elles-mêmes. Mais il peut aussi, dans ce basculement, inverser la lecture et prétendre que cette infinité où le visible s'anéantit est désormais le véritable objet de la peinture. Telle fut la lecture donnée à la nouvelle de Balzac lorsqu'on lui prête d'avoir trouvé la première scénographie de l'abstraction. La scène est censée se passer au XVIIe siècle, c'est-à-dire en des temps où la figuration plastique pense la *mimêsis* en termes d'imitation de la nature et de beauté idéale. Balzac déplace la question de ce que les mots font voir, comme pour saisir le lieu où ils se détachent de la vision. C'est cela la littérature, et Frenhofer devient l'auteur d'une fiction littéraire à l'intérieur de laquelle l'art du peintre est anéanti, puisque désormais c'est Balzac qui écrit pour produire un Rembrandt :

1. Éd. René Guise, in *La Comédie humaine*, t.X, *Œuvres philosophiques*, I, Paris, Gallimard, coll. « Bibl. de la Pléiade », 1979.

> Imaginez un front chauve, bombé, proéminent ; retombant en saillie sur un petit nez écrasé, retroussé du bout comme celui de Rabelais ou Socrate ; une bouche rieuse et ridée, un menton court, fièrement relevé, garni d'une barbe grise taillée en pointe… Mettez cette tête sur un corps fluet et débile, entourez-la d'une dentelle étincelante de blancheur… Et vous aurez une image imparfaite de ce personnage auquel le jour faible de l'escalier prêtait encore une couleur fantastique. Vous eussiez dit une toile de Rembrandt marchant silencieusement et sans cadre dans la noire atmosphère que s'est appropriée ce grand peintre.

Pour Balzac, faire voir c'est écrire. Désormais, les peintres n'ont plus que le pouvoir d'occulter. Le problème qui surgit alors, c'est celui que fait naître l'enchevêtrement de toutes les paroles autour d'une visibilité évanouie. Cette situation a fait du *Chef-d'œuvre inconnu*, pour nombre de commentateurs, le paradigme de la modernité en matière de visibilité[1]. Mais il est plus important ici de retrouver la structure pérenne d'un scénario millénaire.

Les uns disent ce qu'il faut voir, même quand il n'y a rien à voir, les autres déclarent qu'il n'y a rien à voir alors qu'il y a malgré tout quelque chose, car cette « muraille de peinture » n'est pas rien. Frenhofer est bien l'héritier du dispositif ici analysé puisqu'il est l'élève de Mabuse, l'homme qui détient « le secret du relief, le pouvoir de donner aux figures cette vie extraordinaire ». Or Balzac prend soin de raconter l'anecdote suivante à son sujet :

> Ayant vendu et bu le damas à fleurs avec lequel il devait s'habiller à l'entrée de Charles-Quint, il accompagna son maître avec un vêtement de papier peint en damas ; l'éclat particulier de l'étoffe portée par Mabuse surprit l'empereur, qui voulant en faire compliment au protecteur, découvrit la supercherie.

Nous voici une fois encore devant un récit de couturier dupeur devant un empereur. Le récit de Descamps dont s'inspire Balzac mérite d'être cité :

1. Je renvoie ici à l'analyse tout à fait fine qu'a menée Patrick Née : « Le chef-d'œuvre trop connu », Colloques de la fondation Hugot du Collège de France, Milan, Éd. Nino Aragno, à paraître. L'auteur examine les différentes interprétations de la nouvelle et particulièrement celle de Georges Didi-Huberman qui, dans *La Peinture incarnée*, privilégie ce qui relèverait d'un protocole fétichiste.

> Le marquis de Veren [...] averti que l'empereur Charles V devait passer chez lui, n'épargna rien pour le bien recevoir. Il fit habiller toute sa maison, et par distinction ses officiers principaux en damas blanc. Mabuse était du nombre des derniers, et lorsque le tailleur vint pour lui prendre sa mesure, il lui demanda l'étoffe, sous prétexte d'imaginer un habillement singulier. Il vendit cette étoffe pour boire et lorsqu'il fallut paraître, il se fit faire une robe en papier blanc, qu'il peignit en beau damas. Lorsque la marche fut réglée, ils passèrent tous sous un balcon où était l'empereur avec la Cour. Mabuse passa à son tour entre un philosophe et un poète, aussi pensionnaires du marquis. La beauté du damas frappa tous les yeux ; Mabuse qui servait à table comme les autres gentilshommes, était attentivement examiné par l'empereur, jusqu'au moment où le marquis, instruit par quelqu'un de la ruse du peintre, le fit approcher de l'empereur, qui en fut extrêmement surpris, et lorsque le fait lui fut raconté, il en rit beaucoup[1].

Ainsi Frenhofer s'inscrit-il à la suite de son maître dans la filiation des tisserands mystificateurs, la peinture étant un faux tissage. Le peintre est donc bien un dupeur qui, chez Balzac, se dupe lui-même dans le tissage de sa fiction. Il croyait tisser, il ne faisait qu'un simulacre dont la substance illusoire n'était là que pour le combler d'un impossible absolu. Il recouvre le vide d'une parodie de tissage, une muraille illisible qui dissimule ensemble sa méprise et la vacuité. Le pied est bien le signe métonymique d'une idole qui exige la prosternation d'un esclave fou. Il croit voir dans une vision hallucinée ce qu'il a fait disparaître et sa folie n'attend pas le châtiment d'une épée véritable, mais c'est elle qui lui porte le dernier coup. Est-ce d'ailleurs sa folie qui l'achève ou la vision intolérable que lui impose sa sortie de la folie ? C'est le retour au réel qui le tue. Tant qu'il délirait et que l'objet de son délire restait hors de vue des visiteurs, ne passait-il pas pour un génie et un maître incontesté de son art ? C'est donc l'épreuve d'une visibilité partagée qui est la pierre de touche de la raison. La parole atteint les limites de son pouvoir hallucinogène et le visible résiste aux opérations magiques du verbe. Une fois encore, la mort est le prix du réel. Les étapes traditionnelles sont respectées, mais le sens en est finalement inversé. Frenhofer tient bien le discours des charlatans qui montrent en paroles une « absence d'œuvre ».

1. Descamps, *La Vie des peintres flamands, allemands et hollandais*, Paris, C.A. Jombert, 1753-1763, vol.1, p. 84.

> Il y a tant de profondeur sur cette toile, l'air y est si vrai, que vous ne pouvez plus le distinguer de l'air qui nous environne… Admirez… Voyez… Attendez.

Ne plus distinguer, tout est là, dans la confusion des espaces où la parole inscrit la distinction et l'inévitable séparation des signes et du sens.

Une succession d'impératifs qui reprennent un peu plus loin avec une intensité délirante accrue :

> […] tenez, il y a là sur la joue… Mais aussi, mon cher Porbus, regarde attentivement… regarde… Approchez, vous verrez mieux ce travail. De loin il disparaît. Tenez, là il est, je crois, très remarquable.

Tout cela n'est que discours éloquent qui demande qu'on ne reste plus à distance mais que l'on s'approche sans fin, jusqu'à la fusion. Le fantasme fusionnel de l'idolâtre est énoncé dans la clarté de ses ténèbres propres. Nous ne verrons jamais ce qu'a fait Frenhofer, quand bien même il n'aurait pas anéanti son œuvre, car c'est ici Balzac le maître du jeu. C'est lui qui a le pouvoir souverain de la parole qui fait voir au lecteur et l'œuvre et sa disparition, c'est lui qui à son gré ouvre les yeux et les ferme. Cette puissance suggestive de la littérature confère au romancier une omnipotence sur le visible et l'invisible. Il reste tout à fait vrai que ce conte est lourd de toute une méditation sur la perfection, l'œuvre absolue et le génie, mais il n'en reste pas moins que le scénario choisi est celui, séculaire, du retable des dupes.

On peut entendre s'élever les voix de Poussin et de Porbus :

> « Apercevez-vous quelque chose ? demanda Poussin à Porbus.
> – Non, et vous ?
> – Rien. »

Deux peintres et non des moindres énoncent l'absence d'objet conforme au discours de Frenhofer. Lorsqu'ils disent qu'ils ne voient rien, ce rien n'est pas absolu, mais se définit par rapport au contenu décrit par l'artiste fou.

À quoi tient que, devant quelque chose, l'un dise qu'il voit ce qui n'y est pas, et que les autres ne voient pas ce qui s'y trouve, permettant à certaines gloses sur la nouvelle de dire ce qui échappe aux regards de Poussin et de Porbus ? En effet, les gestes de recouvrement de Frenhofer ouvrent toutes les possibilités d'un abandon, d'un dépassement même, de la figuration. La beauté idéale n'est plus mimétique. Car nous lisons bien qu'il y a quelque chose puisque Poussin, décrivant ce « rien », énonce lui-même ce qui pourra valoir pour une définition de la peinture moins d'un siècle plus tard :

> Je ne vois là que des couleurs confusément amassées et contenues par une multitude de lignes bizarres qui forment une muraille de peinture.

Cette muraille de peinture pourrait aussi bien dire ce en quoi la peinture résiste à l'illusion d'une traversée, d'une transparence intelligible. Le regard de Cézanne sur le monde de ses sensations construira justement cette opacité frontale d'une visibilité picturale qui ne veut plus rien devoir à la perspective ni aux concepts idéaux. La muraille de la Sainte-Victoire sera par excellence le « motif » d'où partira l'obsession du geste sensitif, de la donnée intuitive. Ainsi, Frenhofer est habité par un anachronisme lorsqu'il demande d'avancer et de reculer pour voir apparaître et disparaître le tableau comme cela pourra se dire devant une œuvre impressionniste. On ne peut voir que ce que le monde dans lequel on vit, que l'on partage par la parole, rend accessible à la visibilité. C'est justement cette question de l'ouverture des yeux par la parole qui est en jeu. Frenhofer en parlant ne fait rien voir, non pas parce qu'il n'y a rien à voir, mais parce que sa parole est dans l'impossibilité d'énoncer ce qu'il montre et que les oreilles de ses auditeurs ne peuvent davantage anticiper sur les visibilités qu'ils ne voient pas.

Ce qui manque ici, ce n'est pas l'œuvre, car d'elle nous ne savons rien, mais la parole qui la rendrait visible. Mais il n'y a alors aucune place pour une parole qui pourrait faire voir ce que Frenhofer a réalisé, quelque chose comme une peinture de Pollock, un dessin de Giacometti, une gravure de Hartung, un monochrome de Rothko, une toile de Soulages… bref, quelque chose qui un siècle plus tard trouve sa place dans le regard et sa légitimité dans la circulation des signes.

Devant l'aveuglement de ses interlocuteurs, Frenhofer est pris de fureur comme en présence de coquins qui se jouent de lui. C'est pourquoi Balzac reconstitue malgré tout un scénario traditionnel, celui de la transsubstantiation eucharistique, de la magie de la parole sacramentelle. « Là où il n'y a que des choses, je vous ordonne de voir Tout. » Le récit atteint son acmé quand il crie : « Voyez ! » qui sonne comme un ordre impérieux. N'est-ce pas le son d'une injonction miraculeuse, du *Hoc est Corpus*, à laquelle il s'accroche encore un instant ?

> Par le sang, par le corps, par la tête du Christ, vous êtes des jaloux qui voulez me faire croire qu'elle est gâtée pour me la voler ! Moi je la vois !...

Les termes de la consécration sont là, sous une forme mi-blasphématoire, mi-sacrée, pour convoquer l'apparition.

Mais le miracle eucharistique n'opère plus, il n'y a là devant les yeux de chacun que les choses telles qu'elles sont. Les artistes rompent avec la transsubstantiation. Frenhofer couvre son tableau comme on voile un tabernacle, mais feint encore de douter de l'honnêteté de ses visiteurs qui, eux, doutent peut-être à leur tour de Frenhofer en tant que peintre :

> « Savez-vous que nous voyons en lui un bien grand peintre ? » dit Porbus.

Qu'est-ce que voir dans un homme un grand peintre en l'absence de toute peinture ? Nous devons croire Balzac en qui nous voyons ici un très grand romancier.

L'art suprême du trompe-l'œil ne consisterait-il pas à ne rien montrer ? Art du rideau qui fit la gloire légendaire de Zeuxis[1].

Le Chef-d'œuvre inconnu est remarquable en ce sens que le texte engloutit dans son tissage tout l'excès du visible dans la parole sans renoncer à reconstituer cet excès par défaut ! Quand il n'y a plus que la parole, le visible s'efface devant elle et le délire s'installe avec une force mortifère. Si l'œuvre résiste à tout engloutissement langagier, le visible est sauf, mais Balzac doit renoncer aux pleins pouvoirs exhaustifs sur le réel. Cet immense romancier est confronté à sa mélancolie : son monde, celui qu'il crée en écrivant, n'est pas Tout. La nouvelle raconte sa déception dans le récit du délire d'un autre, d'un autre qu'il ne sera jamais, un peintre.

1. Cf. Patrick Née, « Le chef-d'œuvre trop connu », *loc. cit.*

Je voudrais conclure ces quelques analyses par un dernier arrêt sur un texte qui, plus près de nous, offre la version la plus remarquable et nouvelle du « chef-d'œuvre inconnu ». Il s'agit des *Fruits d'or* de Nathalie Sarraute, où bruissent les voix qui adorent puis qui haïssent une œuvre dont nous ne saurons rien sinon qu'elle creuse par la figure de son absence l'œuvre que nous lisons, et à laquelle l'absente a donné son nom : *Les Fruits d'or*. L'objet construit et déconstruit par la polyphonie des voix qui disent les raisons d'aimer ou de détester produit justement l'œuvre même que Sarraute élabore. Ainsi l'œuvre devient-elle l'ensemble des signes déclaratifs de son inexistence substantielle, elle n'est que la somme de tout ce qui la fait disparaître pour la conduire finalement au seuil inassignable de son apparition. Elle se trouve à la fois réduite et haussée à la dignité ou à l'insignifiance des jugements portés sur elle. Mais, plus encore, ces jugements, loin d'être les témoignages d'analyses contradictoires et successives, sont saisis et transmis au cœur du tissu social des émotions, des intérêts et dans le croisement des regards. Œuvre inconnue puisque introuvable aussi longtemps que se fait attendre la voix qui dit ce qu'elle est en tant que rencontre existentiellement éprouvée. Sarraute décrit les corps qui parlent dans l'espace de leurs échanges et, peu à peu, nous fait « toucher » la vacuité ontologique de chacun. Le tourbillon ininterrompu des conversations tisse un réseau dérisoire de signaux convenus et réversibles puisqu'ils ne parlent de rien, obsédées que sont toutes ces voix par le souci absurde d'offrir l'image d'une autorité consistante, d'un sujet qui dit quelque chose de vrai sur quelque chose de réel. Or, tout le livre a choisi de dire ce qu'est un chef-d'œuvre en le constituant en tant que pour toujours inconnu, comme inconnaissable, mais cependant aussi, paradoxalement, comme reconnaissable. Reconnaissable à quoi ? À ce qu'il résiste justement jusqu'au bout à toutes les appropriations, des plus niaises aux plus savantes. C'est pourquoi, parmi le vrombissement social des voix qui croient et savoir et sentir sans erreur, il en est une qui trace subrepticement sa route légère et furtive, comme impalpable, et qui y tire un fil arachnéen dans le labyrinthe cacophonique des opinions. Cette note ténue fait entendre le murmure de ce qu'il y a de plus irréductible dans la vacuité non substantielle d'un chef-d'œuvre. *Les Fruits d'or* ne sont que l'image d'une floraison incertaine sans couleur ni saveur particulière, mais qui est la forme d'un espoir solitaire et tenace, d'une liberté sans visage. L'or des fruits vient de leur éclat sans pulpe, de leur inaptitude à la cuisson et à la digestion collectives. Un printemps hors toute saison. Exacte inversion du Veau d'or offert à l'adoration et à la destruction, la nature morte aux fruits d'or attend du regard et de l'oreille cet acquiescement de tout le corps touché de la tête aux pieds par la présence d'un objet. Le livre de Sarraute parcourt avec la grâce d'un poème tout ce que mon travail aurait voulu traverser : l'absence d'objet, le bouleversement provoqué par les « images dites », le leurre des narcissismes et des prétentions d'experts, la force inépuisable que donne la vie d'une chose poétique. Tout chef-d'œuvre est inconnu. Alors, à quoi le reconnaît-on ?

Mieux vaut écouter la voix fluide en sa puissance indécise des *Fruits d'or :*

> C'est que moi, pour que je sois détendu, rassuré, il me faut absolument trouver, peu importe où… je le sens très bien, mais je ne sais pas l'exprimer… je n'ai à ma disposition que de pauvres mots complètement usés à force d'avoir servi à tous et à tout… il me faudrait posséder le vocabulaire perfectionné de ces savants docteurs. Je sais qu'ils me trouveraient ridicule s'ils m'entendaient. Heureusement ils n'entendent jamais. Enfin ce que je veux dire, c'est que moi pour me sentir comme eux, content et en lieu sûr… il me faut trouver… et cela n'importe où… même dans une grande fresque, pourquoi pas ? je n'ai pas de préjugés… il me faut éprouver je ne sais pas bien ce que c'est… c'est quelque chose comme ce qu'on sent devant la première herbe qui pousse sa tige timidement… un crocus bien fermé… c'est ce parfum qu'ils dégagent, mais ce n'est pas un parfum, pas même encore une odeur, cela ne porte aucun nom, c'est une odeur d'avant les odeurs… il me semble que c'est cela… quelque chose qui me prend doucement et me tient sans me lâcher… quelque chose d'intact, d'innocent… comme les doigts fluets d'un enfant qui s'accrocheraient à moi, la main d'un enfant qui se blottirait au creux de ma main. Une candeur confiante se répand partout en moi… chaque parcelle de moi en est imprégnée…
>
> Je veux à tout prix m'en montrer digne… ne pas vous trahir… c'est ce qui me donne envie parfois d'oublier toute prudence et de lancer mon appel quand il ne le faudrait pas, quand il vaudrait mieux pour vous et pour moi nous faire oublier[1].

1. *Les Fruits d'or*, Paris, Gallimard, 1963, p. 218.

On ne saurait mieux dire cette histoire d'amour qu'est la rencontre d'une œuvre qui vous donne la main comme un enfant et qui soudain produit une exigence de dignité et la force du courage. L'image de l'enfance et celle du crocus posent d'emblée la création comme le pur surgissement de la vie. La déclaration d'amour retrouve inévitablement, une fois de plus, les mots de la nudité et du silence :

> Ce silence où vous baignez, dépouillé de tous les vêtements et ornements dont vous aviez été affublé, nu tout lavé, flottant à la dérive, avec moi cramponné à vous[1].

C'est ainsi que vont s'achever *Les Fruits d'or*, quand s'élève encore la voix pour dire que l'avenir de l'œuvre ne tient qu'à l'histoire de ces rencontres, et cette rencontre ne va pas sans une figure de la nudité, un dépouillement. Cette nudité reste invisible et ne fera jamais l'objet de la moindre exhibition. Le livre de Sarraute marche vers l'œuvre à reculons, jetant sur elle le voile où s'inscrit sa manifestation. Nous avons vu ce mouvement à l'œuvre dans tous les textes qui associent l'invisibilité de la nudité en tant que vérité. La vie du chef-d'œuvre est inconnue comme l'est toute vie naissante, fraîche et faible, indécise et caduque, mais toujours prête à renaître. Ce sont les mots et les regards à qui cette vie se confie qui se chargent ou non de ce qui sera l'histoire de ce don. *Je me demande par moments,* dit la voix, *ce que vous deviendrez plus tard, sans moi... où vous allez aborder ? où échouer ?*

Cette fragilité native de nos images, suspendues à la puissance comme à l'impuissance de nos paroles, pourrait nous permettre de dire qu'on ne reconnaît une œuvre d'art qu'à ce qui fait d'elle une demande d'amour, un appel à l'autre. Ce que le récit balzacien a mis en scène serait alors la disparition et la mort de l'œuvre comme du créateur lorsque règne la seule volonté d'abolir le regard de l'autre. Frenhofer fuit toute intrusion des regards, barricadé dans le délire de sa passion. Toute altérité lui étant insupportable, il disparaît dans le mouvement même qui a aboli son œuvre. L'histoire d'amour est devenue une histoire de mort puisqu'il n'y a plus d'autre. Alors s'effondre, avec la confiance et le courage, la liberté elle-même. Dans

1. *Ibid.*, p. 224.

l'espace qui sépare le scénario de Balzac de celui de Sarraute, c'est le mot « inconnu » qui a totalement changé et de place et de sens. Pour Balzac, l'inconnu est le destin de ce qui disparaît quand on ne le montre pas ; pour Sarraute, c'est l'inverse puisque l'inconnu est ce qui apparaît dans la disparition de ce que l'on montre. Balzac plaide encore pour la substance de l'œuvre, Sarraute opère un deuil substantiel pour interroger la vie et la mort de l'œuvre dans le bruissement des passions collectives. Un chef-d'œuvre est une rencontre amoureuse qui renonce à toute appropriation passionnelle et mortifère. Entre eux il y a eu plus d'un siècle pour que se manifestent les enjeux passionnels et la signification politique de l'absence et du néant.

J'ai dit histoire d'amour pour qualifier toute relation à l'image afin de mieux redire à quel point les visibilités peuvent se charger de toutes les haines idolâtres. Je pense au merveilleux court métrage de Godard intitulé *Changer d'images*, où sa voix fait entendre une même déclaration. Il dit que toute œuvre n'est rien d'autre qu'une lettre à la bien-aimée, qu'il s'agisse des écrits de sainte Thérèse d'Avila ou du *Capital* de Marx. On n'écrit rien de grand qui ne soit une lettre d'amour.

Sans doute est-ce pour cela qu'il est encore plus difficile de produire des images dont nous soyons dignes et qui témoignent quand il le faut de l'épreuve de la haine sans la répandre à leur tour. Quoi de plus difficile que de faire voir ce qu'on exècre sans le nourrir du vocabulaire de la haine ? Telle est la question politique posée par les cinéastes qui dénoncent et appellent à résister. « Comment filmer l'ennemi ? » demandait Jean-Louis Comolli lorsqu'il filmait le Front national. Tel est le problème que posent aujourd'hui les figures d'une visibilité de l'horreur et des crimes. Si l'image de la violence doit, elle aussi, s'offrir en tant qu'image comme une main d'enfant, comme un acte de confiance et de courage, il faut impérativement qu'elle soit construite de telle sorte que le spectateur y puise la force de résister et l'espoir de vaincre. S'il n'en est pas ainsi, les visibilités ne font qu'informer violemment des pouvoirs de la haine en transmettant à leur tour la violence et la haine comme seule réponse possible. L'œuvre qui surgit dans le visible ne se tient comme œuvre que d'être une correspondance amoureuse. On n'écrit pas, on s'écrit, pour tisser une toile invisible où le sens ne se joue que dans l'écart qui sépare à jamais les sites de provenance des signes envoyés. Aussi Godard, dans son court métrage, évoquant les images d'un bourreau et de sa victime, imagine-t-il un film à partir de deux lettres envoyées par chacun d'eux à sa bien-aimée. Le film se tiendrait entre ces lettres, et le regard du spectateur serait conduit vers le lieu invisible où se trame le sens de la relation entre les deux expéditeurs, « entre les images ». Place du commerce.

Conclusion

Au terme de ces analyses successives, je laisse la méditation ouverte sur toutes les autres occurrences de ces scénarios fondateurs et sur le déploiement des interprétations.

Leur dispositif, toujours moderne, nous est familier. Lorsque la réalité vient mettre à nu la séduction et la peur qui ont paralysé notre jugement et construit notre cécité, nous accusons les dupeurs plutôt que de reconnaître qu'ils tirent profit des défaillances de notre liberté. Nous continuons d'être, tour à tour, accablés jusqu'au dégoût, réjouis jusqu'à l'hilarité, chaque fois que nous sommes confrontés aux impostures des habiles. Il s'agit bien des stratégies de l'aveuglement qui manipulent sans difficulté notre désir de voir et notre effroi d'être vus, sur lesquels s'appuient toutes les tyrannies. Laisser sa liberté à l'image exige qu'on renonce à tout pouvoir sur elle. Prendre le pouvoir sur le regard, c'est abolir la fonction fictionnelle imageante dans laquelle se joue une identité mobile et toujours dépossédée d'elle-même. Mais le « semblant solide », comme le nommait Desanti, est devenu chose consommable et consumante qui conduit les communautés aux plus effroyables catastrophes. Devant la muraille de tous les écrans, l'idolâtrie fait ripaille. Nous sommes tous prêts à payer, et nous payons aujourd'hui fort cher, les fabricants d'inanité pour savourer toutes les formes industrielles d'élision de la réalité, c'est-à-dire de l'altérité. Si notre image dans le miroir nous ressemble assez pour avoir droit à notre nom, ce nom n'a de sens que pour l'oreille et la voix d'un autre. Le miroir n'a pas d'oreilles et l'image ne prend sens que dans la triangulation où la voix demande au regard de ne pas se prendre pour ce qu'il voit, faute de quoi il sera pris par ce qu'il ne voit pas. Où sont les voix qui construisent notre regard pour lui donner sa liberté ? La fonction critique est menacée et l'on peut voir en toute occasion la violence qui s'exerce contre la parole critique dès qu'elle n'est plus au service du consensus et du pouvoir économique. Kant faisait remarquer que, s'il fallait choisir entre la puissance du génie et la force du jugement critique, mieux valait renoncer au génie, vertu pourtant singulière et rare, et préserver le jugement, seule opération susceptible de partage et de sens pour la communauté. On se plaint beaucoup aujourd'hui de manquer de héros, de grands hommes et de vrais artistes, sans s'apercevoir que c'est la communauté elle-même qui est devenue impuissante à les reconnaître et à les accueillir. Les Tontonelo se multiplient pour prendre le pouvoir et nous dire ce qui est à voir, ce qui est digne d'être vu, et nous rougirions d'avouer l'inanité qui nous fait face puisque nous sommes menacés d'en récolter de la solitude et de l'exclusion. Comme le temps presse pour les dupeurs qui craignent malgré tout la petite voix qui débarrasse de tout et embarrasse tout le monde, il faut faire vite et changer sans cesse d'objet. On s'est laissé tromper hier : qu'importe, hier est mort, aujourd'hui on regarde ailleurs. C'est ainsi que les stratégies de la duperie sont ennemies de la mémoire. Oublier est le mot d'ordre. On dit souvent qu'un menteur doit avoir bonne mémoire, en vérité le menteur est maître de l'amnésie, il compte sur elle pour faire perdurer son imposture. L'important, nous montre Cervantès, c'est de changer très vite, de sauter d'un spectacle à l'autre. La jouissance dans l'imposture demande un tempo rapide, une fugacité des apparitions. Chanfalla et Chirinos sont les maîtres du « zappage ». Ne jamais accorder son temps et sa respiration à la pensée, la dignité de sa lenteur, sa gravité à la mémoire.

Où pourrait être parmi nous la voix qui n'a rien à perdre ou qui ne craint pas de perdre, puisque ceux qui n'ont rien ont précisément été privés de voix ? Et pourtant, jamais il n'y eut tant de discours adressés à une population aphone, dans le dessein paradoxal de recueillir ce qu'on appelle des « voix » ! Jamais autant de spectacles pour saturer le regard des yeux aveuglés ! Le discours électoral ne fait qu'un avec l'éloquence qui fait voir en aveuglant. L'arrivée de Berlusconi au pouvoir est en ce sens emblématique, réunissant en une seule main les pouvoirs de Tontonelo, de Chanfalla, de Chirinos et de Rabelin. Qui sera le fourrier : la vache folle ? les OGM ? la pollution des déchets atomiques ? les génocides de tout genre ? nous ne sommes pas à court des cavaleries qui, jour après jour, viennent distribuer la mort. Mais les faiseurs d'images veillent à nous faire frémir et jouir devant les monstres et prodiges fictifs qui apparaissent et disparaissent à un rythme effréné. Tant et si bien que, devant l'irruption de la barbarie et du mensonge, nous « zappons » pour changer au plus vite les figures de nos retables. Le maître mot, qui tient lieu de menace désormais, c'est de ne pas être « exclu ». Mais de quoi au juste ? Car les contes nous disent bien la solitude des voix qui brisent l'imposture. Aurions-nous peur d'être seuls ? peur d'avoir l'air d'être de faux croyants ? de faux chrétiens ou de vrais juifs ? vrais chrétiens donc faux juifs ?

Peut-être y a-t-il là une piste permettant d'interpréter les convulsions actuelles liées à l'exacerbation des différents monothéismes[1]. Les guerres que se livrent aujourd'hui les communautés et les nations sont indissociables d'une nouvelle crise des régimes de visibilités. Une figure de l'iconoclasme semble vouloir anéantir les empires « iconomiques » lorsqu'ils sont identifiés à la domination d'une seule nation. On voit des cultures aniconiques se livrer à des actes d'iconoclasme et, dans le même mouvement, diffuser à l'envi les icônes de plus en plus exsangues de leur propre messianisme. Je pense, bien sûr, au sort subi par les Bouddhas de Bamyan, aux tours de New York et aux icônes de plus en plus irréelles de Ben Laden diffusées par les médias du Moyen-Orient. Un mimétisme parodique et meurtrier répand une nouvelle terreur, celle de l'invisible et de l'impalpable.

Pour construire les regards, il faut faire l'hypothèse de leur liberté. Cette hypothèse n'a la faveur d'aucune tyrannie, d'aucun despote. C'est ainsi que se crée d'est en ouest l'impasse du discours mondialiste, qui adopte la rhétorique de la démocratie et qui s'ingénie par tous les moyens à confondre et à nous faire confondre libéralisme et liberté. Le monde des réseaux qui fait rêver les modernistes fait oublier que le modèle de la toile, c'est le piège de l'araignée. Aussi longtemps qu'elle se tisse depuis un centre aussi vigilant que carnassier, la toile ne peut devenir le tissu d'une nouvelle liberté. Shakespeare a fait dire à Hamlet que nous sommes faits du même tissu que nos rêves. Ce tissu-là n'est pas la toile d'un réseau mais le plan discontinu et fragile, sans cesse cousu et décousu, que produit à tout moment le croisement des fils que nous tendons les uns et les autres entre nous,

1. Cf. Marcel Gauchet, *Le Désenchantement du monde*, Paris, Gallimard, 1985. Gauchet a bien vu ce qu'il nomme la « spécificité révolutionnaire du christianisme », mais il ne s'attarde pas sur la question de l'image, ni sur l'articulation économique dans la gestion et l'administration des visibilités lors du processus de désacralisation.

prenant sans cesse le risque tantôt d'être captifs d'une réticulation mortifère, tantôt d'être réduits à la liberté d'une asphyxiante solitude. Produire du visible, c'est toujours prendre en charge une invisibilité qui n'est autre que le régime éthique de la parole. Les fables du « roi nu » mettent directement en scène la violence des dictatures qui s'emparent de l'invisible pour en faire le territoire d'un secret inavouable, d'un aveu de faiblesse, ou la tyrannie d'une transcendance. Les voix qui désavouent ce dispositif rétablissent la puissance d'un régime tout autre de l'invisibilité, celui de la consistance de l'exigence de sens. Cette exigence implique, selon le mot déjà cité de Godard, que l'on n'ait pas peur de perdre sa place. La liberté du jugement et de la parole nécessite une atopie ou une dystopie subjective. Cette délocalisation fonde la possibilité même de construire un regard commun sur un monde partagé auquel chacun de nous participe depuis le lieu qu'il occupe avec son corps et qu'il ne peut partager. Le partage exige donc les opérations de la parole, l'appel et le renvoi des regards, la multiplicité des signes qui exigent une économie au sens où la pensaient les Pères de l'Église. Qu'était cette économie, sinon un principe médiateur qui réglait ensemble la distance et la proximité ? Dans la doctrine chrétienne, l'économie désignait la totalité du commerce entre Dieu et ses créatures. Ce commerce nécessitait une économie du visible où le terme d'incarnation détachait le sens du monde des corps et faisait l'offre d'une visibilité négociable. La communauté chrétienne se constitua dans le contrat économique du visible et de l'invisible. Mais, ne voulant laisser à chacun la liberté individuelle de composer son échange singulier avec la divinité, l'institution construisit au fil des siècles le dispositif collectif qui imposerait à tous les règles du partage. L'énigme imaginale d'un commerce avec l'infini fit place à l'organisation centralisée du rassemblement des corps. Il fallait passer de l'intime et du local à la gestion des grandes surfaces. La place de chacun fut fixée dans une architecture hiérarchisée sur le modèle organique du corps. L'énigme du visible devint commerce des spectacles où la misère et la grandeur des places distribuées en ce monde trouveraient leur redistribution équitable dans l'autre. Assigner les corps à résidence est devenu la plus sûre façon d'organiser le leurre et la cécité. La rhétorique de la promesse de jouissance a pris la place du discours du salut. Nous sommes possédés. La possession est devenue le mode sur lequel nous devons incorporer ce dont nous devenons à ce titre vendeur. La vacuité comme l'atopie constituantes du lien et de la séparation sont incompatibles avec l'espace homogène des identifications et des incorporations marchandes. Un espace continu et sans écart est celui du leurre qui ne peut se maintenir qu'à une condition : pour leurrer les autres, il faut d'abord se leurrer soi-même. Si l'on traite cet espace du leurre en termes de vérité et d'identification, on entre dans les tactiques de paralysie mutuelle dans lesquelles vient se lover toute l'idéologie sécuritaire. L'espace mercantile et l'idéologie sécuritaire font partie du même scénario où finit comme dans les fables par se manifester la nudité du roi. Je dis dans les fables, car le narrateur populaire jouit encore de l'insolente ironie de sa parabole. Dans notre société, le rôle du bouffon trouve rarement son incarnation active et nous voyons surtout des Tontonelo chez les philosophes ou les critiques qui, prétendant éclairer les autres sur ce qu'il faut voir et ce qu'il faut penser, les empêchent fébrilement et de voir et de penser. L'effroi et l'angoisse gagnent aussitôt tous ceux que l'on a convaincus qu'au moindre mouvement ils seraient anéantis. Comme dans ces jeux d'enfants où la règle prescrit qu'il faut avancer sans être vu, faute de quoi le joueur est éliminé ou reconduit à la ligne de départ, de même nous découvrons que l'invisibilité du mouvement permet la trajectoire des vrais déplacements. La place du spectateur est définie par le hors-champ de sa parole, son mouvement. C'est la place de l'Étranger des dialogues platoniciens qui enjoint de construire l'hospitalité transitoire de la pensée voyageuse. La difficulté vient de ce que l'offre d'une place juste pour chacun de nous doit être non point l'offre d'un siège, encore moins d'un abri, mais celle d'un déplacement. L'émotion qui paralyse perd sa vertu motrice. Elle entre alors dans le cadre des productions industrielles des émotivités à vendre et à acheter, c'est-à-dire dans le vaste marché des corps échangeables. Cervantès a saisi l'angoisse et la violence meurtrière qui se jouaient en son temps lorsque les maîtres du visible définissaient l'invisible en termes de terreur muette et de vérité révélée et dévoilée. Chacun est dans l'effroi de perdre la place où se trouvent assignées les conditions collectives d'une visibilité incorporante. L'invisible devient alors le signe de l'exclusion, et le visible, un lieu sécuritaire. La réponse cervantine est scénique, désignant ainsi le lieu simultané de la victoire et de la défaite du leurre, comme le théâtre des simulations quotidiennes. Leçon d'art et de politique qui indique que l'image n'est nulle part, et cependant chez elle partout, à la mesure même des mouvements opérés par les spectateurs dans leur propre régime de pensée, c'est-à-dire mesurables à l'aune de leur liberté. La solution à l'angoisse scénographiée par Cervantès, c'est cet art poétique du suspens et de l'instabilité. Une place indécise et dangeureuse dont l'inconfort, prix d'une liberté, demande du courage. Seuls ceux qui créent « pour de bon » nous donnent la force de rêver « pour de vrai ». C'est un rendez-vous qu'ils nous donnent et que nous pouvons à tout moment manquer. Pour cela il faut accepter de se mettre sans cesse en danger.

Tenir commerce des regards est une bien étrange boutique car on y échange à prix d'or des choses qui ne valent rien et l'on y offre pour rien le plus précieux des biens. La question est de savoir ce qu'il en coûte et jusqu'à quel point l'on est prêt à se payer de mots et à devenir un entravé consentant, pour définir dans chaque cas ce que signifie être riche et être pauvre, être faible ou être puissant. Dans le commerce des regards, c'est la valeur d'achat des sujets eux-mêmes qui est en jeu lorsqu'ils se sont dépouillés de toute valeur d'échange. Chacun est « hors de prix ».

La Fontaine dans la fable « Le Loup et le Chien », décrit le Loup affamé, qui se met à rêver un moment aux agapes qu'il va faire en suivant l'exemple du Chien :

> Chemin faisant, il vit le col du Chien pelé,
> « Qu'est cela ? lui dit-il. – Rien. – Quoi ? rien ? – Peu de chose.
> – Mais encor ? – Le collier dont je suis attaché
> De ce que vous voyez est peut-être la cause.
> – Attaché ! dit le Loup, vous ne courez donc pas
> Où vous voulez ? – Pas toujours ; mais qu'importe ?
> – Il importe si bien que de tous vos repas
> Je ne veux en aucune sorte,
> Et ne voudrais pas même à ce prix un trésor. »
> Cela dit, maître Loup s'enfuit et court encor.

Quitter la vie des chiens pour choisir celle des loups demande beaucoup de courage et la capacité d'accepter une existence famélique. Chose bien difficile dans un monde où le bonheur consiste à être repu. Changer de place pour ne s'en approprier aucune est le choix d'une errance libre ouverte à l'aventure des rencontres. Le commerce des paroles et des regards est sans avenir là où chacun ne se définit que par ce qu'il achète et par ce qu'il vend dans un commerce qui exige qu'il se vende lui-même pour devenir un bon acheteur et bon vendeur du produit qu'il est devenu lui-même.

Annexes

Peintres et tisserands de l'invisible

« Clair-voyants tangentiels »

« *Clarividentes tangenciales* » : je reprends à Molho cette belle expression espagnole qui désigne le lieu tangent des démystificateurs dans les contes du « roi nu » et du tableau invisible. Pour rendre sensible au lecteur la récurrence du thème que j'ai analysé chez Cervantès, je propose un certain nombre d'extraits destinés à faire percevoir à la fois les invariants et les variations.

Le rassemblement de ces traditions populaires ou savantes fut l'œuvre de Maurizio Molho dans le travail remarquable qu'il consacra aux sources médiévales et renaissantes du *Retable des merveilles*. On trouvera donc ici la traduction française de quelques contes ou récits à partir des textes allemands, espagnols ou italiens publiés par Molho. Certains sont traduits dans l'ordre chronologique par les soins de Maya Colombon, qui m'a par ailleurs beaucoup aidée à saisir les ambiguïtés et les jeux polysémiques du texte cervantin. Tous ces récits partagent la même structure : il s'agit de piéger les regards par l'effet de la peur et de dénouer le stratagème par l'effet d'une voix. Ce qui frappe, c'est la répétition structurelle et les variations historiques dans la distribution sociale des rôles. Une constante apparaît assez rapidement, c'est l'effroi de la bâtardise, que redouble dramatiquement la menace de judéité. Tous, juifs et chrétiens, redoutent d'avoir du sang juif et d'être bâtards. Le peuple de la Loi est « hors la loi » et la voix qui dit vrai tient, elle aussi, sa force de son autonomie à l'égard de l'ordre de la terreur. La pureté du sang et la légitimité de la naissance sont deux exigences menaçantes intimement liées l'une à l'autre. Molho en fait l'analyse sociale dans la contestation des pouvoirs qu'implique pour lui la référence à la lutte des classes. Loin d'épuiser le dispositif par l'effet d'un marxisme sommaire, Molho insiste au contraire sur la dimension fantasmatique de l'angoisse de castration au cœur même des représentations sociales. Mon orientation diffère de la sienne puisque mon propos est autre, même si nos analyses respectives ne s'excluent nullement. Ce que j'ai mis en lumière, c'est la situation critique du regard dans des scénarios comiques. Ce sont des mises en crise du visible dans son rapport avec la parole au moment où l'invisible ne concerne pas la transcendance, mais le double registre des gestes de dissimulation et des paroles de vérité. Ces contes ne sont pas seulement politiques parce qu'ils prennent place en général dans un contexte social où les mutations accompagnent les déchirements. Croire ce que l'on voit ou croire ce que l'on ordonne de voir ne se tiennent l'un et l'autre que dans le partage sensible et historique d'un espace de cohabitation. La question de l'exclusion est au cœur de la problématique du vrai. Ces contes sont donc habités par une turbulence menaçante où l'on ne peut séparer la puissance du visible des pouvoirs de la parole. Les dupeurs ressemblent à des sophistes qui se mettraient au service de la vérité par l'usage du mensonge. La solitude apparente de celui qui dit vrai n'aurait aucun sens si cette voix ne valait que pour elle-même. En effet, chacun depuis son lieu propre voit quelque chose et, quand il n'y a rien à voir, sait bien qu'il ne voit rien. La valeur de la voix qui se détache de l'imposture générale lui vient de ce qu'elle s'adresse aux autres et qu'elle pose les conditions d'un regard commun sur un même objet. « Voir ensemble » ne peut se construire que sur un contrat de parole échangée. Autrement dit, aucune communauté politique ne saurait se tenir sur la base d'un « mentir ensemble ». On ment toujours seul, d'où l'importance des apartés que l'on retrouve dans la plupart des récits. Le leurre des dupés devenus menteurs, c'est de se croire à l'abri de l'exclusion grâce à leur imposture. Chacun dans son coin cesse de partager un monde commun, et c'est la voix du solitaire qui fait une vraie proposition politique à la communauté. Il est paradoxalement seul dans son refus de la solitude.

Le fait que l'on rencontre tantôt le thème du roi nu tantôt celui du tableau invisible ne change pas fondamentalement le propos car, dans l'un et l'autre cas, c'est une toile, un tissage qui est désigné comme plan d'inscription du visible et de l'invisible. La question du voile et du plan, qui recueillent ce qu'on donne à voir en ne le montrant pas, demeure un invariant des récits, tout comme reste constante l'intervention inéluctable d'une voix dessillante.

I. Peintres de l'invisible

Le premier texte parlant d'une peinture invisible date du XIIIe siècle. Il s'agit d'un conte allemand que le jongleur Stricker attribue au clerc Amis (*der Pfaffe Amis*), réputé pour ses farces destinées à l'enrichir et à lui procurer du bon temps. Le récit intitulé *La Peinture invisible* (*Das Unsichtbare Gemälde*; conte recueilli en 1883 par Lambel in *Erzählungen und Schwämke*) est une bouffonnerie se jouant de l'angoisse des origines. Au fil des apparitions magiques se laisse entrevoir, comme chez Cervantès, le choix des thèmes spéculaires qui dissolvent dans le mensonge toute identification légitime de l'autorité. Une ruse supplémentaire, que Cervantès n'exploitera pas, anime le scénario du clerc : le dupeur propose au roi son propre portrait et celui de sa cour en train de contempler la peinture invisible ! C'est donc dans un faux miroir que le roi « voit » disparaître sa propre image. L'angoisse est à son comble puisqu'une inexistence spéculaire menace les assises du souverain qui en perd pendant un temps la parole.

LA PEINTURE INVISIBLE DU CLERC AMIS[1]

Si vous aviez besoin, bon roi,
De ce que je sais faire,
J'en serai bien aise.
Le roi lui répondit : Maître, quels arts connaissez-vous ?
Je sais peindre et d'une telle manière
Que le monde entier me doit des louanges
Car je peins avec une maîtrise que moi seul possède.
Je l'ai inventée, bon roi :
Je sais peindre toute une maison,
Je sais peindre une grande salle
Et j'y peins des figures
Douces ou féroces
Les plus intenses qui soient.
Dès que je les aurai peintes
Je permettrai aux chevaliers
Et aux dames de les voir
Et de toutes les personnes présentes,
Anciens ou jeunes,
Nul ne sera assez bon,
Sage et avisé
Pour pouvoir voir ma peinture
S'il n'est bien né,
Issu de son père et de sa mère par voie directe et légitime.
Celui-là pourra voir ce que les autres ne verront pas.
Celui qui n'aura pas été conçu
Dans les liens du mariage ne verra rien.
....
Le roi lui dit : Cela me plaît.
Pensez à fermer la porte......
Je viendrai dans six semaines
Et j'aurai en ma compagnie tous mes chevaliers......
....
Parole d'homme riche,
Tous devront venir
Pour que l'on voie
Qui a été engendré sans fausseté.
À celui qui sera illégitime

1. Traduction de Catherine Le Roch.

Je devrai retirer son fief,
J'en veux le Christ pour témoin !
....
Vous entrerez, mon roi, lui dit-il,
Que les chevaliers attendent
Jusqu'à ce que l'on sache si ma peinture vous plaît
Et que je vous explique les images.
Le roi entra avec beaucoup de plaisir
En fermant la porte derrière lui.
Sur ce, fier, il regarda les murs :
Il n'y vit rien de nouveau.
Il regardait toute la salle,
Il se sentait très blessé.
« J'ai perdu mon honneur deux fois,
se disait-il tristement,
Celui de ma mère et le mien. »
Expliquez-moi, bon maître,
Quelles sont ces figures
Si nobles et si bien peintes.
....
Et ici tous les faits
De la haute Babylone jusqu'au châtiment de Dieu
Et à la confusion des langues.
ce que j'ai peint là-bas en haut,
C'est vous-même dans cette salle
Au milieu de vos chevaliers
Qui vous escortent partout
Et qui comme vous observent.
Celui-ci, parce qu'il ne voit rien,
Aussitôt se blesse la poitrine
De douleur. Mais regardez
Comme ceux qui peuvent voir quelque chose
Sont contents et bien aise.
Le roi dit : J'ai tout vu.
....
C'était une peinture magnifique et tous la voyaient très bien.
…… Tous étaient furieux contre leur mère……
[*Défilent la reine, les dames, les pages : tous disent que c'est une peinture superbe et qu'ils n'en avaient jamais vu de semblable.*]
....
Ami, vois-tu quelque chose là-bas ?
Dit un bouffon qui était là.
Ces yeux qui sont les miens ne voient rien
Puisque sur ma foi je vois bien.
Ceux qui craignent la honte
Lui disent : Vous si aveugle
Que vous ne pouvez être légitime.
Le simplet qui était là dit alors :

Je sais bien de qui je suis le fils.
Et même si je n'avais pas de père,
Ici rien n'est peint,
Personne n'en voit rien de plus que moi.
Quiconque dirait autre chose
Je m'opposerai à lui.

Finalement la vérité l'emporta sur le mensonge.
Tous avouaient l'imposture
D'une seule voix.
Tous si ce n'est le roi
Qui se tut jusqu'à ce qu'il sache
Ce qu'il devait dire.
Alors le bon roi reconnut à son tour
Ce que tous reconnaissaient :
Lui non plus, par Dieu, ne voyait rien.

* *
*

Le second exemple est allemand. Au XVIe siècle, il semblerait que Thomas Murner ait emprunté son récit à la tradition populaire du clerc Amis, mais il traite le dupeur autrement que Stricker, car Till l'espiègle (dont le seul nom annonce déjà les ruses spéculaires) ne promet rien de merveilleux au Landgrave, mais « peint » une galerie d'ancêtres prestigieux où la vanité du commanditaire trouvera l'image d'une ascendance le faisant remonter jusqu'au grand Justinien de Byzance. Molho fait remarquer qu'il s'agit du seul cas où la voix démystifiante est féminine puisqu'il s'agit d'une bouffonne et non d'un bouffon.

COMMENT EULENSPIEGEL EXÉCUTA UNE PEINTURE POUR LE LANDGRAVE DE HESSE EN LUI FAISANT CROIRE QUE LES BÂTARDS NE POUVAIENT PAS LA VOIR.

Eulenspiegel commit des méfaits en terre de Hesse. Il avait parcouru la Sajonie d'un extrême à l'autre, et il s'y était tant fait connaître qu'il n'y pouvait plus continuer ses nombreuses supercheries. Aussi alla-t-il en terre de Hesse. À Marbourg, il se présenta à la cour du Landgrave. Le Seigneur lui demanda ce qu'il était. « Sa Seigneurie, je suis artiste », répondit-il. Ceci plut au Landgrave qui le pensa artiste en alchimie, matière qui l'intéressait tout particulièrement. Mais Eulenspiegel lui dit : « Non, mon Bon Prince, je suis peintre, et de tous pays, peu m'égalent. Mon travail surpasse tous les autres. » Le Landgrave lui répondit : « Donnez-nous-en la preuve. » – « Volontiers, mon Bon Prince », dit Eulenspiegel qui portait avec lui quelques toiles et quelques châssis qu'il avait achetés dans les Flandres. Il les sortit de sa besace et les montra au Landgrave. Ainsi convaincu, celui-ci lui proposa :

« Combien demandez-vous, Maître, pour décorer notre salle, en y peignant la généalogie des Landgraves de Hesse, l'amour réciproque qu'ils eurent pour les rois de Hongrie, ainsi que pour d'autres princes et seigneurs, et enfin, le temps que cela dura ? Toutes ces choses, vous les peindrez avec l'art et l'excellence que vous maîtrisez.

– Mon Bon Prince, répondit Eulenspiegel, avec la permission de son altesse, cela vous coûtera quatre cents florins.

– Cher Maître, ajouta le Landgrave, peignez et nous paierons ce que vous demandez ; un présent y sera même ajouté. »

Eulenspiegel accepta. Le Landgrave dut lui avancer cent florins pour l'achat des toiles et pour payer des aides. Au moment d'entreprendre la tâche, Eulenspiegel demanda au Landgrave à ce que personne, sauf ses trois aides, n'entre dans la salle pendant qu'il travaillait, afin d'éviter toute gêne. Le Landgrave le lui concéda. Eulenspiegel se mit alors d'accord avec ses aides, obtenant d'eux qu'ils ne disent rien et le laissent faire à sa guise. Ils ne travailleraient pas mais seraient payés, leur principale occupation étant de jouer aux dames et aux échecs ! Les aides acceptèrent, bien contents de gagner de l'argent sans rien faire. Cela dura trois ou quatre semaines, au bout desquelles le Landgrave voulut savoir si ce qu'il lui peignait était aussi réussi que les preuves initiales. Il dit à Eulenspiegel :

« Notre désir est grand, cher Maître, de voir votre travail. Daignez nous faire pénétrer dans la salle pour voir la peinture.

– Volontiers, mon Bon Prince, répondit Eulenspiegel. Mais, avant tout, je dirai à Son Altesse une chose : ma peinture est invisible à celui qui n'est pas fils légitime.

– Quelle bonne chose ! » s'exclama le Landgrave.

Enfin, ils entrèrent dans la salle. Eulenspiegel avait accroché une grande toile sur le mur qu'il devait peindre. Il l'écarta légèrement puis, avec une baguette blanche, il montra le mur en disant :

« Regardez, mon Bon Prince, celui-ci est le premier Landgrave de Hesse, qui fut un Colonna de Rome et épousa une duchesse de Bavière, fille du bon Justinien, plus tard empereur. Regardez maintenant ici, mon Bon Prince, il engendra Adolphe ; Adolphe engendra Guillaume le Noir ; Guillaume le Noir engendra Louis le Pieux, et ainsi de suite jusqu'à Votre Altesse. Je sais bien que nul ne peut réaliser ce travail que j'ai peint avec autant d'excellence et d'art, avec des couleurs aussi parfaites et avec d'aussi belles figures. »

Le Landgrave, qui ne voyait rien d'autre que le mur blanc, se disait en lui-même : « Serais-je, moi, bâtard ? Moi qui ne vois rien d'autre que le mur blanc. » Puis, il dit, en riant :

« Cher Maître, votre travail nous satisfait, bien que nous soyons trop peu expert pour le juger. »

Puis il sortit de la salle. Quand il vit la princesse, celle-ci lui demanda :

« Ah, Mon Seigneur ! Que peint donc votre peintre ? Avez-vous vu ? Dites-moi si cela vous plaît. »

Le prince lui répondit :

« Chère épouse, j'apprécie son ouvrage. Jugez-le avec justesse. »
Elle ajouta :
« Pourrai-je aussi le voir, mon Bon Prince ?
– Bien évidemment, si le Maître y consent. »
La princesse fit appeler Eulenspiegel et lui demanda de lui montrer la peinture. Eulenspiegel lui précisa qu'elle était invisible à qui n'était pas enfant légitime. La princesse se rendit en la salle avec huit de ses dames et la bouffonne. Eulenspiegel écarta la toile et, tout comme précédemment, leur récita, l'un après l'autre, la généalogie des Landgraves. La princesse et toutes ses dames restaient muettes ; aucune ne louait ni même ne critiquait la peinture. À toutes pesait le fait d'avoir à reprocher quoi que ce soit à son père ou à sa mère. Enfin, la bouffonne prit la parole et dit :
« Quitte à être dite bâtarde toute la vie, j'avouerai ne voir, ici, cher Maître, aucune peinture. »
Eulenspiegel pensa en lui-même : « L'affaire tourne mal. Si les fous se mettent à dire la vérité, il faudra que je fasse augmenter mes réals. » Puis il éclata de rire. Entre-temps, la princesse s'était rendue dans les appartements de son époux, qui lui demanda si elle avait apprécié la peinture.
« Elle m'a plu, tout comme à Votre Altesse, mon Bon Prince. Mais elle n'est ni du goût de notre bouffonne ni de celui des dames de la cour. Je crains d'avoir affaire à quelque fourberie. »
Le prince en fut particulièrement touché, se demandant s'il n'était pas, lui aussi, trompé. Il envoya dire à Eulenspiegel que l'on apprêtât tout afin de montrer la peinture à la cour entière. De la sorte, le prince pensait distinguer ceux de la cour qui étaient légitimes de ceux qui étaient bâtards, devant par conséquent rendre leurs fiefs. Pendant ce temps, Eulenspiegel avait pris congé de ses aides et demandé cent florins supplémentaires au comptable, qu'il avait encaissés avant de partir. Le jour suivant, le Landgrave envoya chercher son peintre ; mais ce dernier était déjà loin ! Il se rendit malgré tout dans la salle avec toute la cour pour voir si quelqu'un verrait la chose peinte. Mais nul ne prétendit voir. Comme tous restaient muets, le Landgrave parla :
« Maintenant, nous avons la certitude d'avoir été trompé. Personne n'est allé vers Eulenspiegel : il est, lui, venu à notre rencontre… Disons adieu à nos deux cents florins. Eulenspiegel est un coquin, et il ferait bien de ne plus jamais revenir dans notre principauté. »
Mais Eulenspiegel était déjà sorti de Marbourg et n'aurait plus jamais à y revenir.

* *
*

Comme témoignage du passage de la littérature populaire à la littérature ecclésiastique, on peut lire cet *exemplum* italien du XVe siècle, sans doute issu d'un couvent franciscain. Les critères nécessaires pour voir sont de trois sortes : la légitimité de la naissance, la fidélité de l'épouse et la fidélité à son seigneur. Trois formes du crédit, l'une concernant les hommes, l'autre les femmes, et la dernière la vie sociale, donnent donc lieu à une fable moralisante où seule s'élève la voix de l'homme confiant, à qui l'on peut faire à son tour confiance.

> Un histrion se présenta à la cour du roi qui lui demanda : « Que sais-tu faire ? » L'histrion lui répondit : « Je sais peindre et représenter des images merveilleuses. » Le roi lui dit : « Je voudrais que tu peignes mon palais. » L'autre acquiesça : « Très volontiers, Mon Seigneur, mais je dois avant tout vous dire quelque chose : personne ne pourra voir mes peintures s'il a été cocu, s'il est né d'un couple illégitime ou s'il est traître à son seigneur. » L'histrion fit placer des toiles tout autour de la salle qu'il devait peindre. Après quelques jours, l'histrion dit : « Venez, Mon Seigneur, et contemplez ces merveilleuses peintures. » Le roi entra pour voir l'œuvre accompagné de ses chevaliers. Cependant, plus il regardait, moins il voyait, il n'y avait en fait aucune peinture. Comme il craignait de passer pour cocu ou bâtard, il dit n'avoir jamais vu peinture ni image d'une telle beauté ; les autres en dirent de même. Mais, au moment de sortir, un des chevaliers dit au roi : « Mon Seigneur, je crois que Dieu m'a donné la plus fidèle et meilleure épouse qui soit dans la cité. J'ai aussi eu de bons parents et je ne suis pas traître. Aussi suis-je prêt à soutenir en combat singulier que je ne vois rien. » Les autres en dirent de même. Alors, le roi dit que lui non plus ne voyait rien. L'histrion les avait trompés. De la même manière, le diable trompe les pécheurs et les mondains en faisant apparaître rares et précieuses les choses dans lesquelles il n'y a aucune vérité, comme la richesse, le pouvoir, la force, la beauté et la noblesse

* *
*

Avec ce conte populaire pistoiais, il s'agit d'une tradition populaire qui prend à partie le pouvoir du clergé et met en balance la blancheur de l'âme pure, celle du mur sans peinture, et la noirceur de l'âme pécheresse qui a besoin de la confession pour accéder au visible. L'entrelacs est donc assez complexe puisque l'aveu de n'y rien voir provient du prêtre même qui prêtait d'abord main-forte à la ruse du peintre. C'est donc l'artiste qui en blanchissant le mur, donc en effaçant sa peinture, met toutes les âmes à l'épreuve de la vérité en ne montrant rien. Il met ainsi en parallèle sa capacité de peintre avec la qualité morale des spectateurs.

> Les gens de Casale voulurent, une fois, faire peindre leur saint protecteur, tenant à ce qu'il soit prêt pour le jour de sa fête. Ils firent appel à quelqu'un,

qui leur promit de le faire. En effet, ce dernier commença immédiatement le tableau. Il le montra au prêtre qui, après l'avoir vu, s'exclama : « Magnifique ! Magnifique ! » En fin de compte, il lui plut tant qu'il ne cessait de parler du tableau ; jusqu'à ce que tous désirent le voir. Mais le peintre ne voulait personne. Il s'enferma dans sa pièce, où seul le prêtre pouvait pénétrer.
Après un certain temps qu'il y travaillait, le prêtre lui demanda : « Pourrait-on voir l'œuvre ? » Le peintre dit alors : « Justement, j'allais vous dire : je ne comprends pas ce qui arrive, mais depuis quelques jours, elle ne me vient pas très bien. Il se peut que ces bonnes gens commettent des péchés et que le saint ne veuille pas le voir. Je ne comprends vraiment pas ! » Le prêtre dit : « Comment ? Et moi qui n'en savais rien ! Cela veut dire que demain, si j'entends que cela est vrai, je les confesse tous. » Le lendemain matin, c'était justement dimanche. Après avoir expliqué l'évangile, il dit avoir vu la toile et qu'elle était venue au mieux, mais que désormais, elle ne voulait plus venir aussi bien. Il dit : « Selon mes doutes, ce doit être à cause de vos péchés. Aussi, si vous souhaitez toujours avoir le saint peint pour le jour de la fête, il va falloir que vous veniez tous vous confesser à moi, ou le saint ne viendra pas. » Quand ils entendirent le prêtre parler de la sorte, ils allèrent tous se confesser afin d'avoir le saint prêt pour le jour de la fête.
La veille du jour de fête, le peintre appela le prêtre, lui fit voir le tableau et lui demanda : « Qu'en pensez-vous ? » Le prêtre s'exclama : « Il est vraiment beau ! Pensez à demain quand ils le verront ! » Le peintre lui dit : « Mais je vous avertis d'une chose, faites bien attention à tous les confesser car, dans le cas contraire, ils ne verront rien. » Le prêtre répondit qu'il s'en occupait et il partit immédiatement les prévenir. Le saint était très réussi. Il ne pouvait pas mieux venir. Mais, s'il leur restait un seul péché sur la conscience, ils ne pourraient pas le voir.
À peine le prêtre était-il parti, le peintre dit : « Maintenant, c'est à moi de jouer ! » Il rangea ses couleurs et blanchit tout. Le jour de la fête, l'église était à tel point pleine qu'une seule miette de pain n'y pouvait entrer. Ils étaient tous là à attendre que le saint soit découvert. Le prêtre de l'autel se tourna et dit à tous ceux qui étaient dans l'église : « Soyez attentifs et vous verrez comme il est beau ! Je n'ai jamais rien vu de tel ! Il semble réellement de chair et d'os. » Ils en vinrent à le découvrir, mais ils ne virent alors rien d'autre que du blanc. Ils dirent : « Où se trouve le saint ? Ou rien ne se voit ou c'est tout blanc ! » Sur le moment, le prêtre resta bouche bée, puis il se reprit et dit : « Oh, mes chers ! Cela veut dire que vous avez commis des péchés, car moi je le vois très bien, même si je suis gêné de le dire. Il est là. Je ne sais vraiment pas comment vous faites pour dire que vous ne voyez rien. Cela signifie que vous êtes tous pleins de péchés, alors même que vous êtes venus vous confesser ! » Cependant, même lui n'y voyait rien et ne savait pas comment se l'expliquer. Finalement, il manqua de patience et avoua : « Dois-je vous le dire ? Moi non plus, je n'y vois rien. »

* *
*

Les Bouffonneries de Gonnella furent, selon Molho, composées en 1506. Elles paraissent en 1615 à Florence sous le titre *Le piacevolissime bufonnerie del Gonella ; cosa piacevole e da ridere. E di nuovo aggiunto una burla che egli fece alla duchessa di Ferrara. Di nuovo ristampate.* C'est le dernier exemple que nous donnerons des peintures invisibles où quelqu'un se demande en aparté s'il a perdu la mémoire (de ses géniteurs ?) ou s'il assiste à la confusion générale sans y apporter de démenti pour sauver sa dignité. Pendant ce temps, les dignitaires eux-mêmes s'observent dans une sorte de joute du regard défié.

Les bouffonneries de Gonnella

Une fois, un peintre se rendit
à Mantoue pour décorer une salle.
Un jour, le Seigneur vint en demander des nouvelles.
À ce dernier, il répondit qu'il avait fait une farce
dans laquelle, au marquis avec l'Ambassadeur
de Venise qui montaient le grand escalier,
Gonnella dit : « Entrez le regard
attentif, car ne voit rien qui est bâtard. »

Chacun en rit. Premier à entrer,
le marquis vit peu ou rien.
Pour ne pas être découvert, il dit :
« Regardez comme ces barons sont alertes ! »
L'ambassadeur, les regardant à son tour,
ajouta qu'ils portaient au bras de nombreux faucons.
L'un et l'autre, se dévisageant du regard,
s'exclamèrent : « A-t-on jamais vu une si belle chasse ! »

L'un dit : « Oh, regardez la belle histoire :
Hercule avec Déjanire !... »
Quelqu'un ajouta : « Suis-je sans mémoire ?
Non, certes. Cependant, ici, chacun est dans la confusion.
Je ne veux enlever sa réputation ni au marquis
ni même à l'ambassadeur, resté sans le souffle...
Plus encore, c'est dans mon intérêt
que je me tairai : de peur d'être dit bâtard. »

* *
*

La fable napolitaine qui suit retourne la menace contre le fils et contre la mère alors que le père ne veut avouer à son fils qu'il est donc lui aussi un bâtard. Aucun opérateur de vérité ne vient rétablir la légitimité de la vision.

> Il était une fois un peintre fort pauvre qui s'était engagé à peindre une Madone dans la crypte d'une église. Mais, au lieu de remplir sa tâche, il passait son temps à manger ; mangeant et dormant à portes closes. Le jour où il présenta la peinture qui, selon ce qui avait été annoncé, ne devait être visible qu'aux enfants de mariage légitime, le public tout entier réagit avec des cris d'enthousiasme. Un jeune homme qui ne voyait rien et le dit, reçut une gifle en récompense de sa sincérité : « Tais-toi ! lui dit son père. Tu vas voir ce qui attend ta mère, cette sans-gêne, quand nous serons de retour à la maison ! »

* *
*

II. Les tisserands de l'invisible

Le thème du tissage est largement articulé à celui des tableaux peints mais il s'y opère une double action : celle de la duperie sur la production et celle du ridicule de la nudité des dupés. En ce sens, ces contes sont pour nous plus riches que les précédents puisqu'ils mettent en relation la vérité de la parole et la nudité des princes. Il n'y a pas lieu ici de développer la thématique de Kantorovitz sur la nudité du cadavre dans la théorie des deux corps du roi, ni celle de Florence Dupont sur la coutume des doubles funérailles à Rome. Nous renvoyons à ces magnifiques travaux n'ayant ici d'autre ambition que de rendre sensibles des stratégies du regard et de la parole dans des récits populaires ayant inspiré Cervantès avant Andersen. Tout au plus doit-on signaler que la question est bien celle que l'ivresse de Noé soulève, à savoir la fonction symbolique de la pudeur et la nécessité du voile quand la vérité se manifeste. Il ne fait aucun doute que la question de la vérité ultime d'une nudité finale, celle du cadavre dans la mort hante tous ces récits. Le thème chrétien de l'égalité de tous dans la mort et au jour du Jugement dernier ne fait qu'alimenter la subversion politique des récits à l'égard de la grandeur des puissants. La nudité opère alors comme un *memento mori*. Mais je garde ici l'axe de l'interrogation sur le fonctionnement scopique des dupés quand ils sont saisis par la peur non de la mort mais du regard de l'autre.

De tous ces tisserands de l'invisible le plus célèbre est sans doute la version de l'infant Don Juan Manuel dans le recueil intitulé *El Conde Lucanor* datant du XVIe siècle et dont Molho recense une version française dans les *Baliverneries* de Noël du Fail en 1548, « Le cousturier qui fit une cape au gentilhomme d'un drap invisible, fors à ceux qui étaient fils de putain ». La fable est présentée comme une leçon politique donnée par son conseiller au Comte. Or le conseil est celui-ci : il ne faut jamais écouter un conseil qui se présente sous le signe du plus grand secret ; il ne peut provenir que d'un dupeur. C'est donc une leçon d'éthique portant sur la transparence de l'espace public dans les actions d'un seigneur. Le secret est le signe du mensonge et la source de l'impuissance dans la vie publique. Le dupeur qui prétend partager un secret cherche la ruine de celui dont il feint d'être le complice. Il ne peut que conduire les puissants à leur perte en exposant leur fragilité (leur nudité). Cela dit, la condition de visibilité est toujours la non-bâtardise, mais, s'il n'est pas question des juifs, c'est sur les maures que le souverain âpre au gain compte faire des bénéfices, compte tenu du fait que chez eux le bâtard ne peut hériter. Le dupé est donc pris au piège de son avidité ; on ne lui fait pas peur, on le fait rêver. Cervantès jouera justement sur tous les registres du désir lorsqu'il s'inspirera de ce conte.

El Conde Lucanor

Un jour, le Comte Lucanor discutant avec Patronio, son conseiller, lui dit :

– Patronio, un homme s'est présenté à moi et m'a raconté de grands faits, me faisant entendre qu'ils seraient tout à mon profit. Il ajouta que nul autre homme que moi ne le savait en tout le royaume. Aussi me conseilla-t-il fortement de garder le secret, à tel point qu'il en vint à me dire que, si je le révélais à qui que ce soit, toute l'affaire, et ma vie elle-même, seraient en danger. Comme je sais que nul homme ne peut rien vous dire sans que vous ne sachiez s'il le dit sérieusement ou en mentant, je vous prie de me donner votre paraître sur cette affaire.

– Mon Seigneur, Comte de Lucanor, dit Patronio, pour que vous compreniez ce qu'il vous convient, à mon avis, de faire, je tiens à vous raconter ce qu'il arriva à un roi avec trois coquins qui se présentèrent à lui.

Le Comte lui demanda de lui en raconter les faits.

– Mon Seigneur le Comte, dit Patronio, trois coquins se présentèrent à un roi et lui dirent qu'ils étaient d'excellents tisserands ; qu'ils feraient spécialement pour lui un habit tel que tout homme qui fut fils du père que tous désignaient le verrait, tandis que celui qui ne fut pas fils du père qu'il avait et que les gens lui donnaient ne pourrait pas voir l'habit.

Le roi fut particulièrement saisi par ce discours, considérant que, grâce à cet habit, il pourrait augmenter de beaucoup ses biens. En effet, les maures n'héritent rien de leurs pères à moins d'être véritablement leurs fils. Ces raisons exposées, il leur fit donner un palais afin qu'ils tissent l'habit.

Ceux-ci lui demandèrent, démontrant de la sorte qu'ils ne cherchaient pas à le tromper, si l'on pouvait les enfermer à clef dans ce palais jusqu'à ce que l'habit soit achevé. Ceci plut beaucoup au roi. Dès qu'ils eurent pris, pour tisser l'habit, beaucoup d'or, d'argent et de soie, plus un gros salaire pour l'ouvrage, ils entrèrent dans le palais où ils furent enfermés.

Ils installèrent leurs métiers à tisser et firent croire que tout le jour ils tissaient l'habit. Au bout de quelques jours, l'un d'entre eux s'en fut dire au roi que l'habit était commencé et que c'était la plus belle chose au monde. Il lui décrivit avec quelles formes et quelles figures et avec quels ouvrages ils avaient commencé à le travailler. Si c'était de son bon plaisir, il lui proposa, de plus, d'aller le voir sans que, cependant, n'entre en même temps que lui, nul autre homme au monde. De ceci, le roi fut amplement satisfait.
Le roi, préférant faire en premier expérimenter d'autres que lui, envoya un de ses vassaux voir l'habit ; il ne perçut alors nullement que le coquin avait menti. Quand le vassal vit les tisserands et entendit leurs discours, il n'osa pas avouer qu'il ne voyait rien. Une fois de retour auprès du roi, il dit avoir vu l'habit. Par la suite, il en envoya un autre qui lui raconta la même chose. Dès que tous ceux que le roi avait envoyés lui eurent dit qu'ils virent l'habit, il partit le voir à son tour.
Quand il entra dans le palais, il vit les maîtres tisserands en train de tisser et de dire : « Ceci est tel ouvrage, cela représente telle histoire, cela tel personnage et cela est telle couleur. » Tous se concertaient sur une même chose, mais ne tissaient rien. Le roi ayant constaté qu'ils ne tissaient pas, alors même qu'ils décrivaient de quelle manière était fait l'habit, et qu'il ne le voyait pas, alors même que les autres l'avaient vu, il se tint pour mort. En effet, il en déduisit ne pas être fils du roi qu'il tenait pour son père, parce que, à lui, l'habit était invisible. Alors, il comprit que, s'il avouait qu'il ne le voyait pas, il perdrait son trône. Aussi commença-t-il à louer grandement l'habit, apprenant très bien la façon dont les tisserands le disaient fait.
Dès qu'il fut en son palais, entouré de sa suite, il commença à en dire des merveilles : « Comme il est bien fait ! Quelle merveille d'habit ! » Il leur en décrivit les formes et les ouvrages utilisés. Il demeurait cependant dans un grand doute.
Au bout de deux ou trois jours, il envoya son alguazil voir l'habit. Le roi lui raconta les merveilles et étrangetés qu'il devait voir dans l'habit puis l'alguazil s'y rendit.
Dès qu'il entra et qu'il vit les maîtres qui tissaient et décrivaient les formes et les ouvrages utilisés pour l'habit, et après avoir entendu le roi le lui décrire, comme il ne voyait rien, il en conclut ne pas être fils du père qu'il tenait pour tel. Voilà pourquoi il n'y voyait pas ! Or il perdrait son honneur si quelqu'un le devinait, aussi commença-t-il à louer grandement l'habit, tout comme le roi, voire plus encore. Quand il se représenta au roi, il lui dit avoir vu l'habit ; c'était la chose la mieux faite et la plus belle au monde… Le roi s'en sentit encore plus mal, pensant que l'alguazil avait vu l'habit, et lui non. Il n'y avait plus aucun doute : il n'était pas fils du roi qu'il considérait comme son père ! Aussi recommença-t-il à louer et à affirmer la beauté et la noblesse de l'habit, insistant plus encore que les tisserands eux-mêmes.
Un autre jour, le roi envoya à son tour le prieur, qui revint en parlant tout comme le roi et sa suite. Que vous dire de plus ? De cette manière et par cette ruse, le roi et tous ceux de son royaume furent trompés : nul n'osait avouer qu'il ne voyait rien.
Ainsi, l'histoire fut oubliée, jusqu'à l'arrivée d'une grande fête. Tous demandèrent au roi d'endosser l'habit en cette occasion.

Les maîtres tisserands l'apportèrent, enveloppé dans de belles étoffes. Ils mimèrent la sortie de l'emballage puis demandèrent au roi ce qu'il désirait qu'ils ajustassent de l'habit. Le roi précisa quels ornements il souhaitait. Ces derniers lui laissèrent imaginer qu'ils taillaient, qu'ils mesuraient la taille que devaient avoir les ornements, puis qu'ils les cousaient.

Quand vint le jour de la fête, les maîtres tisserands se présentèrent au roi avec l'habit taillé et cousu. Ils lui firent comprendre que certains l'habillaient et que d'autres lui ajustaient l'habit. Ils firent ainsi jusqu'à ce que le roi pense qu'il était vêtu ; car il n'osait toujours pas dire qu'il ne voyait rien.

Dès qu'il fut aussi bien vêtu que vous l'avez ouï, il s'en fut à cheval pour une promenade dans le palais. Heureusement pour lui, c'était l'été !

Quand ses gens le virent ainsi aller et venir, sachant que celui qui ne voyait pas l'habit n'était pas fils du père qu'il honorait, ils furent attentifs à discerner si chacun des autres le voyait. Car celui qui ne le voyait pas, s'il le disait, était perdu et déshonoré. Pour cette raison, le secret fut largement gardé. Personne n'osa le divulguer, jusqu'à ce qu'un Noir qui surveillait le cheval du roi – et qui n'avait rien à perdre – vînt au roi et lui dît :

« Sa Majesté, il est de peu d'importance que vous me sachiez fils du père que je nomme tel ou d'un autre, mais à la fin je tiens à vous dire ce dont je suis sûr : vous êtes complètement nu ! »

Le roi commença alors à le maltraiter, lui disant qu'il n'était pas le fils du père qu'il considérait comme tel et que pour cette raison il ne voyait pas l'habit.

Après que le nègre eut dit cela, un autre qui l'entendit dit de même, et tous les autres à leur tour, jusqu'à ce que le roi et toute sa suite soient détrompés, connaissant la vérité et comprenant la ruse des mauvais farceurs. Mais quand ils partirent à leur recherche, ils ne les trouvèrent point ; car ils s'étaient enfuis avec ce qu'ils avaient réussi à escroquer au roi avec la ruse que vous venez d'ouïr.

Pour en revenir à vous, mon Seigneur Comte de Lucanor, sachez que si cet homme vous demande de ne rien révéler de ce qu'il vient de vous dire à ceux mêmes à qui vous vous fiez le plus, vous pouvez être certain qu'il cherche à vous tromper. Vous comprenez bien qu'il n'a aucune raison de vouloir votre seul bien. Il n'a envers vous aucune dette, contrairement à tous ceux ici présents. Ces derniers vous doivent de grandes choses et ont réalisé de grands exploits pour vous, à tel point qu'ils doivent assurément désirer votre intérêt et vous rendre service.

Le Comte considéra ceci comme un bon conseil, et il fit en sorte que tout se terminât bien. Voyant Don Juan et percevant l'histoire comme un bon exemple, il lui demanda de la transcrire sur ce livre et de faire des vers qui disent ceci :

Qui te conseille de dissimuler quoi que ce soit à tes amis,
Sache qu'il cherche à tromper plus que tes ennemis.

Table

RÉALISATION : CURSIVES À PARIS
REPRODUIT ET ACHEVÉ D'IMPRIMER SUR ROTO-PAGE
PAR L'IMPRIMERIE FLOCH À MAYENNE
DÉPÔT LÉGAL : FÉVRIER 2003. N° 54170 (56252)

DANS LA COLLECTION
« L'ORDRE PHILOSOPHIQUE »

MERCÉDÈS ALLENDESALAZAR, *Thérèse d'Avila, l'image au féminin.*
GIORGIO AGAMBEN, *Homo sacer* : *I. Le Pouvoir souverain et la Vie nue.*
HANNAH ARENDT, *Qu'est-ce que la politique ?* (textes rassemblés et commentés par Ursula Ludz).
JOHN LANGSHAW AUSTIN, *Quand dire, c'est faire.*
ALAIN BADIOU, *Abrégé de métapolitique* ;
Court Traité d'ontologie transitoire ;
Petit Manuel d'inesthétique ;
Théorie du sujet ;
L'Être et l'Événement ;
Manifeste pour la philosophie ;
Conditions.
ANTOINE BERMAN, *La Traduction et la Lettre ou L'Auberge du lointain.*
JEAN BOLLACK, *La Grèce de personne : les mots sous le mythe.*
BERNARD CARNOIS, *La Cohérence de la doctrine kantienne de la liberté.*
STANLEY CAVELL, *La Voix de la raison (Wittgenstein, le scepticisme, la moralité et la tragédie).*
NOAM CHOMSKY, *La Linguistique cartésienne* ;
Structures syntaxiques ;
Aspects de la théorie syntaxique ;
Questions de sémantique.
COLLECTIF, *Annuaire philosophique 1987-1988* ;
Annuaire philosophique 1988-1989 ;
Annuaire philosophique 1989-1990 ;
Que peut faire la philosophie de son histoire ? (recherches réunies sous la direction de Gianni Vattimo) ;
La Sécularisation de la pensée (recherches réunies sous la direction de Gianni Vattimo).
GILLES DELEUZE, *Francis Bacon, Logique de la sensation.*
JEAN-TOUSSAINT DESANTI, *Les Idéalités mathématiques* ;
La Philosophie silencieuse.

NICOLE DEWANDRE, *Critique de la raison administrative.*
FRANCOISE FONTENEAU, *L'Éthique du silence.*
GOTTLOB FREGE, *Les Fondements de l'arithmétique* ;
Écrits logiques et philosophiques.
HANS-GEORG GADAMER, *Vérité et Méthode.*
Les grandes lignes d'une herméneutique philosophique
(édition intégrale).
JEAN-JOSEPH GOUX, *Les Iconoclastes.*
JEAN GRANIER, *Le Problème de la vérité dans la philosophie*
de Nietzsche ;
Le Discours du monde.
MICHEL GUÉRIN, *Le Génie du philosophe.*
WILHELM VON HUMBOLDT, *Introduction à l'œuvre sur le Kavi.*
CHRISTIAN JAMBET, *La Logique des Orientaux*
(Henri Corbin et la science des formes).
FRANCOIS JULLIEN, *Un sage est sans idée,*
ou l'autre de la philosophie ;
La grande image n'a pas de forme,
ou du non-objet par la peinture.
SAUL A. KRIPKE, *Règles et Langage privé.*
Introduction au paradoxe de Wittgenstein.
GUY LARDREAU, *Discours philosophique et Discours spirituel.*
FRANÇOIS LARUELLE, *Machines textuelles.*
LÉONARD LINSKY, *Le Problème de la référence.*
LOUIS MARIN, *Des pouvoirs de l'image* ;
Sublime Poussin.
JEAN-CLAUDE MILNER, *L'Œuvre claire.*
ROBERT MISRAHI, *Traité du bonheur :*
1. Construction d'un château ;
2. Éthique, politique et bonheur.
MARIE-JOSÉ MONDZAIN, *Image, Icône, Économie.*
Les sources byzantines de l'imaginaire contemporain.
RICHARD BROXTON ONIANS, *Les Origines de la pensée européenne*
sur le corps, l'esprit, l'âme, le monde, le temps et le destin.
BERNARD PAUTRAT, *Versions du soleil.*
Figures et système de Nietzsche.
CHARLES S. PEIRCE, *Écrits sur le signe.*
JEAN-LUC PETIT, *Du travail vivant au système des actions.*
HILARY PUTNAM, *Le Réalisme à visage humain.*

BERNARD QUELQUEJEU, *La Volonté dans la philosophie de Hegel.*
WILLARD VAN ORMAN QUINE, *Quiddités. Dictionnaire philosophique par intermittence* ;
La Poursuite de la vérité.
FRANÇOIS RÉCANATI, *La Transparence et l'Énonciation.*
JEAN-MICHEL REY, *L'Enjeu des signes (lecture de Nietzsche).*
PAUL RICŒUR, *De l'interprétation (Essai sur Freud)* ;
Le Conflit des interprétations (Essais d'herméneutique I) ;
La Métaphore vive ;
Temps et récit, t. I : L'Intrigue et le roman historique ;
Temps et récit, t. II : La Configuration dans le récit de fiction ;
Temps et récit, t. III : Le Temps raconté ;
Du texte à l'action (Essais d'herméneutique II) ;
Soi-même comme un autre ;
La Mémoire, l'Histoire, l'Oubli.
RICHARD RORTY, *L'Homme spéculaire* ;
Conséquences du pragmatisme.
CARL SCHMITT, *La Dictature* ;
Le Léviathan dans la doctrine de l'État de Thomas Hobbes.
REINER SCHÜRMANN, *Le Principe d'anarchie (Heidegger et la question de l'agir).*
SPINOZA, *Éthique* (édition bilingue).
PETER FREDERICK STRAWSON, *Les Individus* ;
Études de logique et de linguistique.
GIANNI VATTIMO, *La Fin de la modernité.*
ÉRIC VOEGELIN, *La Nouvelle Science du politique.*
FRANCOIS WAHL, *Introduction au discours du tableau.*
MARLÈNE ZARADER, *La Dette impensée (Heidegger et l'héritage hébraïque).*